石河子大学“中西部高校综合实力提升工程”建设项目资助
兵团社会科学基金项目（11BTQN08）最终成果
兵团发改委 2014 年重大委托项目最终成果

兵团基本公共服务：均等化实现路径与管理模式创新研究

崔登峰　朱金鹤　著

中国农业出版社

序

崔登峰博士主持的兵团社科基金项目《兵团基本公共服务均等化实现路径研究》（11BTQN08）重点分析兵团基本公共服务均等化的测度与实现方式；朱金鹤教授主持的兵团发改委重大委托项目《兵团基本公共服务体系建设研究》主要依据《国家基本公共服务体系“十二五”规划》，从宏观层面对兵团基本公共服务体系的架构、问题以及重构展开研究；二人联合主持的兵团发改委重大招标课题《兵团“十三五”时期社会事业管理模式创新研究》重点研究兵团特色的社会事业管理模式及新时期完善创新的构想。这三个课题研究时间接近，均在2012—2014年间；研究内容相关，研究对象相似，都是研究新疆生产建设兵团（以下简称兵团）的公共服务或社会事业，只是研究视角和研究侧重点有所不同，兵团社科基金项目更侧重于学术研究和理论探索，两个兵团发改委重大招标课题更注重于现实问题诊断、对策研究与实践应用。基于以上综合考虑，在这三个课题研究成果的基础上整合、补充、修改、完善，使之系统化、规范化，最终呈现出本书《兵团基本公共服务：均等化实现路径与管理模式创新研究》，旨在为从事兵团公共服务体系建设、基本公共服务均等化实现路径和社会事业管理模式创新等方面相关研究学者及政府决策者提供理论指引与实践借鉴。

本书按照研究内容分为上篇和下篇，上篇《兵团基本公共服务均等化实现路径》，下篇《兵团社会事业管理模式创新》。从结构安排来看，本书共分十二章，前六章为上篇，后六章为下篇。上篇具体结构如下：第一章　导论，第二章　兵团基本公共服务供给现状，第三章　兵团基本公共服务均等化水平测度与评价，第四章　兵团基本公共服务供给存在的问题及成因，第五章　兵团基本公共服务需求优先序调查，第六章　兵团基本公共服务均等化实现路径选择；下篇的具体结构安排为：第七章　兵团“十二五”时期社会事业发展现状，第八章　兵团“十二五”时期社会事业管理模式与实践创新，第九章　兵团现有社会事业管理模式：优势、问题与挑战，第十章兵团“十三五”时期社会事业管理模式创新，第十一章　国内外社会事业管理模式对兵团的启示借鉴，第十二章　兵团社会事业管理模式创新的保障措施。

在具体研究内容与研究思路方面，“上篇：兵团基本公共服务均等化实现路径”在全面评价了兵团各项基本公共服务供给现状的基础上，构建了兵团基本公共服务均等化水平评价指标体系，以层次分析法和熵权法确定各项指标权重后，运用变异系数法和基准值法分别分析和评价了2001—2012年兵团各师基本公共服务均等化水平，并对兵团与新疆维吾尔自治区、东部发达地区十省市2006—2012年基本公共服务均等化水平差异进行比较分析，在此基础上结合兵团基本公共服务供给水平提升动因分析了兵团基本公共服务不均等的影响因素；最后，在对兵团居民基本公共服务优先序调查分析基础上，参考国内外经验针对性地提出兵团基本公共服务均等化实现路径及政策保障。“下篇：兵团社会事业管理模式创新”在界定社会事业、兵团社会事业管理模式的前提下，分析了兵团“十二五”期间教育、社会保障等各类社会事业的发展现状、社会事业管理模式与实践创新，剖析了兵团现有社会事业管理模式的优势、问题、机遇与挑战，其中重点研究了兵团“十三五”时期社会事业管理模式创新——师市合一模式、场镇合一模式、四种典型模式创新和兵团各类社会事业管理模式及创新；在对国内外社会事业管理模式对兵团的启示借鉴基础上，探索兵团社会事业管理模式创新的战略重点和保障措施。

本书的主要分工如下：崔登峰博士完成了第一章、第五章、第六章、第七章、第九章和第十二章，朱金鹤教授完成第二章、第四章、第八章、第十章、第十一章；“第三章　兵团基本公共服务均等化水平测度与评价”部分研究生王纪元承担了具体的数据测算与分析工作；“第二章　兵团基本公共服务供给现状”其中几节内容由李芳博士、蒲佐毅博士、王磊博士、王江博士、刘林博士在初稿中进行了部分的数据整理和分析工作；“8.4 兵团各类社会事业管理模式的实践”、“11.1 国外成功的社会事业管理模式”、“11.2 国内成功的社会事业管理模式”部分由研究生王军香和姜朋朋查找相关资料撰写了部分初稿；朱金鹤教授从整体上对本书进行了总体规划、设计与修改完善、精简与整合。

三个课题的项目申报书、研究思路设计、研究方法选择、评价指标体系设计、研究大纲设计与细化、项目组织、总体方案统筹、调研方案及执行、内容审改、课题报告的详细修改完善均为崔登峰博士和朱金鹤教授联合完成。在完成以上三个课题的过程中，历经了多次前往乌鲁木齐兵团司令部、兵团发改委各处、财务局、教育局、卫生局、社保局等各部门和南疆和田第十四师、第一师、第三师等地调研。调研人员包括崔登峰、朱金鹤、支小军、王磊、王纪元、李崇、王军香；多次的调研报告主要由崔登峰、王纪元和王磊完成；调研录音整理主要由研究生王纪元、陈亚会、李崇完成；调研问卷由崔登峰、朱金鹤设计，问卷数据录入、整理由研究生王纪元、李崇、王军香、姜朋朋等完成。

调研中得到以下人员和单位的支持和帮助，他们是兵团发改委闫海燕副主任、社会处陈春雷处长和张静亚、规划处李红彬处长和王明明副处长、综合体改处田新梅处长等，民政局社会福利处，兵团财务局社保处、会计处康处长、社会处黄处长、养老保障处章处长、预算处李平处长、决算处等，兵团卫生局医政处江华副处长、公共卫生处张处长等，教育局高继宏局长、于琳处长等，人社局政策法规处、房保局等；第一师发改委、财政局、科技局、卫生局、教育局、民政局、阿拉尔医院、一团、八团和十六团等；第十四师财务局、人社局、卫生局、建设局、交通局、教育局、劳动局、民政局（孙小玲局长）、文化局、体育局、宣传局、社保处等部门，第十四师的皮山农场、47团、224团、一牧场，224团保险部门、社政管理部门等；第八师石河子市发改委、教育局、财务局、民政局、统计局、卫生局、劳动与社会保障局、社会保险管理局、计生委、宣传部、文化体育局、环保局、科技局、社会工作委员会、社会工作管理办公室、关工委、政策研究室，石河子市红山街道、向阳街道办事处以及23小区、31小区、39小区社区服务中心、社区诊所、石河子社会福利院，石河子市石总场和149团。向以上调研涉及的相关部门领导与访谈人员的大力支持与配合表示诚挚感谢。

此外还要感谢对该研究提出宝贵意见的诸多专家与专业人士：感谢李万明教授、杨兴全教授、强始学教授对《兵团社会事业管理模式创新》研究报告的审阅及宝贵建议；感谢新疆维吾尔自治区党校丁守庆副校长、新疆社科院经济所王宏丽副研究员、新疆维吾尔自治区政府发改委规划处张震副处长、新疆大学中国西部经济发展与改革研究院常务副院长李金叶教授、新疆农垦科学院尹飞虎副院长，新疆发改委经济研究院的李韧院长、兵团宣传部文化市场部严峻处长、兵团残联残疾人救助部方勇部长、兵团人社局政策法规处董新杰副处长、兵团计生委刘惟调研员、兵团卫生局的郑磊、兵团发改委社会处的陈春雷处长，以及兵团发改委规划处的李文彬处长、王明明副处长在成果审查会上提出的中肯意见。

操千曲而后晓声，观千剑而后识器。做人为学，无不需要——博观而约取，厚积而薄发。生命几何时？慷慨各努力。此生唯愿——不负天山青松志，一生襟抱徐徐开。既然只有枯萎的黄叶才会随波逐流不思进取，而快活的鱼终将溯流而上，余下的时光不如努力成长为一条迎着阳光、不惧波澜、溯流而上的快乐之鱼，河流两岸，彼时荆棘，此时花开；心似沉香，不惧浮世，如是而已。

目　　录

下篇：兵团社会事业管理模式创新研究

上 篇 ：

兵团基本公共服务均等化实现路径研究

前　　言

当前，新疆生产建设兵团（下文简称兵团）居民对基本公共服务需求的不断增长与基本公共服务供给总量不足和结构不均的矛盾已发展成为阻碍社会稳定与进步的主要矛盾之一。尤其是近年来随着农村税费改革、团场两费自理改革等措施的推进，团场职工的优越性消失殆尽，逐步拉大的基本公共服务差距已深刻影响到职工稳定、农业持续发展和社会和谐，长期看来不利于兵团屯垦戍边使命的实现。因此，保障和改善民生已成为兵团“十二五”经济社会发展的首要目标，而提升兵团基本公共服务水平、推进兵团基本公共服务均等化已成为兵团当前经济社会发展迫切需要解决的问题，这既是保障和改善民生的最有力手段之一，也是实现兵团经济社会跨越式发展和长治久安的重要保障。

本研究在全面评价了兵团各项基本公共服务供给现状的基础上，建立了兵团基本公共服务均等化评价指标体系，通过层次分析法和熵权法确定各项指标权重，运用变异系数法和基准值法分别分析和评价了2001—2012年兵团各师间基本公共服务均等化水平及各项基本公共服务相对发展水平，以及2006—2012年兵团与新疆维吾尔自治区及东部十省市间基本公共服务均等化水平，在此基础上结合兵团基本公共服务供给水平提升动因对兵团基本公共服务不均等的影响因素进行了分析，再从兵团整体、南北疆区域、贫困程度、收入程度和教育程度层面对兵团基本公共服务供给优先序进行调查、分析，参考国内外经验针对性地提出兵团基本公共服务均等化实现路径及政策保障。

主要研究结论如下：

第一，从总体上看，兵团基本公共服务体系框架已初步形成，基本公共服务水平不断提升，兵团基本公共服务总体不均等程度不断扩大，兵团各区域间的基本公共服务均等化差距呈缩小态势。但由于历史、资源禀赋、制度等因素，以及“十一五”以来兵团城镇化快速发展，存在人口超常聚集、城镇公共服务基础设施建设严重滞后、内涵发展不足、发展质量不高、公共服务功能不健全等问题，兵团仍处于“半城镇化”发展阶段；团场原有基本公共服务体系“小弱散”局面被打破，部分公共服务有需求无供给、需求大供给少，更高层次基本公共服务体系尚未完全建立，导致了兵团基本公共服务总体水平不均等程度的扩大和加剧。近年来兵团加大了对南疆贫困团场、少数民族聚居团场、边境团场等困难团场支持力度，基本公共服务体系建设快速发展，致使兵团区域间基本公共服务均等化水平不断提高，区域间不均等程度逐渐缩小。

第二，按照义务教育、公共医疗卫生、社会保险等八个方面对兵团基本公共服务供给现状进行描述性统计，研究结果表明，义务教育方面，兵团基本实现了“两基”攻坚的目标，办学水平和教育质量显著提高，师生结构趋向合理化。公共医疗卫生方面，兵团已初步建成“兵师团连”四级基本公共卫生医疗服务体系，卫生总费用、公共卫生机构数及公共医疗卫生人员数均呈现显著增加，但三者结构均有待优化。就业服务方面，公共就业服务水平不断加强，劳动关系管理工作进一步强化，劳动人事争议调解仲裁能力建设不断提升。社会保险服务方面，近年来兵团已初步建立了养老、医疗、失业、工伤、生育五险合一的社会保险体系框架，并进一步完善了社保资金来源多元化、保险制度规范化、管理服务社会化的社会保险体系。基本社会服务方面，兵团最低生活保障的经费投入逐年增加，但各师间水平差异较大；自然灾害应急响应能力逐渐提升；养老基础设施建设滞后；殡葬事业发展相对滞后；医疗救助资金投入逐年增加，兵团各师医疗救助资金筹集差异较大；优抚安置居全国领先水平；残疾人基本生活保障水平持续提升。人口与计生服务方面，当前兵团计划生育经费投入基本满足需求，计生服务水平显著提高。基本住房保障服务方面，兵团廉租房建设增速较快，公共租赁房成为今后保障房的主要保障形式，棚户区改造范围也得到进一步扩大。公共文化体育服务方面，服务经费投入力度增强，供给多样化形式初显；公共文化设施建设步伐提速，公众媒体得到快速发展；文化资源保护力度不断加强。

第三，建立了包含基础教育、公共医疗卫生、社会保障 3 项一级指标和 19 项二级指标在内的兵团基本公共服务均等化评价指标体系。运用层次分析法与熵权法相结合的方法确定指标权重，并运用变异系数法与基准法对兵团师域基本公共服务均等化水平、兵团与沿海发达地区基本公共服务均等化差异分别进行测评。通过师域基本公共服务均等化变异系数分析发现：①2001—2012 年兵团各师间基本公共服务均等化水平有所下降，其中基础教育均等化程度略有提升，公共医疗卫生与社会保障服务均等化水平均呈下降趋势，且公共医疗卫生服务均等化水平波动较大。②通过 2001—2012 年兵团师域基本公共服务基准值分析，发现十四个师中有五个师基本公共服务相对水平较高，即基本公共服务基准值一直保持在大于 1 的师分别是第五师、第七师、第九师、第十师和十三师，而十四个师中有四个师基本公共服务相对水平较低，即基本公共服务基准值一直保持在小于 1 的师分别为第二师、第六师、十一师和十二师。

③通过兵团、新疆及东部十省市基本公共服务均等化变异系数分析，发现2006—2012年兵团与所选的11个样本间基本公共服务均等化水平有所提升，其中基础教育和社会保障服务均等化水平均呈上升趋势，但公共医疗卫生服务均等化水平呈现波动下降趋势。④通过2006—2012年兵团与所选11个样本基本公共服务基准值分析，发现兵团总体及各项基本公共服务相对发展水平均呈现下降趋势。⑤国家基本公共服务均等化政策实施以来，削弱了兵团各项基本公共服务相对优势，加剧了兵团各师间基本公共服务不均等程度。

第四，通过深入研究兵团基本公共服务存在的问题及成因，发现基本公共服务供给存在的问题如下：兵团基本公共服务投入资金总量不足，基本公共服务非均等化呈现加剧趋势，基本公共服务供求矛盾突出、供给结构失衡，基本公共服务供给机制不健全，基本公共服务人才短缺、流失严重。兵团基本公共服务不均等的成因主要体现在六方面：自然环境差异与历史遗留问题，经济发展不均衡导致供给能力存在区域差异，基本公共服务供给体制与机制改革相对滞后，兵团税收征管权缺失导致供给财力较弱，兵团基本公共服务的供给成本较高，师部及团场基层管理者的社会服务职能较弱。

第五，对兵团居民针对基本公共服务优先序问卷调研，并对问卷结果进行分析，发现：①不同人群对基础设施、义务教育、公共卫生医疗、社会保障、公共安全这5项的需求均远大于其对环境保护、科技服务、文化娱乐、行政服务、民族团结、就业服务的需求，其中义务教育和社会保障需求最为强烈，行政服务和文化娱乐需求最弱。②区域、社会环境、收入水平及文化程度等因素对居民“迫切需求”的公共服务优先序选择影响较大，即对基础设施、义务教育、公共卫生医疗、社会保障、公共安全的选择影响大于另6项。③北疆居民对于社会保障、就业服务及行政服务的需求远大于南疆居民，南疆居民则较北疆居民更需要基础设施服务与科技服务。④非贫困团场对于义务教育和民族团结的需求远超过贫困团场，而贫困团场对于公共安全和环境保护的需求较非贫困团场相比更为急迫。⑤以中等收入为标准，则另外两个人群对义务教育和就业服务的需求均高于中等收入人群，此外高等收入人群则对基础设施和环境保护的需求较强烈。⑥以高中或中专教育水平为基准，则小学及以下和初中程度居民对公共医疗卫生的需求较强，大专程度居民对社会保障服务需求较为强烈，本科及以上程度居民更偏好基础设施服务。

第六，兵团作为党政军企合一的特殊体制区域，存在着自然环境差异大、历史遗留问题严重、经济发展不平衡、行政职能转换慢、财政体制缺失等问题，兵团基本公共服务均等化路径的选择要因地制宜。在研究国内外基本公共服务均等化实现经验的基础上，结合前文分析结果，兵团基本公共服务均等化实现路径选择如下：顶层设计的重点——扩大有效供给；供给体制改革的方向——优化公共服务体系；公共服务供给的目标——均衡 共享 普惠；公共服务均等化的实现保障——制度与政策创新。

第一章　导　　论

1.1　研究背景与研究意义

1.1.1　研究背景

兵团由于独特的体制因素，长期以来基本公共服务供给水平总体高于全国平均水平，主要因为农牧团场职工具有工人身份，享受的基本公共服务中社会保障等方面较地方优越，城乡差距相对较小；但是在教育、医疗、公共卫生、道路交通、环境生态等方面与沿海发达地区、城镇居民享受的基本公共服务仍存在较大差距，尤其是近年来随着农村税费改革、团场两费自理改革等措施的推进，团场职工的优越性消失殆尽，逐步拉大的城乡基本公共服务差距已深刻影响到职工稳定、农业持续发展和社会和谐，长期来看，不利于兵团屯垦成边使命的实现。随着社会发展形态由生存型进入发展型的新阶段，兵团居民对基本公共服务需求的增长正出现逐步加速的趋势，居民全面快速增长的基本公共服务需求与基本公共服务供给不足、质量低下、结构不合理、供给不均等之间的矛盾日益凸显。因此，提升团场、连队和城镇低收入群体的基本公共服务水平，构建完善的城镇与团场之间基本公共服务体系已成为兵团迫切需要解决的问题。

"基本公共服务均等化"从问题提出到目标确立经历了一个较长的发展阶段。2006 年 3 月，我国政府在颁布的《中华人民共和国国民经济和社会发展第十一个五年规划纲要》中首次提出"基本公共服务均等化"；2006 年 10 月 11 日中共第十六届六次全体通过的《中共中央关于构建社会主义和谐社会若干重大问题的决定》，对实现基本公共服务均等化给予了更加详细的描述，指出要"完善公共财政制度，逐步实现基本公共服务均等化的目标"；2007 年，胡锦涛在党的十七大报告中指出"缩小区域发展差距，必须注重实现基本公共服务均等化，引导生产要素跨区域合理流动"；2011 年 3 月《国民经济和社会发展第十二个五年规划纲要》，将"坚持民生优先，完善就业、收入分配、社会保障、医疗卫生、住房等保障和改善民生的制度安排，推进基本公共服务均等化，努力使发展成果惠及全体人民"作为"十二五"期间国家经济社会发展的目标之一；2012 年 7 月国务院印发了《国家基本公共服务体系"十二五"

规划》国发〔2012〕29号，规划明确指出“十二五”时期建立健全基本公共服务体系，促进基本公共服务均等化是深入贯彻落实科学发展观的重大举措。由此可见，实现基本公共服务均等化已经逐渐成为我国政府现阶段新的施政重点和施政方向。

对于新疆以及兵团基本公共服务均等化目标的明确提出，也经历了实践与政府政策相互耦合的探索阶段。2005年10月中共十六届五中全会通过《中共中央关于制定国民经济和社会发展第十一个五年规划的建议》，提到要“按照公共服务均等化原则，加大国家对欠发达地区的支持力度，加快民族地区、革命老区、边疆地区和贫困地区经济社会发展”；2010年中央新疆工作座谈会及随后发布的《中共中央国务院关于推进新疆跨越式发展和长治久安的意见》（中发［2010］9号文）中都反复强调了保障和改善新疆兵团民生、推进基本公共服务均等化是经济社会发展的首要目标；兵团“十二五”规划纲要中也多次强调：面对民生和公共服务欠账较多、城乡基本公共服务差距较大问题，“十二五”期间兵团要重点提高公共财政保障水平，集中力量办好住房建设、用电用气、工资待遇、社会保障、劳动就业、教育卫生和文化惠民工程等职工群众最关心、最直接、最现实的民生大事，逐步实现基本公共服务均等化，确保职工群众“学有所教、劳有所得、病有所医、老有所养、住有所居”；2012年新疆兵团“十件实事”涵盖10大类23项民生工程，包括住房保障、公路建设、就业培训、教育保障、社会救助、配套服务、饮水安全、兴边富民、卫生健康工程和文化惠民工程等，完成投资203.2亿元；2013年1月5日，新疆兵团党委六届十一次全委扩大会议提出“两个率先、两个力争”目标①。面对这一历史新课题，兵团必须在现有基本公共服务体系框架下加快保障基本民生需求的公共服务水平，促进基本公共服务实现均等化，推进兵团基本公共服务向更高层次提升，加强和创新公共服务供给方式，建立健全新的全覆盖、均等化、可持续的基本公共服务体系，这是兵团全面建成小康社会和加快城镇化发展的重要内容，也是深入贯彻党的十八大精神和中央新疆工作座谈会精神的重大举措，不仅对于增强兵团的吸引力和归属感的强大动力和发挥好“建设大军、中流砥柱、铜墙铁壁”的三大作用非常重要，对于兵团保障和改善民生、践行党的群众路线、维护社会稳定大局、实现兵团跨越式发展和长治久安也具有十分重要的现实意义。

---

① 两个率先、两个力争：即“到2015年兵团率先实现国内生产总值和人均收入比2010年翻一番，到2018年率先在西北地区全面建成小康社会；到2020年，力争实现国内生产总值和人均收入比2010年翻两番，力争兵团经济总量占新疆的比重提高到20%。”

1.1.2 研究意义

（1）研究基本公共服务均等化问题，是目前兵团公共治理与社会发展的新课题。未来的公共治理与社会发展必将趋向开放和包容，基本公共服务均等化既是引领这一趋势的清晰目标，又是衡量这一趋向的直观尺度。目前，国内外对兵团基本公共服务均等化的系统论述较少，基本公共服务均等化的研究更少，本文关于兵团基本公共服务均等化问题的研究将是目前兵团公共治理与社会发展的新课题。

（2）研究基本公共服务均等化问题，是构建社会主义和谐社会的一个主要内容和内在要求，是兵团关注民生、重视民生、保障民生、改善民生的重要举措；也是兵团缓解因发展不平衡所引发的兵团与新疆、全国各区域间经济社会矛盾、实现各区域和谐均衡发展的重要途径，有助于缩小兵团与新疆及全国基本公共服务差距，使基本公共服务惠及兵团各族职工群众，使兵团职工群众享有与新疆、全国各族人民群众大体相同的基本公共服务，不分群体、不分区域、不分贫富最终达到基本公平公正，使兵团各族职工群众均衡受益并公平分享经济社会发展成果，有效地推进兵团经济社会协调发展和全面小康社会的建设进程。

（3）研究基本公共服务均等化问题，是兵团党委提出“加快建设覆盖全兵团、与地方相协调的公共服务体系，加快城市建设，统筹推进城市基础设施向团场延伸、城市公共服务向团场覆盖、城市现代文明向团场辐射，使艰苦奋斗了几十年的兵团人享受城市服务、过上现代文明生活”的必然要求；是坚持民生优先，以团场为重点切实改善职工群众基本生产生活条件，力争使职工生活水平和生活质量显著改善，最大程度缩小兵团团场与内地的发展差距的必然要求；是兵团实现以城镇化为载体，以新型工业化为支撑，以农业现代化为基础，丰富屯垦内容，转变发展方式，着力提高兵团综合实力和竞争力，提高在新疆经济中的份额和地位的必然要求。

（4）由于兵团基本公共服务均等化问题非常重要，尤其是兵团的特殊体制，在实现兵团基本公共服务均等化过程中资金来源、政策支持、重点项目等方面与地方有所不同。因此实现兵团基本公共服务均等化是兵团构建社会主义和谐社会的目标之一，是促进社会公平公正、维护社会和谐安定、确保兵团居民享受发展成果的重大举措。因此，结合兵团实际研究适合兵团基本公共服务实现均等化的路径，不但对兵团具有重要的现实意义，同时对丰富国内相关理论研究具有一定借鉴意义。

1.2 主要研究方法

（1）问卷调查。通过问卷调查，从需求角度了解兵团城镇居民与农牧团场居民对基本公共服务现状、需求偏好及优先序，从供给角度了解兵团相关领导部门对基本公共服务供给偏好及优先序，并比较之间差别，为制定科学合理的基本公共服务供给政策和财政转移支付提供科学依据。

（2）焦点访谈。通过与兵团相关领导和职工群众焦点访谈，掌握基本公共服务供给现状和优先序，可以弥补问卷调查的不足。

（3）实证分析与规范分析相结合的方法。运用实证分析方法分析兵团基本公共服务均等化绩效评估、兵团基本公共服务供给对兵团经济和城乡居民收入增长影响及对城乡居民公共服务和收入差距、基本公共服务供给内容优先序问题，在此基础上，运用规范分析方法提出针对性的政策建议。

（4）比较分析方法。通过与沿海发达地区和发达国家的比较分析，找出兵团与这些地区之间基本公共服务的差距及成因，总结可借鉴的成功经验。

1.3 研究目标

在研究兵团基本公共服务供给体制演变的基础上，分析和评价当前兵团基本公共服务供给不均等现状以及其原因与影响；通过科学合理地选取基本公共服务均等化指标、构建模型测度兵团基本公共服务均等化水平；然后再通过实地调研得出兵团基本公共服务供给优先序，并结合新疆兵团自身发展和国家扶持角度提出实现兵团基本公共服务均等化路径，希望能够对兵团基本公共服务供给提供理论指导和借鉴。预期达到如下具体目标：

第一，通过国家倾斜性的转移支付和政策扶持，加大兵团地区基本公共服务供给，缩小与沿海发达地区基本公共服务的差距，实现区域间相对均等；

第二，科学合理地确定基本公共服务均等化的标准、选取指标，构建公共服务测评模型，在资金有限的条件下对基本公共服务均等化内容优先序展开研究；

第三，提升兵团相对落后地区的基本公共服务供给能力，缩小各师部、团场及连队间基本公共服务供给差距，推进兵团内实现大致的基本公共服务均等；

第四，兵团独特的体制下，改革相关制度，制定合适的政策保障措施，增强兵团城镇化进程中基本公共服务的水平，推进各阶层居民间实现基本公共服务大致的均等。

1.4 相关概念界定

1.4.1 基本公共服务

关于基本公共服务，目前并没有约定俗成的概念。党的十六届六中全会《关于构建社会主义和谐社会若干重大问题的决定》中，采用列举的方式，把教育、卫生、文化、就业再就业服务、社会保障、生态环境、公共基础设施、社会治安等列为基本公共服务。专家学者则从政府职能、公众需求和公共服务概念的角度，对基本公共服务进行了界定：

一是从政府职能角度进行界定。常修泽根据“范围适中、标准适度”的原则，认为基本公共服务包括就业服务和基本社会保障等“基本民生性服务”，义务教育、公共卫生和基本医疗、公共文化等“公共事业性服务”，公益性基础设施和生态环境保护等“公益基础性服务”，生产安全、消费安全、社会安全、国防安全等“公共安全性服务”。唐钧提出，公共服务领域中有6项公民权利是国家必须予以保障或满足的，这就是：生存权、健康权、居住权、受教育权、工作权和资产形成权；这6项需求对老百姓而言，是不可或缺的甚至是没有退路的。也就是说，符合这六项权利的公共服务就是基本公共服务。

二是从公众需求角度进行界定。迟福林根据我国现实情况和广大社会成员的迫切需求，认为我国基本公共服务包括就业与再就业、公共卫生和初级医疗保障、义务教育、社会保障、公共安全和环境保护6个方面。丁元竹认为，确定我国现阶段基本公共服务必须基于三个原则：现实性原则，即以人民群众最关心、最迫切、最需要解决的问题为依据；国际性原则，即借鉴国际经验为依据；法制化原则，即以我国政府的有关法律和政策为依据。根据上述原则，我国现阶段的基本公共服务界定在公共卫生和基本医疗、义务教育、社会救济、就业服务和养老保险，其中，义务教育、公共卫生和基本医疗、最低生活保障应当是基本公共服务中的“基本”。

三是从公共服务角度进行界定。陈昌盛认为，基本公共服务指建立在一定社会共识基础上，为实现特定公共利益，根据一国经济社会发展阶段和总体水平，为维持本国经济社会的稳定、基本的社会正义和凝聚力、保护个人最基本的生存权和发展权所必需提供的公共服务，其规定的是一定阶段上公共服务应该覆盖的最小范围和边界。具体包括国防、外交、基础教育、公共卫生、社会保障、基础设施、公共安全、环境保护、基础科技、文化娱体、一般公共服务等公共服务中最基本和核心的部分。

关于基本公共服务，学者们虽没有形成统一的概念界定，却达成了部分共识，即基本公共服务是由政府等公共部门提供为主的，以公平正义为价值取向，为保障全体公民最基本的生存权和发展权而提供的，全体公民公平、平等、普遍享有的公共产品和服务，其具有基础性、公平性、普惠性、时代性、地域差异性等特征。国务院在《国家基本公共服务体系十二五规划》中将基本公共服务范围划分为狭义和广义的两种，其中狭义的基本公共服务一般包括保障基本民生需求的教育、就业、社会保障、医疗卫生、计划生育、住房保障、文化体育等领域的公共服务，而广义上的还包括与人民生活环境紧密关联的交通、通信、公用设施、环境保护等领域的公共服务，以及保障安全需要的公共安全、消费安全和国防安全等领域的公共服务。所谓基本公共服务是指建立在一定社会共识基础上，根据一国经济社会发展阶段和总体水平，为维持本国经济社会的稳定、基本的社会正义和凝聚力，保护个人最基本的生存权和发展权，为实现人的全面发展所需要的基本社会条件。本文在充分考虑基本公共服务内涵特征、国家“十二五”规划纲要和兵团地区人民群众基本公共服务需求独特性等因素基础上，将兵团基本公共服务内容确定为基础教育、公共医疗卫生、社会保障、公共基础设施、公共安全、公共文化娱乐、环境保护、科技服务、就业服务、行政服务和民族团结等 11 项内容。

1.4.2 基本公共服务均等化

“均等”汉语里是相等的意思，这里有均衡、调节、平衡的过程，最后达到相等。均等从词性角度可以有两种解释：一是机会的均等，即居民享受公共服务的机会均等，如公民都有平等享受教育的权利；二是结果的均等，即居民享受公共服务的结果均等，如每一个公民无论住在什么地方，城市或是乡村，享受的义务教育和医疗救助等的公共服务，在数量和质量上都应大体相等。市场竞争强调机会均等，而福利经济学则更强调结果均等。在十六届六中全会上，我国首次正式提出了基本公共服务均等化，该词实际是由“基本公共服务”和“均等化”两个词语组成的，它是根据我国区域之间、城乡之间、人群之间基本公共服务不平衡的特定现状而提出的词汇，具有鲜明的中国特色。逐步实现基本公共服务均等化，是形成惠及全民的基本公共服务体系的基础，是构建社会主义和谐社会的内在要求，也是政府最基本的公共政策目标。在对区域基本公共服务均等化实质的理解上，要具体把握以下三点：

第一，国家对基本公共服务要设立最低标准。正如贾康接受《光明日报》采访时所言，“这个均等化我们理解就是要托一个底，是政府应该提供的诸如普及义务教育、实施社会救济与基本社会保障这类东西，对其应该保证的最低限度的公共供给，必须由政府托起来。”各区域居民享受均等化的基本公共服务，是全体社会成员的基本权利。但是，区域基本公共服务的差距并非一日形成，达到区域基本公共服务均等化也不是一日之功，而是需要一个较为漫长的历史过程。在经济发展水平和财力水平还不够高的情况下，开始首先达到低水平的保底，然后逐步提高到中等水平，最后的目标是实现结果均等，是比较切实可行的。在此期间，既要尽力而为，又要量力而行。当务之急，是国家要在基本公共服务方面有全国统一的制度安排，确定各区域都必须达到的基本公共服务最低标准，设置明确的时间表，使基本公共服务覆盖到全体社会成员，并明确区域基本公共服务均等化的实施进度和保障措施。

第二，均等化并不意味着完全均等。一方面，就像“共同富裕”不是“同步富裕”一样，基本公共服务均等化也不等于绝对、完全平均化。无论是在低水平的保底，还是最后的结果均等，各区域基本公共服务不可能绝对相等，追求的目标是大体均等或相对均等。所谓区域基本公共服务均等化，是指在保障各区域居民享有最基础的基本公共服务的前提下，将各区域间差距控制在可以接受的范围之内。另一方面，区域基本公共服务均等化是指不同区域的每个公民享有服务的权利是相同的，但是，基本公共服务既有面向全体居民的，也有面向不同群体的。具体到某个人，如果不属于针对的人群，则不需得到这些服务。在这个意义上，均等化并不意味着每个人都必须得到完全相同、没有任何差异的基本公共服务。

第三，允许和鼓励发达地区提供更高水平的基本公共服务。市场经济的发展必然会造成不同区域之间的发展差距，差距往往是刺激各区域发展的动力。由于各区域经济发展水平、居民收入水平、物价水平等方面存在差异，居民人口结构、消费结构、消费偏好等方面存在区别，居民对基本公共服务的需求也不可能完全相同，如果采取“一刀切”的方式，反而又回到了计划经济提供模式的老路。应当保障的是基本公共服务内在实质上的均等，而非单单外在表现上的均等。在保证各区域达到全国统一的基本公共服务标准的基础上，应当允许和鼓励发达地区提供更高水平的基本公共服务，也就是说要“上不封顶、下有保底”。通过发达地区的示范效应，带动其他区域的模仿，最终达到全国整体基本公共服务水平提高的目的。

1.4.3 兵团基本公共服务均等化

兵团基本公共服务均等化，具体内涵主要包括以下几个方面：一是要通过国家倾斜性的转移支付和政策扶持，加大兵团地区基本公共服务供给，缩小与沿海发达地区基本公共服务的差距，实现区域间相对均等；二是大力发展兵团相对落后的地区和团场、连队，推进区域内、城乡间实现大致的基本公共服务均等；三是改革相关制度，增强兵团城镇化进程中基本公共服务的水平，推进各阶层居民间享受的基本公共服务大致的均等。

第二章　兵团基本公共服务供给现状

近年来，随着国家推进基本公共服务均等化政策导向以及兵团对公共服务投入的不断增加，兵团基本公共服务供给体系建设逐渐完善，兵团基本公共服务供给水平不断提升，结构也在不断优化。2012 年兵团对于基础教育、公共医疗卫生、文化体育与传媒、社会保障与就业等基本公共服务方面的支出与 2007 年的数据相比分别增长了 190.9%、158.13%、121.88%和 290.87%，增幅巨大，兵团各项基本公共服务供给水平也得到了不断提升。

2.1　兵团基本公共服务供给的总体概况

中央新疆工作座谈会以来，兵团始终把保障和改善民生作为出发点和落脚点，坚持民生优先、安居为要、就业为本、富民便民为重，以城镇化为依托、惠民“十件实事”为抓手、保障性住房建设为重点，基本住房保障能力不断增强，教育和卫生服务体系不断完善，民政事业投入超过兵团恢复以来历年总和，对少数民族聚居团场发展的重视程度和支持力度空前，养老和医疗保险制度实现全覆盖，收入分配政策全面落实，公共服务水平明显提高，基本公共服务体系日趋完善，各项基本公共服务取得显著成效。

一是教育服务得到优先发展。学前教育进一步发展，九年义务教育进入巩固调整提高阶段，普通高中优质教育资源不断拓展，中等职业教育在改革中加快发展，教育投入大幅增长，办学条件显著改善，教育公平迈出重大步伐。2012 年底，“两基”人口覆盖率 95%，小学学龄儿童毛入学率 99.8%，初中适龄少年净入学率 98.2%，九年义务教育巩固率 95.3%，高中阶段毛入学率 92%，十五岁以上人口平均受教育年限 11.6 年。

二是医疗卫生服务明显加强。兵团已初步建成了兵师团连四级基本公共卫生医疗服务体系，疾病预防控制体系全面建立，应急医疗救治体系基本建成，医药卫生体制改革不断深入推进；2012 年底，拥有各类卫生机构 1 356 个，每千人有医院床位 7.62 张，人均期望寿命达到 75.61 岁。2005—2012 年医疗卫生支出增加了 2.9 倍，卫生支出占 GDP 的比重从 7.9%提高到 9%；每千人拥有公共卫生机构卫生技术人员数从 3.1 人增加到 9 人，增长了 2 倍。

三是就业服务实现广覆盖。大力实施更加积极的就业政策，强化职业技能培训，规范强化劳动管理，旅游就业规模持续增加，结构不断优化，就业形势基本稳定。2005—2012年就业规模从98万人增加到117万人；三次产业就业结构从49∶19∶32调整为39∶25∶36；城镇登记失业率始终控制在4.5%以内。

四是社会保障水平稳步提高。近年来兵团已初步建立了养老、医疗、失业、工伤、生育五险合一的社会保障体系框架，养老保险实现了兵团级统筹，医疗、失业、工伤、生育等保险师级统筹，各项保险参保人数及参保比率都实现了稳中有升，基金收支基本平衡。截至2012年底，养老保险覆盖率98.2%，综合参保率达到95%。

五是基本社会服务体系逐步健全。最低生活保障投入逐年增加，低保覆盖面连续4年达到100%；自然灾害应急响应能力逐渐提升，2012年各项救灾资金支出2.5亿元，比2008年增加了7倍多，年平均救助30余万人次，受灾职工生活得到基本保障；社会福利服务满足基本需要。目前拥有流浪乞讨人员救助保护机构4个，养老机构83个，每千名老年人拥有床位10.4张，残疾人服务设施13个，殡仪服务机构65所。优抚安置处于全国领先水平，城镇退役士兵年均安置率达95%以上。

六是住房保障机制逐步完善。以廉租房为主的基本住房保障制度初步建立，逐步从“屯垦成边”向“建城成边”转变，职工群众生产生活方式发生了质的飞跃。2008—2012年，共建设各类保障性住房46万户，惠及180余万人。

七是文化体育服务网络初步形成。文化体育设施建设步伐加快，广播影视事业快速发展。2012年底，兵团有播出机构197座，广播电视综合覆盖率分别达到97%和98.8%，有线电视入户率达到66%；10个师有文化馆，142个团场有文化活动中心，600多个基层群众业余文化艺术团体，连队农家书屋覆盖率达到100%，博物馆、纪念馆、科技馆等场所向社会逐步免费开放；经常参加体育锻炼的人数达到兵团人口的32%，人均健身场地面积1.4平方米。

八是人口和计生服务水平显著提高。不断加强人口计生服务设施建设，重点实施“少生快富”工程。2012年底，建成40多所计划生育服务站，完成“少生快富”工程4 353户，孕前优生健康免费检查项目实现了全覆盖；人口数据库入库率98%；全兵团低生育水平总体保持稳定，人口自然增长率控制在0.05‰以内，人口出生率5.67‰，远远低于全国和新疆水平。

2.2 兵团基础教育服务供给现状

“十一五”以来，兵团教育改革取得显著成效，基础教育服务体系逐步健全，教育水平和质量显著提高。兵团基本实现“两基”目标，城乡免费义务教育全面实施；义务教育进入巩固提高阶段，兵团中小学校数量逐渐减少，规模趋于稳定，经费保障新机制不断完善；普通中小学办学条件进一步改善，普通高中教育稳步发展；教师队伍建设取得了明显成效，师生结构已得到合理优化。

（1）基本实现“两基”目标，城乡免费义务教育全面实施

2005年，兵团顺利完成“两基”攻坚任务，率先在西部地区实现“两基”目标。全面实施“两免一补”政策，建立团场义务教育经费保障新机制，将团场义务教育全面纳入公共财政保障范围，保障水平大幅度提高。2012年，兵团“两基”人口覆盖率达95%，小学学龄儿童毛入学率达到107%，初中适龄少年净入学率达98.2%，十五岁以上人口平均受教育年限由2005年的8.8年提高到11.6年。但总体来看，兵团对学前教育及高中教育投入不足，投入比重呈现下降趋势。

（2）义务教育办学条件得到巩固提高

兵团团场免费义务教育全面实现，义务教育经费保障机制不断完善，保障水平不断提高，中小学校数量逐渐减少，规模趋于稳定。2005年以来，兵团中小学的数量有所减少，规模大致相当。中小学的校数由2005年的594所减少到2012年的301所；从校舍建筑面积来看，“十一五”期间，兵团小学校舍面积在逐渐递增，从“十一五”末开始小学校舍面积有所减少；兵团中学校舍面积在“十一五”期间较为稳定，“十二五”开始有逐渐上升的势头。兵团中小学招生数量“十一五”以来在逐渐减少，兵团小学毕业生数在逐渐下降，但中学毕业生数有升有降，波动较大，详见表2-1。

表2-1　2005—2012年兵团中小学校数量与规模

年份	校数（所）		校舍建筑面积（万平方米）		在校学生数（人）		招生数（人）		毕业生数（人）	
	小学	中学	小学	中学	小学	中学	小学	中学	小学	中学
2005	317	277	16.5	195.3	269 811	206 440	39 655	70 952	49 187	59 552
2006	295	277	20.4	207.2	263 029	209 872	40 156	72 151	48 099	63 252
2007	265	262	34.7	190.7	252 568	206 596	38 263	70 758	47 683	64 755
2008	245	258	38.4	187.3	238 625	202 408	36 094	68 207	45 875	63 930
2009	105	256	41.7	199.4	227 854	197 801	35 558	66 168	42 582	64 315
2010	85	251	39.5	204.4	217 600	190 362	33 255	63 429	40 186	62 410
2011	68	246	41.1	299	212 154	184 582	33 147	62 718	38 807	62 275
2012	60	241	40.5	318.3	189 661	169 141	30 148	56 273	38 082	56 273

数据来源：《新疆生产建设兵团统计年鉴》（2006—2013年）。

普通中小学办学条件逐步改善。从兵团基础教育教学设施的装备来看（见表2-2），兵团小学教室、实验室和图书馆“十一五”中后期提供的数量呈现上升趋势，配备较为充足；2012年，小学体育器材配备达标校数为43所，占独立小学总校数50.6%，音乐器材配备达标校数40所，占独立小学总校数47.1%，美术器材配备达标校数39所，占独立小学总校数45.9%，数学自然实验仪器配备达标校数45所，占独立小学总校数52.5%；普通中学体育器材配备达标校数190所，占总校数75.7%，音乐器材配备达标校数182所，占总校数比例72.5%，美术器材配备达标校数177所，占总校数70.5%，理科实验仪器配备达标校数193所，占总校数的76.9%。

表2-2　2005—2012年兵团基础教育教学设施

年份	小学			中学		
	教室	实验室	图书馆	教室	实验室	图书馆
2005	577 280	41 411	27 051	611 888	169 034	45 373
2006	571 312	41 603	26 701	659 066	178 499	46 435
2007	629 240	49 484	30 321	608 713	178 818	46 109
2008	622 162	53 447	32 085	595 435	164 165	49 829
2009	598 277	56 640	33 509	598 003	177 559	54 437
2010	595 367	57 680	32 030	610 161	183 138	55 284
2011	192 212	8 966	8 879	1 098 013	229 190	78 757
2012	175 503	14 264	8 244	1 137 170	239 527	86 780

数据来源：《新疆生产建设兵团统计年鉴》(2006—2013年)。

(3) 教师数量与结构趋向合理优化

第一，义务教育阶段教师学历合格率达到较高水平，学历层次不断提高，基本达到《教师法》规定的最低标准。2012年普通小学专任教师学历合格率达99.8%，其中具有大专及以上学历的专任教师比例占95.4%；初中专任教师学历合格率（专科及以上）达99.8%，其中具有本科及以上学历的教师比例占68.7%；民族教师的合格率小学为99.4%，初中为99.7%。

第二，兵团中小学师资结构趋向合理。从教师数量结构来看，初中教师数稳步提升，小学教师数则不断缩减。从教师的职称结构来看，高级职称的教师数量自2005年以来有所上升；一二级教师数量稳中有升，三级教师数量有所下降。初中教师中女性及民族教师数量在上升，高级教师数量比初中教师多，且高级教师及一级教师数量稳中有升，二三级教师数量自“十一五”以来逐渐下降。小学教师在兵团教师数量中所占比重最大，但女性及民族教师的数量在下降。小学高级教师数量在“十一五”期间先上升，2010年后有所下降。一二三级教师的数量都呈现下降的趋势。详见表2-3：

表 2-3 2005—2012 年兵团中小学教师师资结构

师资结构	2005	2006	2007	2008	2009	2010	2011	2012
高中教师（人）	3 911	4 102	4 253	4 348	3 755	4 267	4 304	4 329
♯女	1 907	2 035	2 155	2 273	2 309	2 325	2 353	2 373
♯民族	282	308	313	310	297	328	336	347
高级	775	907	994	1 044	1 052	1 042	1 052	1 064
一级	1 515	1 411	1 403	1 355	1 291	1 265	1 315	1 322
二级	940	1 055	1 126	1 227	1 344	1 424	1 421	1 423
三级	116	106	102	69	68	50	25	26
初中教师（人）	9 768	10 017	9 959	9 923	9 092	10 274	10 285	10 291
♯女	5 551	5 738	5 753	5 813	5 873	6 099	6 203	6 213
♯民族	1 135	1 159	1 209	1 229	1 264	1 283	1 295	1 301
高级	639	838	1 005	1 187	1 314	1 308	1 344	1 371
一级	3 541	3 783	3 770	3 989	4 199	4 257	4 306	4 301
二级	3 336	3 314	3 377	3 288	3 232	3 278	3 117	3 102
三级	753	681	595	401	347	312	254	246
小学教师（人）	15 097	14 981	14 694	14 272	12 780	13 581	13 318	13 225
♯女	11 506	11 495	11 268	11 079	10 723	10 584	10 362	10 218
♯民族	2 267	2 286	2 250	2 158	2 121	2 106	2 117	2 122
中教高级（人）	49	24	20	25	23	35	31	32
小学高级（人）	5 122	5 562	6 005	6 295	6 383	6 245	6 145	6 021
一级	6 903	6 717	6 334	5 926	5 595	5 498	5 271	5 138
二级	1 463	1 127	878	614	608	500	449	423
三级	371	345	343	229	171	144	107	102

数据来源：《新疆生产建设兵团统计年鉴》（2006—2013 年）。

第三，师生比结构基本合理，但初高中教师存在结构性缺口。2010 年兵团小学、初中和高中的生师比分别是 16、12.7 和 14.1，2012 年分别调整为 14.8、11 和 13.7。按照 2003 年《关于新疆维吾尔自治区中小学机构编制管理暂行规定》，可计算得到学生与专任教师比例标准：小学阶段为 19：1；初中阶段是 13.5：1；高中阶段是 12.5：1，据此可以核算得知目前兵团小学生师比结构已调整至合理范围，初高中教师存在缺口。

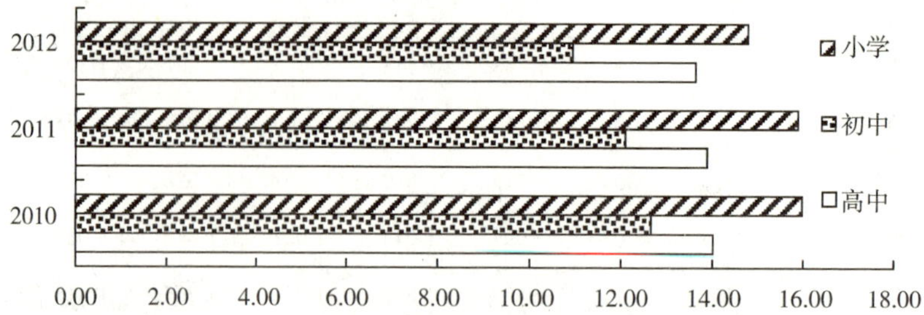

图 2-1　2010—2012 年专任教师与在校学生生师比

(4) 普通高中教育稳步发展，中等职业教育方兴未艾

普通高中和中等职业教育结构逐渐优化，中等职业教育比例稳步提升。2012 年高中校均规模增加到 1 176 人，高中阶段的毛入学率达到了 92%，高中专任教师学历合格率（专科及以上）达 94.2%；兵团共有高中学校 45 所，其中完全中学 39 所；招生人数 2 万人，与上年持平；在校生 5.9 万人，比上年减少 1 003 人；随着高中阶段教育规模的进一步扩大，入学机会快速增加，初中毕业生升学率 85%，其中包括初中毕业生升入地方高中人数。从高中教师的结构来看，如表 2-3 所示，高中女性教师的数量在上升，民族教师的数量稳中有升。从教师的职称结构来看，高级职称的教师数量自 2005 年以来有所上升；一二级教师数量稳中有升，三级教师数量有所下降。与此同时，中等职业教育快速发展。2012 年兵团共有中等职业教育学校 23 所，招生人数 1.4 万人，比上年减少 1 107 人；在校人数 3.6 万人，比上年减少 1 813 人；中等职业学校具有本科及以上学历的教师比例达 86.7%。

2.3　兵团公共医疗卫生服务供给现状

兵团已初步建成“兵师团连”四级基本公共卫生医疗服务体系。兵团公共卫生机构总量呈现逐年增加态势，疾病预防控制机构和卫生监督机构数量增速较快；兵团卫生总费用规模迅速增加，且增速稍高于兵团 GDP 增速，但卫生总费用配置结构有待优化；兵团卫生总费用筹资结构中政府支持力度增速较大；兵团公共卫生医疗人员数量显著增长，专业结构有待优化。同时，公共卫生服务供给水平稳步提高，服务绩效显著提升，人均期望寿命、自来水覆盖率、孕产妇系统管理率、7 岁以下儿童保健管理率均高于全国和新疆维吾尔自治区水平，孕产妇死亡率与法定报告传染病发病率均低于自治区水平，基层卫生厕所普及率低于新疆和全国水平。

（1）公共卫生机构总量呈现逐年增加态势

2012 年兵团公共卫生机构总数是 180 个，比 2005 年的 93 个增加了 93.55%，其中 2005—2006 年增长速度最快，2007 年以后增加数量较平稳。在兵团基本公共卫生机构中，疾病预防控制机构和卫生监督机构数量自 2006 年起增加幅度较大；采供血机构 2005 年 3 个，2006 年发展到 8 个，2007 年后变化不大；该阶段兵团妇幼保健机构、计划生育机构和其他公共卫生机构数量没有显著变化。

表 2-4　兵团公共卫生机构数　　单位：个

指　　标	2005	2006	2007	2008	2009	2010	2011	2012
公共卫生机构总数	93	112	133	138	141	161	157	180
疾病控制机构	80	88	92	93	92	105	102	102
卫生监督机构	8	12	16	19	24	29	28	52
妇幼保健机构	1	3	1	1	1	1	1	1
食品药品检验机构	0	0	0	1	1	1	1	1
计划生育机构	0	0	16	16	16	16	16	16
采供血机构	3	8	7	7	6	7	7	7
其他公共卫生机构	1	1	1	1	1	1	1	1

数据来源：《新疆生产建设兵团统计年鉴》（2006—2013 年）。

（2）卫生总费用迅速增加，经费配置结构有待优化

第一，卫生总费用总体上有较大水平提高。2005—2012 年兵团卫生总费用迅速扩大，从 25.88 亿元增加到 102.92 亿元，增加了 2.9 倍；从兵团卫生总费用与 GDP 的占比来看，从 2005 年的 7.86%上升到 2012 年的 8.95%，比重也较快增长；以不变价比较 2005—2012 年兵团卫生总费用与兵团 GDP 年均增速，兵团卫生总费用增速稍高于 GDP 的增速。

第二，卫生总费用筹资结构中政府支持力度增速较大。2005—2012 年兵团卫生总费用中政府卫生支出占比增速较大，尤其是从 2006 年开始增速有所加快。从总量上来看，政府卫生经费支出由 2005 年的 2.84 亿元迅速增加到 2012 年的 32.47 亿元；从政府卫生支出、社会卫生支出及个人现金卫生支出占卫生总费用比例结构来看，也能得出以上结果，三者结构由 2005 年的 10.96∶51.71∶37.27 调整为 2012 年的 43.25∶36.41∶20.34，原来占比最小的政府卫生支出现已成为卫生总费用中比重最大的构成部分，并且仍有逐渐增加的趋势。详见图 2－2 所示。

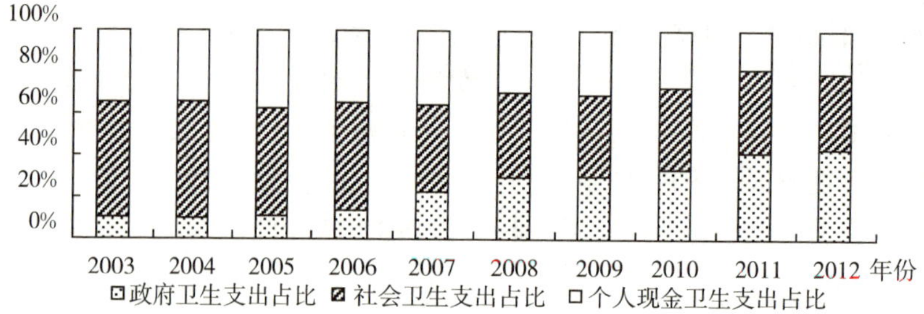

图 2－2　2005—2012 年兵团卫生经费支出结构比重变化趋势

第三，卫生总费用配置结构有待优化。从医院费用与公共卫生机构费用 2003—2011 年的变化趋势来看，均随着卫生总费用的增加而不断增加，但医疗机构费用的增长幅度远大于公共卫生机构费用增幅；从兵团卫生总费用配置结构也能够看出，大部分的卫生费用流向医院，仅有小部分的卫生费用流入公共卫生机构，如图 2－3 所示。

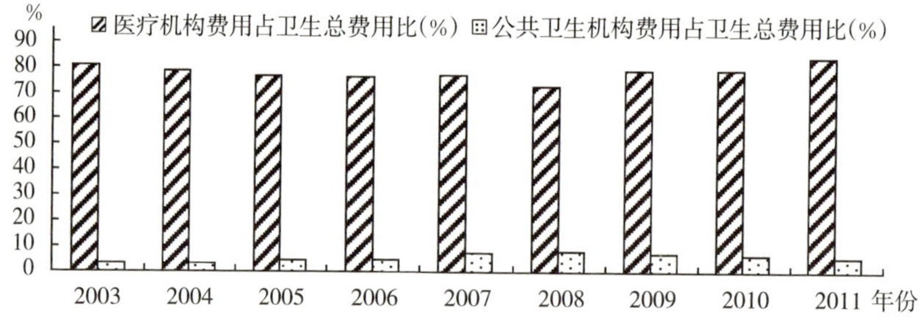

图 2－3　2003—2011 年卫生总费用配置结构图

(3) 公共卫生医疗人员数量显著增长，专业结构有待优化

从公共卫生机构卫生技术人员来看，随着公共卫生机构数量不断增加，2005—2012 年卫生技术人员总数逐年增加，从 2005 年的 786 人增加到 2012 年的 1 823 人，增长了 1.3 倍。从卫生技术人员在公共卫生机构分配情况来看，疾病预防控制机构卫生技术人员数占公共卫生机构卫生技术人员数比重最大，2012 年达到 53.44%，人员比重比 2005 年增长了 42.3%；卫生监督机构卫生技术人员数 2005 年以来增速也较快，2005 年仅有 36 人，截至 2012 年已达到 169 人，增长 3.5 倍；采供血机构卫生技术人员数量总体上增长，但自 2006 年突然从 2005 年的 35 人增加到 187 人，又迅速下降到 2007 年的 60 人后，人数趋于稳定；妇幼保健机构卫生技术人员仅在 2007 年和 2010 年有小幅度的增长波动；计划生育机构于 2007 年一次增加至 535 人，并一直保持（详见表 2-5）。

表 2-5 兵团公共卫生机构卫生技术人员数 单位：人

指 标	2006	2007	2008	2009	2010	2011	2012
公共卫生技术人员数	1 027	1 590	1 617	1 642	1 769	1 800	1 823
疾病控制机构	729	859	891	878	933	962	987
卫生监督机构	74	86	82	122	168	163	169
妇幼保健机构	37	50	50	50	66	66	66
食品药品检验机构	0	0	1	1	1	1	1
计划生育机构	0	535	535	535	535	535	535
采供血机构	187	60	58	56	66	73	75

数据来源：《新疆生产建设兵团统计年鉴》（2007—2013 年）。

如表 2-6 所示，每万人拥有公共卫生机构卫生技术人员数由 2005 年的 3.06 人增加到 2012 年 6.88 人，增长了近 2 倍，其中 2012 年每万人拥有疾病预防控制机构人员数为 3.73 人，每万人拥有计划生育机构人员数为 2.02 人，其他公共卫生机构每万人拥有数不足 1 人，其中每万人食品药品检验机构人员数最少，仅有 0.004。

表 2-6 兵团每万人公共卫生机构卫生技术人员数 单位：人/万人

指 标	2006	2007	2008	2009	2010	2011	2012
公共卫生技术人员数	3.98	6.15	6.28	6.38	6.87	6.89	6.88
疾病控制机构	2.83	3.32	3.46	3.41	3.63	3.68	3.73
卫生监督机构	0.29	0.33	0.32	0.47	0.65	0.62	0.64
妇幼保健机构	0.14	0.19	0.19	0.19	0.26	0.25	0.25
食品药品检验机构	0.000 0	0.000 0	0.003 9	0.003 9	0.003 9	0.003 8	0.004
计划生育机构	0.00	2.07	2.08	2.08	2.08	2.05	2.02
采供血机构	0.72	0.23	0.23	0.22	0.26	0.28	0.28

数据来源：《新疆生产建设兵团统计年鉴》（2007—2013 年）。

2.4 兵团社会保险服务供给现状

在社会保险服务方面，近年来兵团已初步建立了养老、医疗、失业、工伤、生育五险合一的社会保险体系框架，并进一步完善了社保资金来源多元化，保险制度规范化，管理服务社会化的社会保险体系；养老保险实现了兵团级统筹，医疗、失业、工伤、生育等保险师级统筹，各项保险参保人数及参保比率都实现了稳中有升，基金收支基本平衡，运行比较平稳，基本达到了“政策制度全覆盖、工作措施全到位”的目标，成效显著。

(1) 养老保险制度进一步健全，参保率与覆盖面稳步增加

兵团养老保险制度进一步健全，社会保险服务体系不断健全，保险覆盖面稳步扩大；兵团已实现了养老保险的“六统一”，即统一基本养老保险制度和政策、统一基本养老保险缴费比例、统一基本养老保险待遇政策、统一调度使用基本养老保险基金、统一编制和实施基本养老保险基金预算、统一基本养老保险业务规程。养老保险实现了兵团级统筹，参保人数、参保缴费人数、参保覆盖面均实现了明显增加。截至 2012 年底，兵团养老保险参保人数达到 157.4 万人，覆盖率 98.17%，超额完成了 95%的工作目标，从制度的全覆盖向人员的广覆盖迈出了坚实的一大步。城镇职工养老保险参保人数达到 90.9 万人，比上年末 84.9 万人增长 6 万人，打破了多年来长期徘徊、停滞不前的局面；城镇居民养老保险在短短半年时间内参保人数翻了一番，从 5.2 万人增长至 11.9 万人，比上年末 1.9 万人增长 10 万人，两项制度年增长 16 万人，不仅实现了制度建设上的跨越式发展，而且使更多的职工群众纳入到养老保障范围，实现了真正意义上的老有所养。如图 2-4 所示：

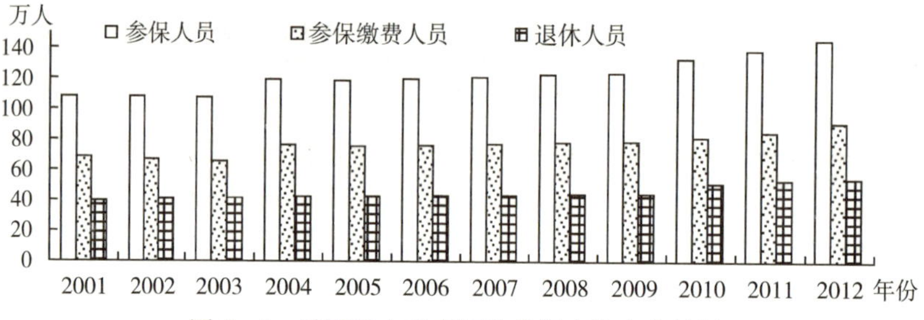

图 2-4　兵团基本养老保险参保人数变化情况

(2) 医疗保险运行平稳，基本实现兵团全覆盖

兵团医疗保险运行平稳，实现了师级统筹，建立了以基本医疗保险为主体、大额医疗补助、慢性门诊医疗为补充的多层次兵团职工医保制度体系，全面启动了居民基本医疗保险，参保人数呈现逐年增加、近年大幅攀升态势，基本形成覆盖全兵团的医疗保险制度。目前，基本医疗保险制度在兵师机关、企事业单位基本建立，制度运行总体平稳，基金收支基本平衡，参保人员的基本医疗需求得到保障。截至 2011 年底，全兵团参加基本医疗保险 222.8 万人，其中职工基本医疗保险 126.5 万人，居民基本医疗保险 96.3 万人。2012 年，兵团巩固扩大基本医保覆盖面，继续改革医保支付制度，确保职工医保、居民医保参保率达到 98%，把居民医保政府补助标准提高到每人每年 240 元。参保人数变化情况如图 2-5 所示：

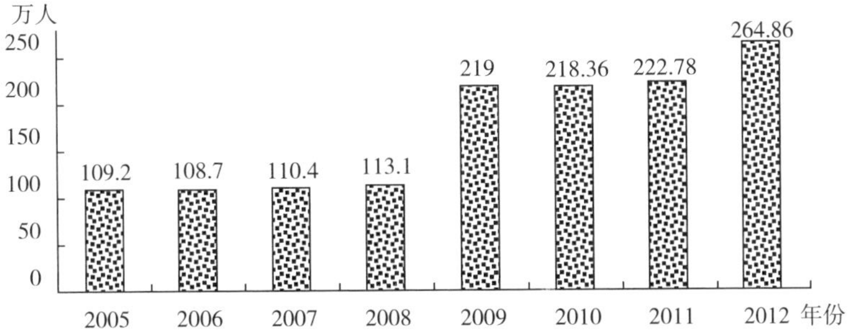

图 2-5　兵团基本医疗保险参保人数变化情况

(3) 失业、工伤、生育保险成效显著

近年来兵团失业、工伤、生育保险参保人数均实现了稳中有升的可喜变化。“十一五”期间，兵团失业参保人数达到了 62.7 万人，五年累计 25.9 万名失业人员和团场“4555”、“4858”人员享受到了失业保险待遇，累计支出 5.4 亿元，相当于“十五”时期的 1.5 倍，顺利完成了下岗失业人员基本生活保障向失业保险的并轨。工伤保险制度进一步完善，覆盖范围进一步扩大。妥善解决了“老工伤”问题，全兵团已有 2.1 万名老工伤纳入了工伤保险统筹；生育保险顺利实施，共有 60.7 万人参加了生育保险，基金支出 10.7 亿元。截至 2012 年底，兵团参加失业保险 64.8 万人、工伤保险 68.2 万人、生育保险 63.7 万人，近年来参保人数均实现了稳中有升，见图 2-6。

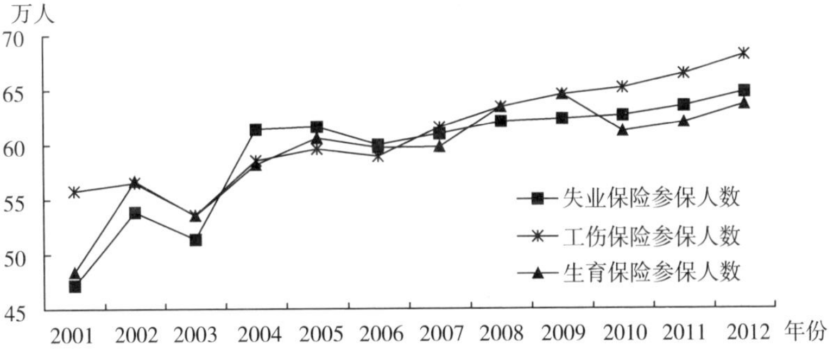

图 2-6　兵团失业、工伤、生育保险参保人数变化情况

2.5　兵团劳动就业服务供给现状

“十一五”以来，兵团大力实施更加积极的就业政策，兵团正积极采取各

种促进劳动就业的有效方式，出台相应的劳动就业政策，健全劳动就业服务体系，不断提供均等就业机会，使兵团高校毕业生的就业率不断提高，积极推动了少数民族转移就业服务工作，就业形势基本稳定。

（1）公共就业服务水平不断加强

“十一五”以来，兵团就业规模从2006年的98.8万人增加到2012年的117.2万人；三次产业就业结构从2006年的49.3∶18.6∶32.1调整为2012年的39∶25∶36，规模持续增加，结构不断优化。兵团就业信息监测实现了师级全覆盖；先后开展了“春风行动”等专项就业活动，免费为就业困难群体提供职业介绍5.8万人，求职登记6.7万人，累计开发就业岗位数9.2万个，累计新增就业人数8.6万人。2013年1—5月，累计可开发就业岗位数为51 807个，城镇累计新增就业人数为35 591人，城镇累计新就业人数为38 722人，下岗失业人员累计实现再就业人数18 188人。

兵团党委制定了促进少数民族就业的优惠政策和实施方案，逐步推进少数民族转移就业服务。实施了“少数民族职工群众技能振兴计划”，通过中等职业等渠道组织培训少数民族职工，开展了示范性免费就业技能培训，2012年帮扶14个重点少数民族聚居团场转移就业5 820人。

（2）劳动关系管理进一步强化

深入贯彻实施劳动合同法等法律法规，起草《贯彻实施劳动合同法加强兵团劳动合同管理的指导意见》，下发了《兵团劳动关系群体性突发事件应急处理预案》，开展了农民工劳动合同签订“春暖行动”，推进了兵团小企业劳动合同制度实施专项行动。深入开展和谐劳动关系创建活动，积极推进了集体合同制度实施和“彩虹”计划的落实。

（3）劳动人事争议调解仲裁能力不断提升

进一步健全企业劳动争议调解组织，依法、及时、公正处理劳动争议案件。开展了案例评析和办案质量评查活动，仲裁工作逐步实现规范化。2010—2012年，共处理劳动争议案件4 441件，其中，调解处理2 377件，立案处理2 045件，结案率99.6%。此外，劳动保障监察力度进一步加大，推进了两网化管理，加强了劳动保障监察队伍建设。2010—2012年，受理劳动保障监察投诉案件分别为1 429件、1 096件和1 896件，结案分别为1 353件、1 095件和1 884件，结案率分别达到94.7%、99.9%和99.4%。

2.6 兵团基本社会服务供给现状

兵团近年来不断健全基本社会服务体系，构筑社会安全网。兵团基本社会服务资金90%以上来源于国家财政拨款，能够基本保障基本社会服务的资金需求。兵团基本社会服务基础设施建设水平区域差距较大，有建制市的师团基本社会服务基础设施较完善，基本社会服务水平较高；无建制市的师团、边境团场及少数民族团场基本社会服务基础设施较差，基本社会服务水平较低。兵团最低生活保障的经费投入逐年增加，兵团职工与城市居民低保标准不断提升；财政自然灾害救助资金逐年增加，自然灾害应急响应能力逐渐提升，基本实现受灾职工群众24小时内得到初步救助；养老服务以居家养老为主体，社区和机构养老为补充，机构养老床位数严重缺乏；孤儿救助以家庭托养为主，机构托养为辅，殡葬事业发展相对滞后；医疗救助资金投入逐年增加，但资金缺口仍然较大，平均医疗救助额不断提升，各师医疗救助资金筹集差异较大；优抚安置及社会救助服务资金保障充足，居全国领先水平，建立了以自主就业为主与政府安置相结合的兵团新型退役士兵安置制度，优抚对象生活得到明显改善；残疾人公共服务逐渐完善，残疾人教育、培训投入逐年加大，残疾人义务教育水平不断提升，残疾人基本生活保障水平持续提升。

（1）最低生活保障制度逐渐完善，但各师间水平差异较大

兵团最低生活保障的经费投入逐年增加，随着经济增长水平的提升，各师参照所在地的自治区城市低保标准不断提升兵团职工与城市居民低保标准，实现了职工最低生活保障水平的平稳提升。1999年9月，兵团按照“先城市、后团场”的原则建立和实施了最低生活保障制度；2000年底实现了低保制度“城市、团场一体化”；低保制度管理从申请、入户调查、审批发放到社会监督，各个环节的操作程序日趋规范。“十二五”开始，积极推进分类施保，提高低保家庭中的重病重残人员、高龄老人和儿童等困难群众的补助水平，以师为单位统一了低保标准，形成具有兵团特点的低保标准体系。兵团政府按照“短期波动发放补贴，持续上涨调整标准”的原则，建立了社会救助和保障标准与物价上涨挂钩的联动机制；根据消费价格指数上涨3.8%，每超过1%增加12元补助的标准，核算下拨物价补贴金额，缓解了价格上涨对低收入职工群众基本生活的影响。从1999年到2013年，兵团低保最高标准由每人每月156元提高到每人每月351元，月人均补助水平由60元提高到278元；低保对象2013年稳定在10万人，占兵团总人口的4%；中央财政对兵团低保资金投入由1999年的1 000万元增长到2013年的4.7亿元。兵团低保覆盖面不断扩大，月均低保人数由2000年的2.5万人增加到2012年的10.2万人，低保覆盖率连续4年达到100%，达到“应保尽保”的动态管理标准要求。同时，兵团各师低保标准存在一定差距，低保标准最高与最低的师之间低保标准绝对差由2000年的58元扩大到2012年的151元。

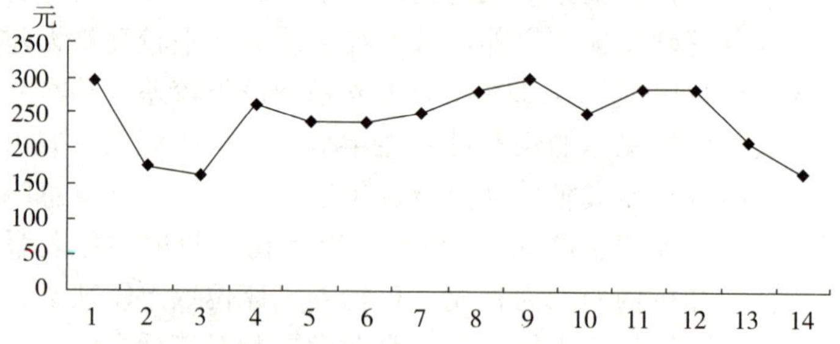

图2-7　2012年兵团各师最低生活保障标准

（2）自然灾害应急响应能力得到提升

财政（务）自然灾害救助资金逐年增加，自然灾害应急响应能力逐年提升，受灾职工生活能得到基本保障，基本实现受灾职工群众24小时内得到初步救助。兵团所属的14个师、143个农牧团场自然灾害频发，2012年共筹集安排各项救灾资金2.5亿元，比2008年的3 000万增加了736.7%，因灾困难群众的基本生活得到有效保障。中央财政救灾资金增加较快，由2008年的2 600万增加到2012年的2.48亿元，增加了853.9%，占救灾各项资金的比重由2008年的86.7%增加到2012年的98.8%。2010—2012年，年平均救助30余万人次，7.5万余户受灾职工群众得到救助。自然灾害应急响应能力逐渐提升，基本实现受灾职工群众24小时内得到初步救助，2012年先后启动3次三级和6次四级灾害应急响应，向灾区派出16个由民政、建设、水利、农业等减灾委成员单位组成的工作组55人次，深入灾区，查核灾情，督查灾区各项工作落实，指导帮助灾区做好救灾工作，向灾区调运救灾帐篷2 000余顶，恢复重建房屋450户1 200间，救助灾民34.8余万人次、9万户。

（3）养老服务水平得到提升，养老基础设施建设仍然滞后

兵团基本养老服务以居家养老为主，机构养老为辅。从2010年开始，每年都将为老军垦服务的养老项目列入落实为职工群众办“十件实事”中，积极推进兵团养老机构建设。三年来共投入兵团本级资金7 480万元，新建养老机构28个，新增养老床位1 680张，初步缓解了养老设施不足的矛盾，养老服务水平也得到一定提升。同时，兵团基本养老服务基础设施建设较为滞后，机构养老床位数缺乏日趋严重。兵团养老服务基础设施建设主要来源于国家财政拨款，2013年计划投资7 600万用于团场养老院和社区老年人日间照料中心，其中中央资金4 000万元，占52.7%，兵团本级财务资金2 160万元，占28.5%，单位自筹1 440万元，占19%。目前兵团千名老人拥有养老床位

10.4 张，但兵团现有机构养老床位数与国家提出的 2015 年达到千名老人 30 张养老床位的要求差距较大。此外，兵团现有 60 周岁以上老年人 46 万人，老年人口占兵团总人口的 17.6%；近年来兵团人口老龄化发展速度快，且呈现集中批次老龄状态的高龄化、失能、半失能老人数量剧增，空巢化趋势严重，养老服务设施与实际需求差距较大，较为滞后的基本养老服务基础设施建设急需加强。

（4）社会福利服务基本满足需要，殡葬服务发展相对滞后

兵团孤儿养育以家庭寄养为主，机构托养为辅。兵团现有 0～17 岁未成年人 49.48 万人，事实无人抚养儿童 923 人，福利机构供养孤儿 133 人，占 14.4%；亲属监护抚养的 790 人，占 85.6%。截至 2012 年底共有儿童福利机构 5 个，分布在兵团第二师、第五师、第八师、第十师及兵团本级，床位 283 张，能够基本满足孤儿机构供养的需要。目前机构抚养孤儿主要集中在第八师石河子市儿童福利院，占机构抚养孤儿总数的 92%。兵团每月对于福利机构抚养的孤儿，每月补助 1 000 元；居家抚养孤儿，每月补助 600 元。

兵团殡葬事业发展相对滞后，大部分师团仍以土葬为主。截至 2012 年底，兵团共有殡葬管理单位 4 个；殡仪馆（含火葬场）6 个，其中在建的 1 个；殡仪服务站（中心、所）65 所；经营性公墓 8 个，主要分布在建制市及兵团本级；城市骨灰存放处 5 处，能够满足基本需要；团场殡葬骨灰存放处缺乏；团场自然形成公益性墓地 340 处，存在大量土地浪费现象；全兵团现有低档火化炉 5 座、高档火化炉 1 座，殡仪车 25 辆，遗体冷藏柜 37 台，遗体告别棺 44 个，目前还有属于火化区的六个师没有殡仪馆。

（5）医疗救助经费投入逐年增加，医疗平均救助强度稳步提升

医疗救助资金投入逐年增加，但资金缺口仍然较大，平均医疗救助额不断提升，但各师医疗救助资金筹集差异较大。从 2010 年起，兵团不断完善医疗救助政策①，加大医疗救助工作力度和救助范围，医疗救助采取参保补助、门诊救助、住院救助三种方式，取消救助起付线和病种限制，提高救助比例和封顶线，建立大病救助制度，资助困难群众参保。2011 年医疗救助补助资金 8 931万元，救助困难群众 22.4 万人次，实现兵团年人均卫生医疗补助标准最低 4.5 万，最高 6 万（不含基本建设资金）；2012 年支出医疗救助资金 10 873

① 住院救助是对救助对象在住院期间发生的医疗费用，在扣除各项医疗保险可支付部分、单位应报销部分及社会互助帮困给予的补贴后，个人负担部分再按一定比例给予的补助；医疗救助对象年度内住院所发生的医保目录内的住院费用，经居民基本医疗保险或职工基本医疗保险报销后，个人负担部分年度内累计报销封顶线为 1 万元。

万元，较 2009 年的 6 989 万元增加了 55.6%。国家对于兵团医疗救助资金支持力度不断增强，从 2010—2013 年每年投入 7 750 万元。兵团各师医疗救助资金筹集额不断上升，由 2010 年的 2 022 万元增加到 2012 年的 3 140 万元，增加了 55.29%；各师筹集医疗救助资金在总支出中的比重有所下降，由 2010 年的 28.93%下降到 2012 年的 28.88%；兵团各师医疗救助资金筹集差异较大，2012 年筹集额最多的是第一师 1 046 万元，最低的第四、八、九、十和建工师均为 0 元；第八师医疗救助资金支出与筹集差额最大，为 1 338 万元；医疗救助人数近三年一直保持在 21 万左右；2012 年救助困难群众 21 万人次；门诊救助人数 58 798 人，占 28.04%；资助参保人数 135 384 人，占 64.57%。2013 年进一步增强了对弱势群体的医疗救助强度，对 23 万人的“三无”人员、重度残疾人、儿童和老人等弱势群体实施门诊、住院和资助参保救助，发放医疗救助资金 1 亿多元。

表 2-7　兵团各类医疗救助人数及其比重

年份	住院救助人数	比重（%）	门诊救助人数	比重（%）	资助参保人数	比重（%）
2010	15 127	6.77	31 064	13.9	177 239	79.33
2011	14 192	6.3	68 261	30.28	142 975	63.42
2012	15 496	7.39	58 798	28.04	135 384	64.57

数据来源：《新疆生产建设兵团统计年鉴》（2011—2013 年）。

（6）优抚安置经费保障充足，服务水平全国领先

兵团优抚安置处于全国领先水平，建立以自主就业为主与政府安置相结合的新型退役士兵安置制度，优抚对象生活得到明显改善。2011 年起执行国家优抚标准，退役军人退役金 100%全额发放。自 2003 年至 2012 年，共接受安置退役军人 9 500 人，同时提升了在乡老复员军人、“两参人员”生活补助标准，将 60 岁以上农村籍退役士兵纳入定期生活补助范围。积极推进退役士兵安置改革，落实完善退役士兵教育培训、自谋职业和扶持就业优惠政策，建立以自主就业为主与政府安置相结合的新型退役士兵安置制度，城镇退役士兵年均安置率达 95%以上；2013 年投资 2 224 万元用于提高重点优抚对象抚恤标准和生活补助标准，3874 名优抚对象生活得到明显改善。

（7）残疾人基本生活保障水平持续提升

残疾人基本生活保障水平持续提升，残疾人康复服务逐渐完善，残疾人义务教育水平不断提升。2012 年，新疆兵团通过各种扶贫方式，帮扶贫困残疾人 2.2 万人。残疾人以家庭供养为主，基本所有二级伤残以上残疾人均享受到低保待遇。残疾人危旧房改造除享受国家给予团场职工的 4 万元/户的补助，

2012年各级共投入超亿元为125个农牧团场和师直单位的3 768户贫困残疾人新建了廉租房，900户特困残疾人家庭享受了每户0.6万元彩票公益金补助。残疾人就业培训以兵团本级为主，平均每年培训有劳动能力残疾人500余人次，培训学员就业率达到80%左右。同时开展康复扶贫贴息贷款项目，发放扶贫贷款8 323万元，主要采用项目带动与个体小额贷款相结合的形式，其中项目带动形式贷款占85%左右，2012年扶持带动2 500多名贫困残疾人。残疾人义务教育水平不断提升，接受义务教育残疾人享受国家“两免一补”政策的同时，兵团残联对贫困残疾寄宿生给予500元/年的经费补贴，对贫困残疾学生高中和大学阶段教育分别给予2 000元/年和3 000元/年的经费补贴，对残疾人家庭子女就学也给予相应的经济补助，但是补助范围相对较小，仅仅局限于经济基础较好的师。

2.7 兵团人口与计生服务供给现状

近年来，人口与计生服务体系不断健全，经费投入基本满足实际需求，兵团计生服务水平有所提高；兵团人口总量总体呈上升趋势，人口增长呈现“三低”特点。

(1) 经费投入基本满足需求

从经费投入情况来看，基本能够满足兵团计划生育服务工作的要求，但是随着人们对计划生育服务内容和要求的逐年提高，经费投入越显局促，尤其是资金投入不足、到位率低等问题直接影响了老、少、边、穷地区计划生育服务工作的顺利开展。从2012年在人口与计划生育方面的资金投入情况来看，总计投入7 163.4万元，其中计划生育服务投入4 575万元，占总投入比例为63.9%，计划生育奖励投入2 588.4万元，占总投入比例为36.1%；从具体投入项目来看，技术指导咨询、“少生快富”工程、兵团长效节育奖励和免费孕前优生健康检查投入力度较大，分别达到了350万元、1 305.6万元、500万元和478.6万元；临床医疗服务、再生育技术服务、宣传服务和独生子女父母奖四项的投入更是达到了4 225万元，占总数的60%。

(2) 计生服务水平显著提高

兵团稳步推进“少生快富”、“十件实事”中的计生任务超额完成，孕前优生健康免费检查项目实现了全覆盖，人口计生信息化建设取得重要进展。人口和计划生育服务体系建设的内容主要包括两类，一类是计划生育服务，另一类是计划生育奖励。2012年，兵团首次将“少生快富”长效节育奖、孕前优生健康检查项目2项工作纳入“十件实事”；当年完成“少生快富”

工程 4 353 户，完成率 198%；同时，2012 年兵团“十件实事”中的计生任务超额完成，孕前优生健康免费检查项目实现了全覆盖。此外，兵团人口计生信息化建设取得重要进展，兵团人口政务网 2012 年公开政务信息 400 多条，截至 2012 年底，录入数据库人口数 260.77 万，入库率 98%，准确率 97.5%。

(3) 人口增长呈现“三低”特点

“三低”主要指人口占自治区比重低、人口出生率低、人口自然增长率低。

从出生率来看，兵团人口出生率总体呈下降趋势，近些年兵团人口出生率低于全国和新疆水平。2012 年兵团人口出生率为 5.63‰，全国为 12.1‰，新疆为 15.32‰，并呈现基本稳定态势，如图 2-8 所示。由此可见，出生率逐年降低是兵团人口增速缓慢的一个非常重要的原因。

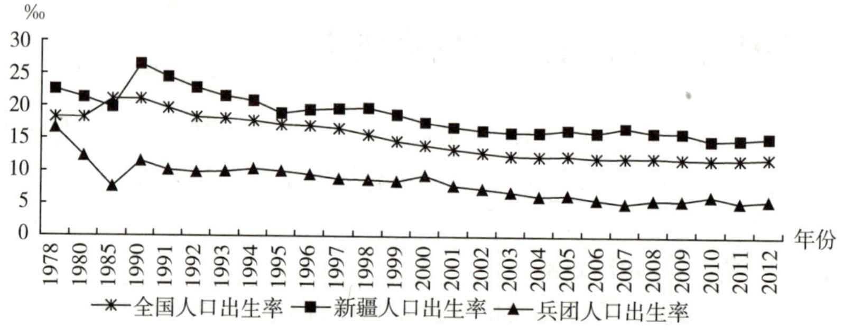

图 2-8 兵团、全国与自治区人口出生率变化趋势

从人口死亡率的变化趋势来看，兵团死亡率相对较低，整体低于自治区和全国水平，但是变化趋势相对平缓，总体波动不大；2012 年兵团人口死亡率为 5.62‰，全国人口死亡率为 7.15‰，低于全国水平 2 个多千分点，如图2-9。

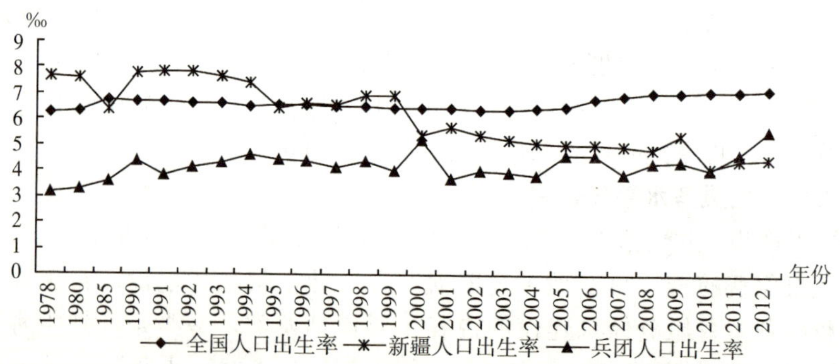

图 2-9 兵团、全国与自治区人口死亡率变化趋势

从人口自然增长率来看，兵团人口自然增长率水平低于全国和新疆，2012年兵团人口自然增长率降到了0.05‰，如图2-10所示；兵团人口自然增长率在出生率降低、死亡率稳定的双重作用下，下降趋势明显，近些年几近于零，加之人口流出日益严重，这是兵团人口总量不升反降的重要原因之一。

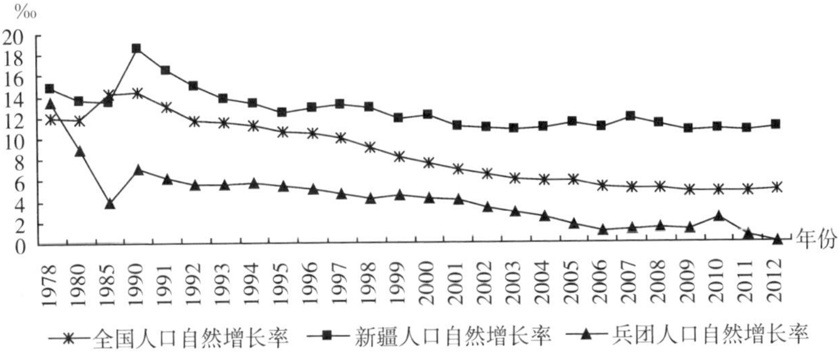

图2-10　兵团、全国与自治区人口自然增长率趋势

2.8　兵团基本住房保障服务供给现状

兵团健全基本住房保障体系，强化职工住房保障，创造宜居宜业环境，有利于兵团建设维稳戍边的战斗堡垒，提高职工群众的归属感，增强兵团的凝聚力、向心力和战斗力。随着保障性住房的大规模建设，住房保障范围从城市低收入住房困难群体，扩展到牧区、垦区、矿区等棚户区居民，再到涵盖中等偏下收入群体，已逐渐形成以廉租房、经济适用房、公共租赁房为主要形式、"低端有保障，中端有支持"的住房保障政策框架。近年来兵团廉租房建设增速较快，经济适用房新开工房屋面积明显下降，公共租赁房将成为主要保障形式，限价商品房供应量不断增加，棚户区改造范围进一步扩大。2008—2012年，兵团共建设各类保障性住房46万户，累计完成投资518亿元。

(1) 廉租房建设增速较快

如表2-8所示，2005—2012年兵团廉租住房74 054套，面积461万平方米，共完成投资53.34亿元。其中集中新建和配建的廉租住房47 794套，293万平方米；购买改建租赁的廉租住房17 247套，105万平方米；通过其他方式建设的廉租住房9 009套，62万平方米。

表 2-8　兵团廉租住房建设情况汇总

建设项目＼开发建设	竣工房屋面积（万平方米）	竣工房屋套数（套）	土地供应面积（万平方米）	总投资（万元）
廉租住房（合计）	461	74 050	716	533 383
其中：（1）集中新建和配建	293	47 794	427	338 732
（2）购买改建租赁	105	17 247	164	128 364
（3）其他方式	62	9 009	125	66 286

（2）公共租赁房将成为重要保障形式

2005—2012 年兵团公共租赁房建成 11 076 套，投资额 129 240 万元。兵团的公租房每户面积不足 60 平方米，仍然处于起步阶段，由于公租房具有覆盖面宽、流动性强等特点，更适合“夹心层”的实际需要；同时，由于公租房的投资主体比较多元化，产权方式也比较灵活、租金也更加的趋近市场，再加上政策优惠，公租房的发展前景十分乐观，公共租赁房将成为今后保障房的主要保障形式。

（3）棚户区改造范围进一步扩大

兵团主要解决在棚户区中居住的低收入及中偏下收入家庭住房困难居民，从 2010 年开始，兵团棚户区改造范围进一步扩大，增加了对国有工矿棚户区和中央下放地方煤矿棚户区的改造。2005—2012 年兵团各类棚户区改造面积 36.27 万平方米、4 924 套，土地供应面积 74.73 万平方米，共完成投资 35 959.20万元，主要包括城市棚户区改造、国有垦区危房改造、国有林区棚户区和国有林场危旧房改造。2015 年，兵团各类棚户区改造住户达到 10.5 万户，每户面积控制在 80 平方米，兵团需改造棚户区面积为 836.4 万平方米，其中城市棚户区改造面积为 721.6 万平方米、约 9.0 万户，国有工矿棚户区改造面积为 34.7 万平方米、约 4 341 户，国有垦区危房面积为 24 万平方米、约 3 000 户，中央下放地方煤矿棚户区改造面积为 56.1 万平方米、约 7 010 户。

2.9　兵团公共文化服务供给现状

目前，兵团通过健全公共文化服务体系和加强精神文明建设，已初步形成以新闻宣传、广播电视、文化事业、文化遗产保护及文博事业为主要内容的兵团公共文化服务体系，公共文化体育服务经费采取国家、兵团、师、团场四级投入模式。近几年文化体育事业的投入力度明显加强，公共文化设施建设进度提速，各类公众媒体快速发展，各类文化体育服务工程开展顺利，文化资源保护力度不断加强，兵团公共文体服务供给形式多样。

（1）公共文化体育服务经费投入力度增强

兵团公共文化体育服务经费采取国家、兵团、师、团场四级投入模式，近几年文化体育事业的投入力度明显加强。2005—2012 年国家对兵团文化体育传媒事业投入资金达 4 174 万元，文化信息资源共享工程方面投入 11 645 万元。兵团文化体育覆盖兵、师、团、连四级以及学校、科研院所、医院等事业单位的公共文化服务网络。各师和条件具备的团场加快文化馆、图书馆和博物馆（陈列馆）建设；连队、社区突出加强图书阅览室、文体活动室和文化健身广场建设；兵团公共文化服务体系建设坚持从资金、项目、资源、服务、人才培训等多方面向边境团场、贫困团场、少数民族团场倾斜，努力推进公共文化服务均等化。

（2）公共文体服务供给形式多样化态势初显

加大艺术创作生产力度，组织开展了丰富多彩的群众文化活动，兵团公共文化产品和服务供给明显增加。一是文艺创作精品增多。电视剧《戈壁母亲》、《热血兵团》等一批思想性、艺术性、观赏性较强的艺术作品，丰富繁荣了兵团文艺舞台。第二，文化品牌逐步形成。通过举办兵团第七届文艺汇演，创办边塞诗歌节、兵团合唱节等系列文化活动弘扬兵团精神、突出兵团特色；各师团也相继形成了各具特色的文化节日。第三，群众文化活动丰富多彩。以“唱响兵团精神”为主题，广泛开展群众文化活动。兵团有基层群众业余文化艺术社团 600 多个，营造了健康向上、共创和谐的良好氛围。

（3）公共文化设施建设步伐提速

兵团加快了博物馆、文化馆、图书馆、文化广场为主体的公共文化设施建设。截止到 2012 年底，兵团现有群艺馆 1 座，军垦博物馆 1 座（属国家管理的重点博物馆），国家三级图书室 1 座（石河子图书室），14 个师中二师、四师、五师等 8 个师建有文化中心（文化馆），142 个农牧团场建有文化活动中心，连队农家书屋覆盖率达到 100%。文化信息资源共享工程省级分中心 1 个、县级支中心 81 个、基层连队服务点 2 297 个，兵团辖区内拥有不可移动文物 513 处，兵团级爱国主义教育基地 23 个。文化广场建设快速发展，师团建有文化广场 102 个。

（4）公众媒体得到快速发展

近年来，兵团广播电视、书报刊、互联网等大众媒体得到较快发展。截至 2012 年底，兵团现有电视台、广播电台、广播电视站等播出机构 197 个，广播电视综合覆盖率分别是 95.6%和 98.5%，有线电视入户率 63%；公开发行报纸 20 种、期刊 16 种，部门、行业工作指导类刊物 7 种，艺术类期刊 2 种；

全年发行出版报刊 5 381.5 万份，出版图书 143 种；兵团胡杨网作为兵团新闻门户、兵团权威信息发布平台已正式上线运行。截止到 2012 年底，在解决 50 户以上居民点通广播电视的基础上，已完成 20 户以上已通电居民点通广播电视 1 120 个空白点；新建 180 个团场（企业）和阿拉尔、图木舒克、五家渠、北屯、皮墨垦区调频广播发射台，更新了 46 个电视发射台的主要设备；通过实施农村（团场）电影放映工程，配备电影流动放映车 28 辆和数字电影放映设备 174 套。自 2007 年以来，建成 81 个县级支中心和 108 个乡镇及 2 297 个基层服务点，初步形成了自上而下的服务网络，同时启动了文化信息资源“进连入户”工程；实施“农家书屋”工程，为每个连队赠送 20 种期刊、100 种光碟资料、1 504 册图书。

（5）文化资源保护力度不断加强

兵团非物质文化遗产普查和保护工作步入正轨，多座博物馆向社会免费开放，文化市场管理工作逐步规范。2007 年启动了非物质文化遗产普查和保护工作，兵团级非物质文化遗产项目 24 项，其中 5 项为国家非物质文化遗产项目。2008 年开始的三年文物普查工作，确定兵团不可移动文物 513 处。兵团军垦博物馆、石河子周恩来纪念馆、六师五家渠市博物馆、一师阿拉尔市三五九旅纪念馆已正式列入国家免费开放的纪念馆，向社会免费开放，二师渤海教导旅纪念馆、47 团陈列馆、孙龙珍纪念馆等一批纪念馆也向社会免费开放。

综上所述，近年来随着国家推进基本公共服务均等化政策导向以及兵团对公共服务投入的不断增加，兵团基本公共服务供给体系建设逐渐完善，兵团基本公共服务供给水平不断提升，结构也在不断优化。义务教育方面，“十一五”以来，兵团教育改革取得显著成绩，基本实现了“两基”攻坚的目标，办学水平和教育质量显著提高，师生结构趋向合理化；公共医疗卫生方面，兵团已初步建成“兵师团连”四级基本公共卫生医疗服务体系，卫生总费用、公共卫生机构数及公共医疗卫生人员数均呈现显著增加，但三者结构均有待优化；就业服务方面，兵团正积极采取各种促进劳动就业的有效方式，出台相应的劳动就业政策，使兵团高校毕业生的就业率不断提高，公共就业服务水平不断加强，积极推动了少数民族转移就业服务工作，劳动关系管理工作进一步强化，劳动人事争议调解仲裁能力建设不断推进，劳动保障监察力度进一步加大，就业形势基本稳定；社会保险服务方面，近年来兵团已初步建立了养老、医疗、失业、工伤、生育五险合一的社会保险体系框架，并进一步完善了社保资金来源多元化，保险制度规范化，管理服务社会化的社会保险体系；基本社会服务方面，兵团最低生活保障的经费投入逐年增加，但各师间水平差异较大；财政自然灾害救助资金逐年增加，自然灾害应急响应能力逐渐提升；机构养老床位数严重缺乏；殡葬事业发展相对滞后；医疗救助资金投入逐年增加，但资金缺口仍然较大，兵团各师医疗救助资金筹集差异较大；优抚安置及社会救助服务资金保障充足，居全国领先水平；残疾人教育、培训投入逐年加大，基本生活保障水平持续提升；人口与计生服务经费投入基本满足需求；基本住房保障服务方面，兵团廉租房建设增速较快，公共租赁房成为今后保障房的主要保障形式，棚户区改造范围也得到进一步扩大；公共文化体育服务方面，服务经费投入力度增强，供给多样化态势初显；公共文化设施建设步伐提速，公众媒体得到快速发展；文化资源保护力度不断加强。

第三章　兵团基本公共服务均等化水平测度与评价

3.1　兵团基本公共服务均等化评价指标体系构建

构建一套准确、客观、有效的基本公共服务水平评价体系替代 GDP 等单纯的经济指标来测度与分析兵团基本公共服务均等化水平，是促进兵团实现基本公共服务均等化的必要保障，能为兵团党委及地方师部基本公共服务供给的事前决策、事中审查和事后评估提供科学依据，对于兵团基本公共服务均等化目标的实现也具有重要的现实意义。

3.1.1　评价指标体系的构建与说明

3.1.1.1　指标的确定

科学合理的指标体系是推进基本公共服务均等化的前提和基础，也是考核各级政府工作绩效的重要标准。国发［2012］29 号文件根据《中华人民共和国国民经济和社会发展第十二个五年规划纲要》（以下简称“十二五”规划纲要）的有关要求编制，明确了国家基本公共服务的基本范围。根据“十二五”规划纲要，为突出体现“学有所教、劳有所得、病有所医、老有所养、住有所居”的要求，国家基本公共服务“十二五”规划的范围确定为公共教育、劳动就业服务、社会保障、基本社会服务、医疗卫生、人口计生、住房保障、公共文化等领域的基本公共服务。已有关于基本公共服务均等化指标体系的研究，涵盖了省际、城乡之间和县级政府等多个层面，涉及基础教育、基础医疗卫生、公共就业服务、基本社会保障、基础设施、公共安全等多个基本公共服务领域。如江平（2013），孙庆国（2012），周华全（2012），彭尚平、谭雅丽（2011）等人均设立了包括基础教育、医疗卫生、文化、社会保障、生态环境、公共基础设施、社会治安在内的 7 个一级指标多个二级指标的基本公共服务需求指标体系，分别选取了东、中、西部的 15 个省市自治区作为调查样本，分析不同地区基本公共服务均等化问题；苏武江、高静（2013），张东方、樊建飞（2012）等人建立了包括公共教育、公共卫生、公共就业 3 项一级指标多项二级指标在内的基本公共服务均等化指标体系，分别就浙江省、广东省及省内地区间基本公共服务均等化问题进行了实证分析；林闽钢、王增文（2013），陆远权、马垒信（2011），崔登峰、朱金鹤（2011）等人则建立了包涵基础教育、医疗卫生、社会保障、基础设施 4 个一级指标及多个二级指标的基本公共服务均等化评价指标体系，并运用层次分析法、变异系数法、熵权法与 DEA 分析法等，分别就江苏省、重庆市及西部边疆民族地区的基本公共服务均等化问题展开了研究。

当前关于基本公共服务均等化评价指标体系在设计时多是从政府供给角度出发，缺乏从公众需求的角度研究，另外所选取的指标多是国家或地方各相关政府部门统计的客观硬性指标，缺乏居民需求视角的主观指标。为弥补以上不足，本文在总结前人研究的基础上结合兵团独有特性，将兵团公共服务划分为包涵基础教育、公共医疗卫生、社会保障、基础设施、公共安全、民族团结、就业服务、环境保护、文化娱乐、行政服务等在内的 11 项内容，并就这 11 项公共服务的优先序供给问题在兵团除建工师外的十三个师的 66 个团场间展开实地调研，发放问卷 300 余份。运用频数分析法和聚类分析法对回收问卷结果进行统计分析，将调研样本人群按照地区差异、生活环境、收入水平、受教育程度等划分为不同群体进行一致性和差异性研究。统计结果显示不同因素导致当地居民在选择公共服务供给优先序时产生不同的结果，但无论如何区分样本人群，基础教育、公共医疗卫生和社会保障（注：无次序先后）均是公共服务供给优先序选择的前三位。说明兵团居民对基础教育、公共医疗卫生和社会保障三项基本公共服务的需求最为迫切。考虑到时间、资金、精力及数据的可获得性等多重原因，本文建立了包涵基础教育、公共医疗卫生、社会保障 3 项一级指标及 19 项二级指标在内的兵团基本公共服务均等化评价指标体系。具体指标体系详见表 3-1。

表 3-1　兵团基本公共服务均等化评价指标体系

目标层	一级指标	二级指标	指标属性
兵团基本公共服务均等化	基础教育	普通小学生师比	逆
		普通中学生师比	逆
		普通小学专任教师数占比（%）	正
		普通中学专任教师数占比（%）	正
		每万人拥有普通小学数（个）	正
		每万人拥有普通中学数（个）	正
		普通小学生均校舍面积（平方米）	正
		普通初中生均校舍建筑面积（平方米）	正
		小学适龄儿童入学率（%）	正
		普通初中毛入学率（%）	正

（续）

目标层	一级指标	二级指标	指标属性
兵团基本公共服务均等化	公共医疗卫生	每千人拥有医疗技术人员数（人）	正
		每千人拥有医疗机构床位数（人）	正
		每千人口医疗卫生机构数（人）	正
		孕产妇死亡率（‰）	逆
		法定传染病发病率（1/10万）	逆
	社会保障	养老保险参保率（%）	正
		基本医疗保险参保（%）	正
		失业保险参保率（%）	正
		工伤保险参保率（%）	正
		生育保险参保率（%）	正
		每万人拥有社会保障服务人员数（人）	正

3.1.1.2 指标的说明

由于基本公共服务均等化水平受诸多因素的影响，其中基本公共服务供给水平受到财力规模、单位供给成本、供给效率、管理制度、地方政府供给意愿偏好等多重因素影响。而兵团分散分布于占我国陆地面积六分之一的新疆维吾尔自治区境内，少数民族聚集且区域差异显著，不同地区在进行基本公共服务供给时的成本可能受历史因素、经济发展水平、社会和自然条件的差异性约束而存在较大不同，与沿海发达地区相比该问题尤为突出。另外，本书对于基本公共服务“均等化”的定义是机会的均等和结果的均等。鉴于从产出角度来分析兵团基本公共服务均等化程度比从投入视角分析更客观，也符合兵团地区的实际情况，本书主要从产出角度对基本公共服务均等化程度进行测度，同时也会对部分指标结合样本特点进行修正。

3.1.1.3 数据来源

客观数据来源于《2007—2013北京统计年鉴》、《2007—2013山东统计年鉴》、《2007—2013江苏统计年鉴》、《2007—2013浙江统计年鉴》、《2007—2013福建统计年鉴》、《2007—2013广东统计年鉴》、《2007—2013新疆统计年鉴》、《2007—2013中国统计年鉴》、《2007—2012年中国卫生统计年鉴》、《2000—2013年新疆生产建设兵团统计年鉴》、2000—2012年新疆生产建设兵团国民经济和社会发展统计公报、兵团各师卫生局、人力资源社会保障局、教育局等官方网站等。主观数据，即兵团居民基本公共服务满意度、居民需求视角下兵团基本公共服务供给优先序及部分通过专家打分获取的指标权重，主要通过问卷调研和实地调查获得。2013年1—2月，石河子大学经管学院对兵团生源地居民基本公共服务满意度及优先序进行非随机抽样问卷调查；2013 年 6—7 月课题组两次分别赴南疆兵团十四师和一师、三师进行调研；本次调研共回收有效问卷 296 份，调研问卷区域覆盖兵团十三个师（除建工师外）的 66 个团场和北屯市。2013 年 10 月间抽选了本院从事基本公共服务研究的 16 位专家就本文所列出的兵团基本公共服务供给评价指标给予匿名打分。

3.1.2 方法选择与指标处理

3.1.2.1 各评价指标的无量纲化

为避免各单项指标由于计量单位的差别以及其数值数量级间的悬殊差异所造成的不合理影响，需要对各评价指标做无量纲化处理。无量纲化的方法有很多，如极值化、标准化、均值化以及标准差化方法等，通过整理数据发现兵团各师在基本公共服务的多项指标数值上均存在较大差异，秉承着统一指标的同时保留各指标之间变异程度上的差异的原则，本文采用极值法对原始数据进行处理。由于指标体系中的单项指标类型不一致，分为正指标和逆指标，如每千人拥有技术人员数和普通小学生师比分别是正指标和逆指标；对于不同类型的单项指标需要分别作不同的无量纲化处理，具体处理方法如下：

针对正指标类型：

$$y_i = \frac{x_i - \min x_i}{\max x_i - \min x_i} \qquad y_i \in [0,1]$$

针对逆指标类型：

$$y_i = \frac{\max x_i - x_i}{\max x_i - \min x_i} \qquad y_i \in [0,1]$$

式中，y_i 代表各单项指标的评价值，其取值范围在 0 和 1 之间；x_i 代表各单项指标的实际值，$\max x_i$ 和 $\min x_i$ 是 x_i 在同一时间段内不同样本的该指标实际值中最大值和最小值。

3.1.2.2 确定权重的方法选择

对于兵团基本公共服务供给这个复合的系统，不同要素的改变对整个系统有不同的响应程度，因此作为对兵团基本公共服务水平的表述，在规划评价指标体系中应对指标的重要程度和分量进行区别，即赋予不同指标不同的权重。本文选取层次分析法与熵权法相结合的方法确定各指标权重。

其中层次分析法是一种定性与定量分析相结合的多准则决策方法，其基本思想是在对复杂决策问题的本质、影响因素以及内在关系进行深入分析后，构建一个层次结构模型，然后利用较少的定量信息，把人的思维过程层次化、数学化，为求解多目标、多准则或无结构特性的复杂决策问题提供一种简便的决策方法。层次分析法强调人的思维判断在决策过程中的作用，因此，在运用其进行决策的过程中定性因素起主导作用。但层次分析法难以消除评价者的个人偏见，特别是在处理指标数目较多的指标体系时，权重分配的难度和大工作量也难以获得令人满意的效果。

而熵权法中的“熵”[①] 表示变化的容量，一个系统有序程度越高，则熵就越小，所含的信息量就越大；反之，则熵就越大，信息量就越小。熵权法是一种在综合考虑各因素提供信息量的基础上计算一个综合指标的客观综合定权法，主要根据各指标传递给决策者的信息量大小来确定权重。熵权法消除了对指标的个人偏好，通过软件处理数据降低了工作量，但单纯的运用熵权法缺乏对指标的主观的导向性把握；另外，按照熵权法的原理可知，在求解多个未知向量方程组时，未知向量个数 n 要大于方程个数 m，对应在指标体系中即为样本个数 n 要大于指标个数 m。但对应本文的研究，由于样本个数有限，即样本指标数小于评价指标体系中三级指标总数，故不能应用熵权法确定二级指标权重，而此时选用层次分析法确定二级指标权重也避免了由于指标数量过多而产生的权重分配难度高和工作量大的问题。

3.1.2.3 具体确定权重的操作步骤

（1）层次分析法

第一，根据上文所建立的兵团基本公共服务均等化评价指标体系的目标层与三项一级指标构造判断矩阵 A，并将调查所得的专家打分统计结果填写如表 3-2 所示；

表 3-2　基本公共服务均等化一级指标权重确定的专家打分表

基本公共服务均等化（A）	基础教育（$B1$）	公共医疗卫生（$B2$）	社会保障（$B3$）
基础教育（$B1$）	1		
公共医疗卫生（$B2$）		1	
社会保障（$B3$）			1

第二，计算判断矩阵 A 的各特征值和各特征值对应的特征向量，并将特征向量归一化；

第三，对判断矩阵 A 进行一致性检验：若 A 满足给定的一致性标准，则由上一步求得的归一化的特征向量即为指标权重；反之，若 A 不满足给定的

① 1948 年纳威（N. Wiener）和申农（C. E. Shannon）创立了信息论，申农把通信过程中信息源的信号的不确定性称为信息熵，用来表述选择和不确定性与随机实践的连带关系，解决了定量描述信息的难题；熵的获得意味着信息的丢失。

一致性标准，则需要对 A 进行修改，并重复前两步的过程，直到 A 满足给定的一致性标准为止。

第四，将各层指标的相对权重加权，得到三项一级指标相对于目标层的指标权重。

以上计算过程通过 AHP 专业处理软件“YAAHP0.5.2 版本”与 EXCEL 结合操作实现。

（2）熵权法

按照下列步骤分别按顺序计算基础教育、公共医疗卫生、社会保障的各项二级指标占其对应的一级指标的权重。

第一，确定评价指标和评价对象，确定被评价对象对应的指标值的矩阵

$$\mathrm{R}=\{r_{ij}\}_{m*n}, \qquad R=\begin{Bmatrix} r_{11} & r_{12} & & r_{1n} \\ r_{21} & r_{22} & & r_{2n} \\ & & & \\ r_{m1} & r_{m2} & & r_{mn} \end{Bmatrix}$$

式中，n 为评价指标个数，m 为样本数。且矩阵内数值是无量纲化处理过后的数值。

第二，作归一化处理式，记 $r_{ij}=\dfrac{r_{ij}}{\sum\limits_{j}\sum\limits_{i}r_{ij}}$，这样得到的 $\mathrm{r_{ij}}\in[0,1]$，并且不破坏数据间的比例关系。

第三，计算第 j 个指标的熵，$H_j=-k\sum\limits_{i=1}^{m}t_{ij}\ln t_{ij}(j=1,2,\cdots,n)$，其中 $t_{ij}=\dfrac{r_{ij}}{\sum\limits_{i=1}^{m}r_{ij}}(j=1,2,\cdots,n),k=\dfrac{1}{\ln m}$，（这样选择的 k 使得 $0\leqslant H_j\leqslant1$，方便后续处理）。

第四，计算第 j 个指标的差异系数为 $\alpha_j=1-H_j$（$j=1, 2, \cdots, n$）。

第五，计算第 j 个指标的熵权为 $\omega_j=\dfrac{\alpha_j}{\sum\limits_{j=1}^{n}\alpha_j}(j=1,2,\cdots,n)$，即为第 j 个指标的权重。

以上熵权法计算过程可通过 MATLAB. R2012B 操作实现。

3.1.2.4 权重计算结果

将层次分析法与熵权法的计算结果相统一便得出兵团基本公共服务均等化指标体系中各项指标所占权重。由于年份不同或所选样本的差异均会使指标权

重的测算发生变化，故此仅列出以 2012 年兵团十四个师为样本的基本公共服务均等化评价指标体系权重的确定情况，如表 3-3。

表 3-3 兵团基本公共服务均等化评价指标权重

目标层	一级指标	一级指标权重	二级指标	各二级指标占其一级指标的权重	二级指标权重
兵团基本公共服务均等化	基础教育	0.32	普通小学生师比（A1）	0.05	0.02
			普通中学生师比（A2）	0.04	0.01
			普通小学专任教师数占比（%）（A3）	0.16	0.05
			普通中学专任教师数占比（%）（A4）	0.08	0.02
			每万人拥有普通小学数（个）（A5）	0.19	0.06
			每万人拥有普通中学数（个）（A6）	0.12	0.04
			普通小学生均校舍面积（平方米）（A7）	0.18	0.06
			普通初中生均校舍建筑面积（平方米）（A8）	0.05	0.02
			小学适龄儿童入学率（%）（A9）	0.03	0.01
			普通初中毛入学率（%）（A10）	0.09	0.03
	公共医疗卫生	0.38	每千人拥有医疗技术人员数（人）（B1）	0.27	0.10
			每千人拥有医疗机构床位数（人）（B2）	0.26	0.10
			每千人口医疗卫生机构数（人）（B3）	0.47	0.18
	社会保障	0.30	养老保险参保率（%）（C1）	0.12	0.04
			基本医疗保险参保（%）（C2）	0.10	0.03
			失业保险参保率（%）（C3）	0.16	0.05
			工伤保险参保率（%）（C4）	0.19	0.06
			生育保险参保率（%）（C5）	0.15	0.05
			每万人拥有社会保障服务人员数（人）（C6）	0.28	0.08

3.1.3 兵团基本公共服务水平及差异

3.1.3.1 兵团基本公共服务指数及得分计算说明

基于兵团基本公共服务均等化评价指标体系由 3 个一级指标组成，分别是基础教育、公共医疗卫生、社会保障，用 y_k 表示，各自的权重用 A_k 表示，标准化后的二级指标值分别用 x_{ij} 表示，各自的权重分别用 a_i 表示。则各样本一级指标的均等化得分为 $y_{kj}=\sum_{i=1}^{n}a_ix_{ij}$（其中 y_{kj} 为第 j 个样本的第 k 个一级指标均等化得分，$j=1, 2, \cdots, n$；$k=1, 2, \cdots, n$)，兵团 2012 年基本公共服务均等化综合得分为 $Y_j = \sum_{k=1}^{3} A_k y_{kj}$ 计算过程具体如下：

$$y_1 = 0.05x_1 + 0.04x_2 + 0.16x_3 + 0.08x_4 + 0.19x_5 + 0.12x_6 + 0.18x_7 + 0.05x_8 + 0.03x_9 + 0.09x_{10}$$

$$y_2 = 0.27x_1 + 0.26x_2 + 0.47x_3$$

$$y_3 = 0.12x_1 + 0.1x_2 + 0.16x_3 + 0.19x_4 + 0.15x_5 + 0.28x_6$$

$$Y = 0.32y_1 + 0.38y_2 + 0.3y_3$$

3.1.3.2　兵团基本公共服务均等化差异测评的方法说明

在对兵团基本公共服务均等化水平测度的同时，也需要测算各师、兵团与东部沿海省市相比之后基本公共服务水平到底如何；由于变异系数法仅能测度出由所选样本组成整体的基本公共服务均等化变化水平，而不能测出各组成样本的基本公共服务均等化差异，故运用基准法弥补这一不足。

基准法又称标杆法，即预先选定一个组织或标准，并将其作为组织或测评对象一定阶段内要达到的目标，并且可以根据标杆来测度一定时期所处的水平；基准法不仅简单便于理解，而且客观公正，为组织绩效改善引入压力机制，便于发现问题与不足，并有助于找到最佳解决方案，被许多国家采用，在 OECD 国家政府绩效评估中运用最多（陈昌盛、蔡跃洲，2007）。

针对本文的研究内容，结合前人的研究成果，根据不同的样本选取不同的基准。在分析兵团师域基本公共服务均等化时选取兵团平均水平作为基准，有助于分析各师相对于兵团平均水平的发展水平与差距；在分析兵团与东部沿海省市基本公共服务均等化差距时则选取全国平均水平作为基准，这样在分析兵团与东部沿海地区基本公共服务均等化差距的同时也测度了兵团基本公共服务均等化与全国平均水平的差距。需要说明的是该方法得出的基本公共服务基准值是一个相对概念，可以用来与全国、东部发达地区等省份进行横向比较，但并不代表其绝对基本公共服务水平。

3.2　兵团基本公共服务均等化水平的总体测度

经过改革开放和西部大开发的洗礼，兵团的经济快速增长，社会发展进入转型轨道，兵团社会基本需求发生了深刻变化，不仅要求尽快转变经济发展方式以应对生态环境恶化和能源资源短缺引发的严峻挑战，而且要求加快建立覆盖全体社会成员的基本公共服务体系，逐步实现基本公共服务均等化，以应对基本公共需求全面快速增长所带来的新挑战。

本文选取自兵团十四个师成立至今，即 2001—2012 年 12 年作为时间维度来研究兵团十四个师各项基本公共服务均等化发展水平。按照上文中公式（1）-（4）反复进行计算即可得到 2001—2012 年兵团基本公共服务均等化水平测度结果（表 3-4）。

表 3-4　兵团基本公共服务均等化测度结果

年份	2001	2002	2003	2004	2005	2006	2007	2008	2009	2010	2011	2012
基本公共服务指数	0.212	0.272	0.240	0.299	0.274	0.316	0.301	0.315	0.320	0.305	0.346	0.324
基础教育变异系数	0.275	0.249	0.225	0.252	0.227	0.230	0.266	0.237	0.194	0.200	0.284	0.258
公共医疗卫生变异系数	0.468	0.567	0.552	0.523	0.501	0.500	0.549	0.634	0.629	0.514	0.529	0.562
社会保障变异系数	0.377	0.278	0.254	0.383	0.343	0.359	0.354	0.353	0.374	0.393	0.406	0.407

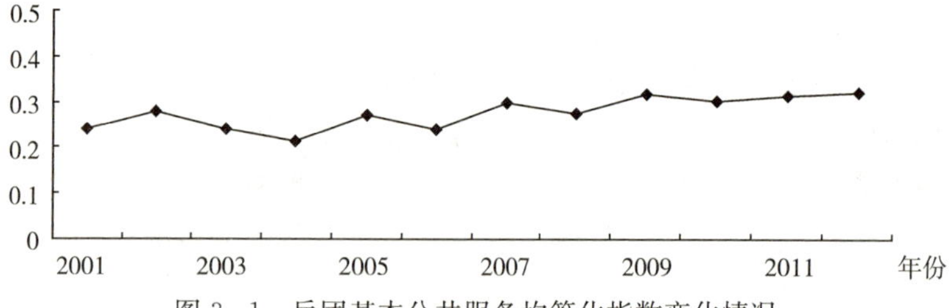

图 3-1　兵团基本公共服务均等化指数变化情况

变异系数是逆指标，其数值上升代表兵团基本公共服务均等化水平的下降。从表 3-4 来看，兵团基本公共服务均等化指数在 2001—2006 年呈现波动，而 2006—2011 年兵团基本公共服务均等化指数稳定上升。从各项一级指标来看，基础教育均等化变异指数在 2001—2012 年间呈现波动下降趋势，但整体下降幅度不大，由 2001 年的 0.27 下降至 2012 年的 0.26，最小值为 2009 年的 0.19，而公共医疗卫生与社会保障的均等化变异指数分别由 2001 年的 0.47、0.38 增长至 2012 年的 0.56、0.41，表示公共医疗卫生与社会保障在兵团十四个师间的均等化分布程度随着时间推移而不断下降，其中波动最为剧烈的是公共医疗卫生指标，2008 年达到最大值 0.63 与 2001 年最小值 0.47 之间相差 0.16；社会保障指标仅在 2001—2004 年间出现较大波动，并在 2003 年达到最小值 0.25，而此后的八年间该指标的均等化变异系数向着 0.4 呈缓慢上涨的趋势（图 3-2）。

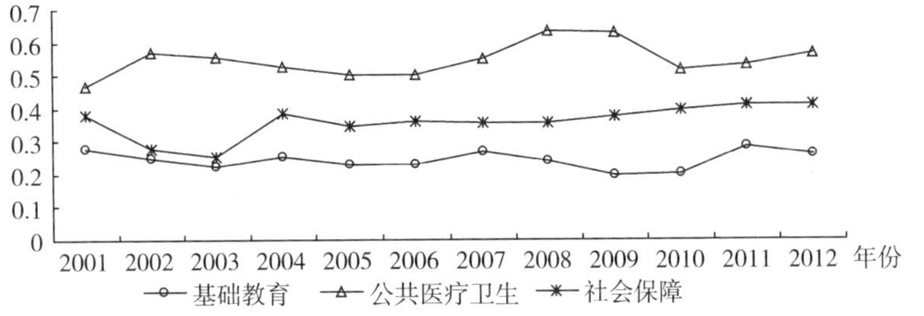

图 3-2 兵团基本公共服务具体指标变异系数变化情况

取某一时间点的截面数据可以反映兵团基本公共服务各组成部分的均等化程度大小，2001—2012 年代表兵团基本公共服务的三项一级指标中均等化程度由高到低排列依次是基础教育、社会保障、公共医疗卫生，其中均等化水平最低的公共医疗卫生均等化变异系数是均等化程度最高的基础教育均等化变异系数的三倍，而均等化处于中间水平的社会保障其均等化变异系数则是均等化程度最高的基础教育均等化变异系数的两倍。

3.3 兵团师域基本公共服务均等化水平测度

3.3.1 师域基础教育均等化水平测度

我国基础教育包括幼儿教育、小学教育、普通中学教育（初中、高中），但当前义务教育①仍然是基础教育的核心部分；考虑到数据可得性，文中选取义务教育各项指标代表基础教育。通过走访调研发现，兵团尤其是在南疆地区，小学课程中均设置了“兵团历史”课程，主要讲述兵团的发展史及兵团屯垦戍边、维持稳定的使命，可见义务教育对兵团维稳及促进兵团发展而言又有其独特的重要性。另外，义务教育中关于尊老爱幼、维护社会和谐、民族团结等相关教育对于兵团老龄化严重、多民族聚集的地区显得尤为重要。义务教育的属性决定，义务教育必须均衡发展，面向全体适龄儿童少年提供质量合格、基本均衡的义务教育是政府的法律责任。

按照上文所列的计算步骤可算出兵团 2001—2012 年基础教育变异系数。变异系数是个逆指标，用来比较不同时间基本公共服务均等化水平的变化程度；若基本公共服务均等化变异系数越大，代表地区间基本公共服务越不平

① 义务教育是依照法律规定对所有适龄儿童少年统一实施的具有普及性、强制性、免费性的学校教育，是提升国民素质的基础，实现社会公平的起点。

等，变异系数越小则代表地区间基本公共服务越均等。从表 3-4 和图 3-3 中能够清晰地发现，兵团基础教育变异系数总体上呈现下降趋势，即兵团基础教育均等化程度随着时间推移而得到提升。其中 2001—2009 年兵团基础教育变异系数呈波动下降趋势，且在 2009 年该指标值达到历史最低点 0.194，同时是被考察 12 年间唯一一次变异系数值低于 0.2 的一年；说明在这段时间内兵团基础教育发展良好，均等化程度不断提升，且在 2009 年兵团基础教育达到目前最优的均等化配置水平；但 2009—2011 年间兵团基础教育变异系数呈现上升趋势，且在 2010—2011 年间该数值出现一次大幅度的上升，而后又快速下降，说明 2010—2011 年兵团基础教育呈现极不均等化发展趋势，随后该不良发展趋势得到有效抑制。

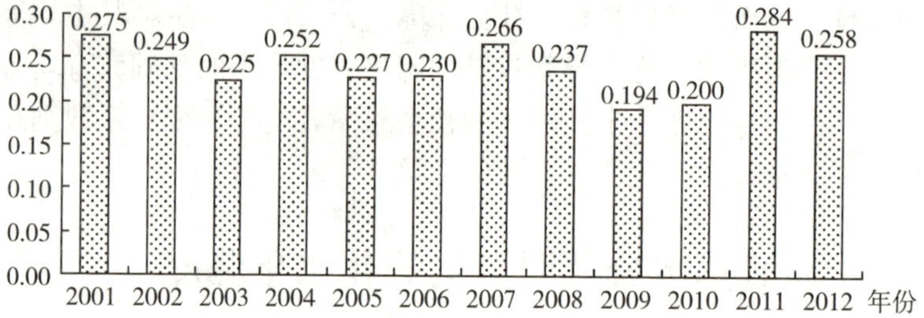

图 3-3 兵团基础教育变异系数走势图

义务教育主要由小学和普通初中两个阶段组成，通过具体分析这两个阶段均等化水平有利于兵团制定目标明确、针对性强的教育政策。通过图 3-4 可知，2002—2010 年间小学阶段变异系数小于初中阶段，表明该时间段兵团小学阶段的义务教育均等化程度高于初中阶段。在 2008 年后小学阶段变异系数持续走高，并在 2011 年大于初中阶段变异系数，说明自 2008 年以来兵团小学阶段义务教育均等化程度不断下降，并在 2011 年下降至初中阶段以下。与小学阶段相比兵团初中阶段变异系数波动较小，大多保持在 0.3～0.4 水平，说明 2001—2012 年间

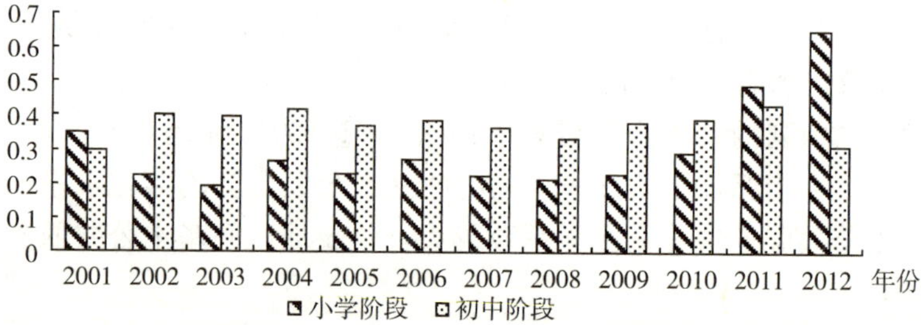

图 3-4 兵团小学及初中变异系数走势图

兵团各师在初中阶段义务教育发展方面较为均衡。兵团在小学阶段义务教育发展水平不断下降，而普通初中教育发展水平不断提升；由于所选取指标均为人均指标，故小学阶段指标值下降的一个原因是各师在小学学校及校舍建设和教师投入的增速不如当地的人口增长速度。同时近些年兵团为加快城镇化发展而实施的撤连并镇，建设中心连队等措施，通过开展集中办学，各师的小学校数大幅下降，但减少的速率不同从而导致了不均等化加剧（图 3-4）。

小学阶段。通过图 3-5 可知，2001—2012 年的兵团小学义务教育阶段中均等化程度较高的分别是小学适龄儿童入学率和普通小学生师比。导致近两年兵团小学阶段义务教育均等化程度下降的主要是每万人拥有小学数、每千人拥有小学专任教师数和普通小学生均校舍建筑面积；其中均等化程度波动最为显著的是普通小学生均校舍建筑面积。近几年万人小学数与小学校舍建筑面积指标不均等程度急剧增加主要源于兵团在加速城镇化过程中实施的撤连并镇措施，建设中心小学，撤销偏远地区学校点等导致了小学校数与校舍面积的下降，再加上各师经济水平差距较大，政策在各地的实施进度有所不同，也导致了这两项指标在区域间均等化程度突然下降的现状。

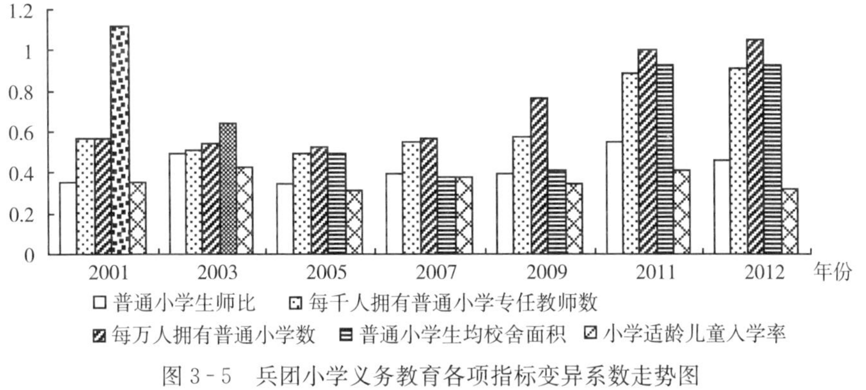

图 3-5　兵团小学义务教育各项指标变异系数走势图

普通初中阶段。通过图 3-6 可知，2001—2012 年普通初中阶段义务教育指标中波动最为平缓的是每千人拥有普通小学专任教师数，且一直处于 5 项指标的中间水平；波动最为明显的是普通初中生均校舍建筑面积，在 2001—2012 年间的变化趋势是先波动下降到 2006 年后又波动上升，说明 2001—2006 年普通初中生均校舍建筑面积均等化水平是在波动下降的，2006—2012 年则是波动上升，这与国家实施的对口支援政策效果密切相关。与之变动趋势相反的是普通初中毛入学率指标，该指标变异系数在 2001—2005 年处于下降的低水平，说明这段时间中该指标在各师间的均等化程度较高，在 2005—2009 年间变异系数值不断上升，说明这段时期兵团各师该指标均等化程度不断下滑；

通过实地走访发现，南疆地区兵团子女在兵团读完小学之后大量流入地方初中，甚至前往北疆地区就读初中；南疆地区初中入学儿童的大量外流是导致普通初中毛入学率均等化差异增大的主要原因。同时，大量流入北疆的初中生使得北疆地区普通初中生师比、千人专任教师数、万人学校数、普通生均校舍面积等指标均低于南疆水平，也导致了近些年这些指标变异系数的上升，代表着近些年这些指标在各师间均等化程度的下降。

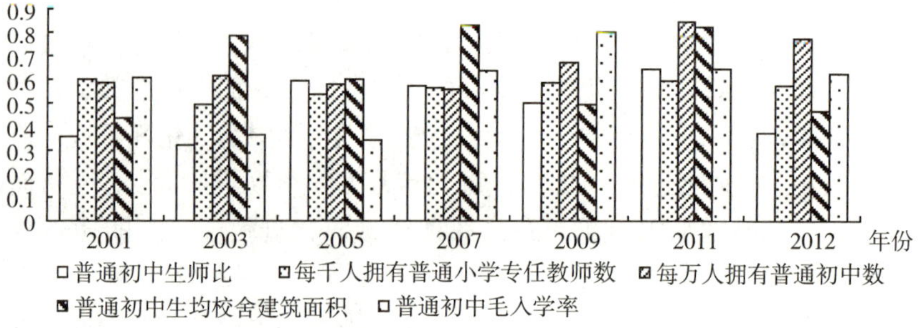

图 3-6　兵团普通初中义务教育各项指标变异系数走势图

3.3.2　师域公共医疗卫生均等化水平测度

促进基本公共医疗卫生服务均等化是一项体现以人为本、惠及全民的民生工程，也是构建社会主义和谐社会的重大任务，更体现了公共医疗卫生的公益性和预防为主的卫生工作方针。

通过计算可知，兵团公共医疗卫生变异指数大多均在 0.46～0.56 间波动，仅在 2008 年和 2009 年出现相对较大的数值，分别是 0.63 和 0.62；说明相对其他年份而言，2008—2009 年兵团公共医疗卫生均等化程度较低。通过图 3-7可以看出，兵团公共医疗卫生变异系数存在 2002 年、2006 年、2008 年和 2010 年四个拐点，变异系数呈现出随时间变化先上升后下降、随后又上升再下降的趋势，说明兵团公共医疗卫生服务均等化程度随着时间变化呈波浪式变动。通过具体分析兵团公共医疗卫生各项二级指标变异系数可知，均等化程度

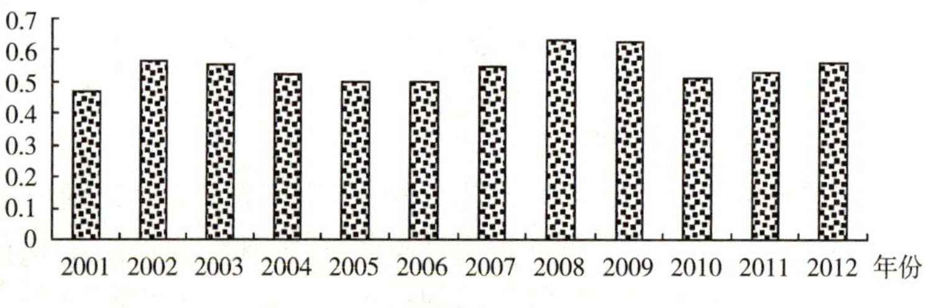

图 3-7　兵团公共医疗卫生变异系数走势图

由高到低排列依次是千人拥有床位数、千人拥有卫生技术人员数和千人拥有医疗机构数，其中千人拥有卫生技术人员数变异系数和千人拥有卫生机构床位数变异系数均随着时间的变化呈现波动上升趋势，且波动幅度较小；说明兵团在卫生技术人员和卫生机构床位数的人均拥有量上的均等化程度是不断下降的，而对兵团公共医疗卫生变异系数波动影响较大的因素是千人拥有卫生机构数。

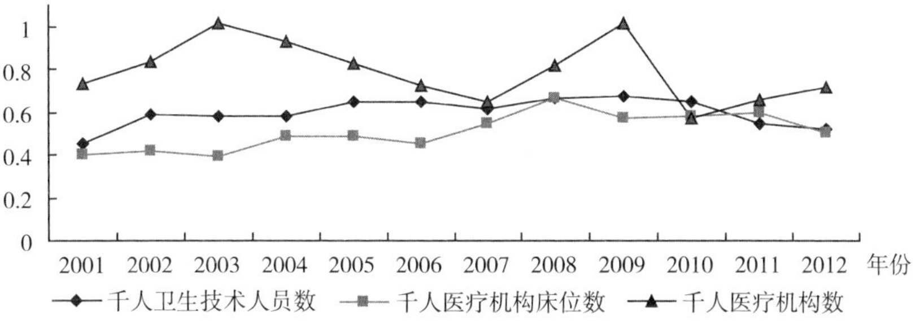

图 3-8　兵团公共医疗卫生各指标变异系数走势图

3.3.3　师域社会保障均等化水平测度

社会保障是指国家和社会通过立法对国民收入进行分配和再分配，对社会成员特别是生活有特殊困难的人们的基本生活权利给予保障的社会安全制度，其本质是维护社会公平进而促进社会稳定发展；社会保障主要指社会成员和劳动者的年老退休、患病、工伤、失业、生育、富余人员的分流安置等问题，与社会成员和劳动者的生存和利益密切相关，对兵团维稳及长久发展影响深远。

从 2001—2012 年兵团社会保障变异系数走势图可以看出，仅在西部大开发实施的初期兵团社会保障均等化程度出现较大波动，其中 2001—2003 年间兵团社会保障均等化程度有大幅度提升，2003—2004 年均等化程度又急剧下降；此后的八年间兵团社会保障变异系数大体呈缓慢上升趋势，说明兵团社会保障均等化程度在不断下降（图 3-9）。

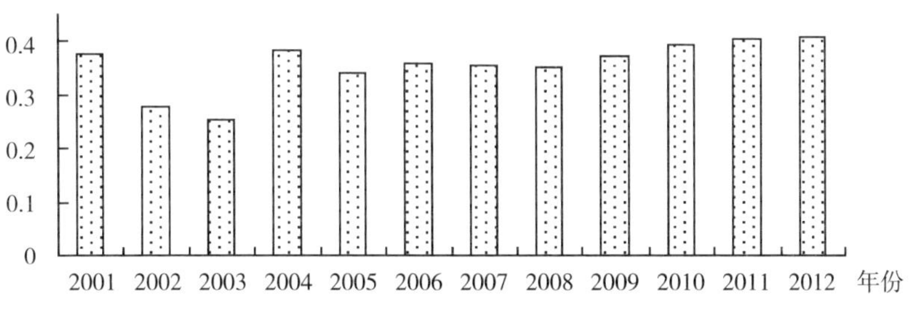

图 3-9　兵团社会保障变异系数走势图

从 2001—2012 年兵团社会保障各项指标变异系数变化趋势图可知，兵团社会保障各项二级指标在 2012 年的均等化水平由高到低分别为基本医疗保险参保率、养老保险参保率、生育保险参保率、失业保险参保率、工伤保险参保率及每万人社会保障服务人员数。其中养老保险参保率均等化程度最为平稳，波动范围为 0.39～0.44；基本医疗保险参保率呈现持续下降趋势，其变异系数由 2001 年的 0.72 下降至 2012 年的 0.37，且在 2001—2003 年间下降速率最快，主要是第六师、第九师和建工师居民均是在 2002 年开始参加基本医疗保险；失业保险、工伤保险和生育保险参保率三者的变异系数波动较为一致，均在 2001－2004 年间呈现较大波动，而后的 8 年波动相对平缓；主要是由于第九师、第十师和第十四师的居民在西部大开发初期没有立即参与工伤保险和生育保险，而是在接下来的三年间陆续参保的；每万人拥有社会保障服务人员数的变异系数基本保持在相对最高的水平，且波动较大；说明兵团在社会保障服务人员方面的供给均等化程度较弱，也说明兵团存在人才不足与分配不均的缺陷（图 3－10）。

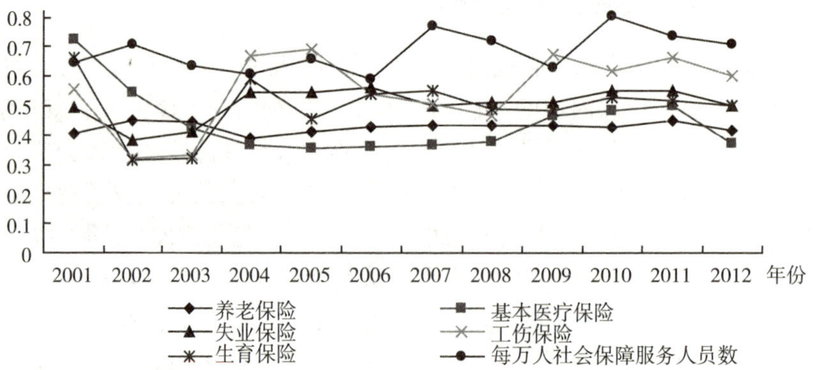

图 3－10　兵团社会保障各项指标变异系数走势图

3.4　兵团师域基本公共服务均等化差异测评

3.4.1　兵团师域基本公共服务均等化差异的总体测度

通过变异系数可以测度随时间变化兵团基本公共服务均等化的发展程度，但不能发现导致其不均等的原因，故采用基准法予以弥补。下文选取兵团十四个师各指标值的平均水平作为基准，更有利于把握各师基本公共服务的相对发展水平与均等化现状。根据基准值的计算原理可知，对于正指标而言其基准值越大说明发展水平越高，逆指标则相反；另外，各样本基准值越集中表示均等化水平越高，各样本值越分散则表示均等化水平低。

由 2001—2012 年兵团各师基本公共服务基准值走势图、基准值均值及差值图能够看出，2001—2012 年十四个师的基本公共服务基准值总体上围绕兵团基本公共服务平均水平（即数值 1）呈逐渐扩散趋势，说明近 12 年间兵团基本公共服务在十四个师间的均等化分布程度随着时间推移而逐渐下降。其中波动相对较为剧烈的师分别是第八师、第十师和第九师，这三个师的基本公共服务基准值在 2001—2012 年间的最大值与最小值间的差额分别是 0.65、0.52 和 0.60，也是仅有的基准值波动值大于 0.5 的三个师。三个师中仅有第八师的基本公共服务基准值是随着时间推移而持续上升的，第九师的基准值则是呈现波动上升又波动下降的趋势，而第十师则与第八师相反，其基本公共服务基准值随着时间变化而不断下降，说明这三个师中第八师的基本公共服务相对水平是在不断提高的，第九师的基本公共服务相对水平随着时间变化先上升后又下降，而第十师则呈现持续下降趋势。相反，十四个师的基本公共服务基准值波动较为平稳的师分别是第一师、第七师、第五师和第六师，这四个师在 2001—2012 年间的最大基准值与最小基准值的差额分别是 0.19、0.22、0.25、0.25，是仅有的基准值波动小于 0.25 的四个师；说明在十四个师中第一、七、五、六师的基本公共服务相对水平随着时间变化基本保持不变（表 3-5）。

表 3-5　兵团师域基本公共服务基准值

年份	2001	2002	2003	2004	2005	2006	2007	2008	2009	2010	2011	2012
第一师	1.009	0.974	0.840	0.862	0.832	0.828	0.958	0.948	0.904	0.820	0.854	0.847
第二师	1.173	0.992	1.095	1.082	1.184	1.200	1.234	1.230	1.269	1.340	1.300	1.214
第三师	0.737	0.714	0.746	0.566	0.515	0.515	0.622	0.626	0.584	0.528	0.442	0.559
第四师	1.081	1.245	0.985	0.969	1.011	1.099	0.906	0.841	0.868	0.806	0.775	0.848
第五师	1.316	1.282	1.148	1.328	1.214	1.362	1.253	1.328	1.215	1.270	1.232	1.400
第六师	0.796	0.841	0.806	0.740	0.778	0.825	0.825	0.860	0.776	0.922	0.994	0.986
第七师	1.058	1.078	1.039	1.041	1.116	1.093	1.076	1.024	1.122	1.241	1.221	1.199
第八师	0.840	0.879	0.932	0.759	0.790	0.798	0.849	1.061	0.947	0.957	1.280	1.412
第九师	1.241	1.304	1.259	1.481	1.350	1.390	1.564	1.635	1.769	1.443	1.564	1.392
第十师	1.312	1.495	1.603	1.622	1.531	1.549	1.331	1.313	1.304	1.302	1.302	1.019
建工师	0.673	0.708	0.822	0.894	0.815	0.557	0.764	0.708	0.773	0.675	0.528	0.474
十二师	0.845	0.672	0.810	0.593	0.676	0.599	0.494	0.570	0.592	0.613	0.499	0.503
十三师	1.141	1.239	1.223	1.011	1.234	1.240	1.369	1.283	1.201	1.364	1.268	1.328
十四师	0.779	0.577	0.693	1.053	0.954	0.944	0.754	0.573	0.677	0.720	0.741	0.821

通过 2001—2012 年兵团师域基本公共服务基准值差值图，能够看出十四个师中基本公共服务相对水平较高（即基本公共服务基准值一直保持在大于 1）的师分别是第五师、第七师、第九师、第十师和十三师，而十四个师中基本公共服务相对水平较低（即基本公共服务基准值一直保持在小于 1）的师分别为第三师、第六师、建工师和十二师。基本公共服务相对水平较低的各师是导致兵团师域基本公共服务不均等及当前均等化程度较低的主要原因（图 3 - 11）。

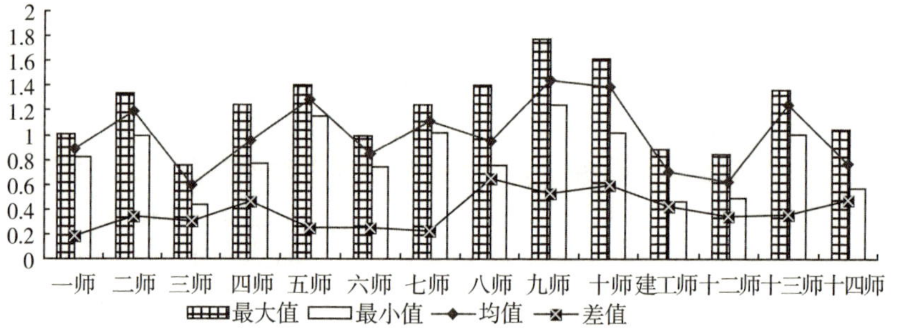

图 3 - 11　兵团各师基本公共服务基准值均值与差值

3.4.2　义务教育均等化的师域差异分析

通过计算得到 2001—2012 年兵团各师义务教育基准值及该段时间内各师的基准值均值与差值。如表 3 - 6、图 3 - 12 所示，2003—2010 年间各师义务教育基准值大多保持在 0.5～1.5 之间，相对较为集中，说明该时间段中兵团义务教育均等化程度较高；2001—2003 年第十师义务教育一直呈现较高水平，是该段时间内唯一一个基准值保持在 1.5 以上的师，与其他各师差距较大，而 2011 年第九师义务教育发展水平较高，基准值为 1.55，而同年建工师仅为 0.42，二者相差 1.1。不同时间段各师义务教育发展水平差距拉大的同时兵团义务教育均等化程度随之下降，这与前文变异系数分析结果相吻合。同时，从图中能够看出第十师义务教育水平不断下降，其基准值由 2001 年的 1.59 下降为 2012 年的 0.8，相反在 2002—2004 年义务教育水平均处于倒数第一位的第十四师在近几年中义务教育水平持续走高，并在 2012 年排名第一，其基准值由 2004 年的 0.47 上升至 2012 年 1.69。另外，从图中能够看出 2001—2012 年间义务教育发展相对较好的师，即义务教育水平大于兵团平均水平（基准值大于 1）的师主要有第十师、十三师、第九师、第三师和第六师，发展水平较差的师分别是第一师与十二师。

表 3-6　兵团各师义务教育基准值变化

年份	2001	2002	2003	2004	2005	2006	2007	2008	2009	2010	2011	2012
第一师	0.677	0.832	0.833	0.743	0.712	0.635	0.673	0.830	0.927	0.741	0.646	0.705
第二师	1.017	0.800	0.915	1.170	1.126	1.037	0.887	1.185	1.368	1.202	0.977	0.945
第三师	1.249	1.078	1.291	1.145	1.064	1.031	1.179	1.162	1.156	0.992	0.913	1.193
第四师	1.102	1.054	1.020	1.026	1.041	1.193	1.005	0.951	0.900	0.794	0.847	0.846
第五师	1.217	1.112	1.008	1.144	1.116	1.042	1.035	1.076	0.987	0.965	0.821	1.005
第六师	0.960	1.073	0.935	1.078	0.999	1.058	1.092	1.002	1.203	1.112	1.225	1.213
第七师	0.771	0.942	0.850	0.875	1.099	0.995	0.850	0.830	0.867	1.049	1.187	1.119
第八师	0.579	0.705	0.668	0.751	0.629	0.619	0.451	0.523	0.733	0.754	1.011	1.188
第九师	1.343	1.123	1.199	1.247	1.221	1.104	1.375	1.385	1.187	1.342	1.550	0.805
第十师	1.591	1.592	1.463	1.468	1.396	1.465	1.449	1.432	1.241	1.212	1.051	0.795
建工师	0.650	1.079	1.012	0.907	0.789	0.949	1.157	0.978	0.844	0.784	0.427	0.680
十二师	0.904	0.803	0.925	0.765	0.871	0.748	0.872	0.908	0.690	0.749	0.823	0.911
十三师	1.001	1.258	1.242	1.211	1.276	1.302	1.237	1.037	0.969	1.064	1.100	0.900
十四师	0.939	0.550	0.639	0.471	0.660	0.823	0.738	0.702	0.928	1.240	1.421	1.695

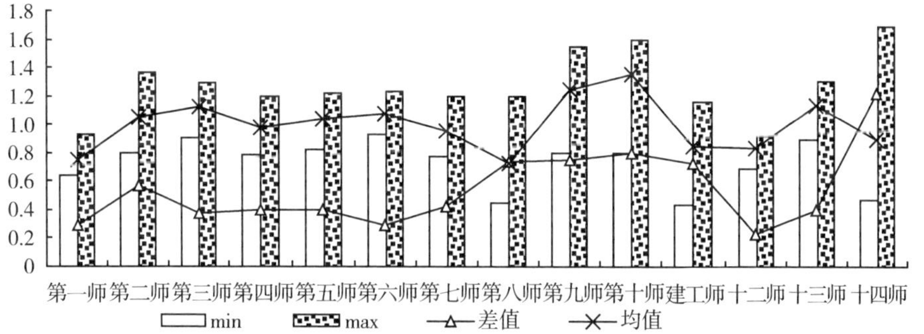

图 3-12　兵团各师义务教育基准值均值与差值

小学阶段。从 2001—2012 年各师普通小学生师比基准值变化趋势可以看出，第一师基准值长年处于各师的最低水平，在零值附近小幅度波动；又因为生师比为逆指标，即值越小越好，说明第一师小学生师比水平较高。另外十三个师的基准值变化趋势接近于哑铃状，2005—2009 年间分布较为集中，之前和之后的两段时期分别围绕平均值成扩散状分布，表明 2005—2009 年小学生师比在各师间均等化程度较高，而前后两段时期均等化程度分别经历了先降后升的过程。由表 3-7 能够看出，2001—2012 年间普通小学生师比发展水平最高的为第一师，而第七师发展水平最差。

表 3-7　兵团各师普通小学生师比基准值变化表

年份	2001	2002	2003	2004	2005	2006	2007	2008	2009	2010	2011	2012
第一师	0.000	0.160	0.000	0.000	0.000	0.000	0.000	0.000	0.000	0.073	0.000	0.000
第二师	0.944	0.619	0.685	1.104	0.947	0.734	0.627	0.961	0.960	1.127	1.477	1.406
第三师	1.053	1.054	1.572	1.375	1.347	1.367	1.224	1.029	1.040	0.982	0.923	1.289
第四师	0.974	1.031	1.167	1.104	1.020	1.139	1.134	0.995	0.600	0.436	0.431	0.666
第五师	0.925	0.939	1.014	1.000	1.001	0.911	0.925	0.652	0.760	0.000	0.092	0.844
第六师	1.141	1.169	1.014	1.104	1.147	1.165	0.955	0.995	1.440	1.491	1.323	1.378
第七师	1.299	1.627	1.522	1.208	1.566	1.595	1.493	1.407	1.640	1.927	2.031	1.478
第八师	1.122	1.260	1.217	1.021	0.874	0.937	0.896	1.235	1.040	1.018	1.138	1.109
第九师	1.200	1.260	1.344	0.917	0.674	0.785	1.463	1.613	1.320	1.164	0.985	0.735
第十师	1.495	1.787	1.471	1.167	0.947	1.063	1.045	1.167	1.200	1.236	1.262	1.299
建工师	0.492	0.481	0.380	1.854	1.129	1.367	1.134	0.892	1.360	1.200	1.108	0.642
十二师	1.092	1.100	1.065	0.813	0.947	0.785	0.746	0.995	0.920	0.909	0.985	1.032
十三师	1.240	1.512	1.420	1.333	1.293	1.392	1.582	0.858	1.000	1.382	1.631	1.739
十四师	1.023	0.000	0.127	0.000	1.111	0.759	0.776	1.201	0.720	1.055	0.615	0.384

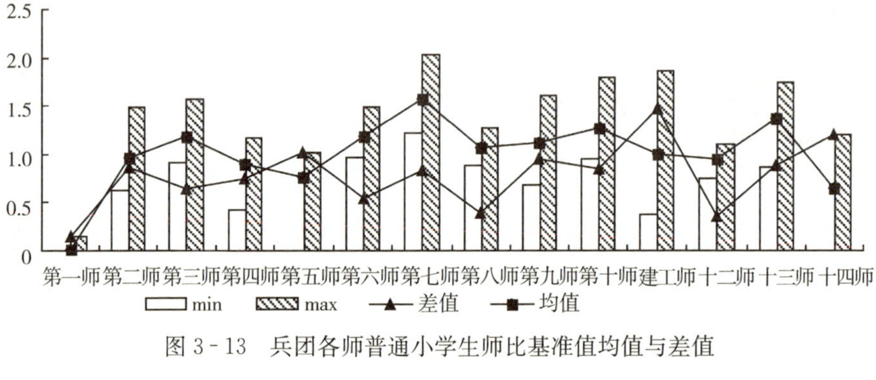

图 3-13　兵团各师普通小学生师比基准值均值与差值

从 2001—2012 年各师每千人拥有小学专任教师数基准值变化表（表 3-8）及基准值均值与差值图（图 3-14）可以看出 2001—2010 年间波动较大的分别是第十师、建工师和十四师。各师发展差异较大阶段体现在 2010—2012 年，该时间段中建工师、第十师、第二师和第九师每千人拥有小学专任教师数急剧下降，仅一年时间其基准值便由大于 1 的水平均下降至 0.5 以下，而相反第十四师和第八师的该指标值却大幅度上升。这也导致了该阶段兵团每千人拥有小学专任教师数变异系数的大幅增长，即引起了该段时间兵团小学阶段义务教育的不均等程度加剧。2010—2012 年第十四师千人拥有小学专任教师数水平最高，这与十四师近些年大量招入教师人才的措施有着密切关系。2001—2010 年千人拥有小学专任教师数发展水平波动最为平缓且相对水平最低的是第八师，主要是由于八师生活环境优越，人口较多，流入八师小学的地方和外师的学生较多，八师的教师数相对较为不足，但在 2010 年该现状得到有效改善。从图 3-14 中还能够看出这段时间中发展水平较好的师为第三师，发展水平较差的师为第一师与第四师。

表 3-8　兵团各师千人拥有小学专任教师数基准值变化表

年份	2001	2002	2003	2004	2005	2006	2007	2008	2009	2010	2011	2012
第一师	0.544	0.898	0.969	0.710	0.615	0.569	0.566	0.529	0.446	0.381	0.346	0.336
第二师	0.885	0.770	0.654	1.251	1.383	1.324	1.184	1.179	1.269	1.347	0.173	0.086
第三师	1.914	1.584	1.948	1.642	1.693	1.609	1.594	1.611	1.628	1.641	1.489	1.588
第四师	0.618	0.655	0.704	0.595	0.614	0.644	0.696	0.778	0.672	0.650	0.869	0.953
第五师	1.331	1.201	1.196	1.031	1.056	1.031	1.087	1.153	1.122	0.938	1.366	1.488
第六师	1.075	0.766	0.674	0.577	0.590	0.592	0.560	0.557	0.536	0.510	1.365	1.345
第七师	0.899	0.693	0.596	0.494	0.779	0.615	0.494	0.396	0.426	0.433	1.320	1.139
第八师	0.000	0.000	0.000	0.000	0.000	0.000	0.000	0.000	0.000	0.000	1.483	1.464
第九师	0.951	1.062	1.059	0.841	0.852	0.905	1.187	1.232	1.167	1.244	0.000	0.000
第十师	1.990	1.799	1.531	1.442	1.422	1.423	1.266	1.502	1.602	1.661	0.190	0.000
建工师	0.144	1.984	1.898	3.086	1.879	2.453	2.312	1.978	2.263	1.983	0.280	0.283
十二师	0.927	0.619	0.775	0.575	0.666	0.563	0.608	0.687	0.622	0.605	1.119	1.326
十三师	1.676	1.259	1.169	1.078	1.079	1.022	1.220	1.095	1.082	1.192	0.448	0.450
十四师	1.045	0.710	0.828	0.677	1.372	1.251	1.226	1.302	1.163	1.416	3.552	3.540

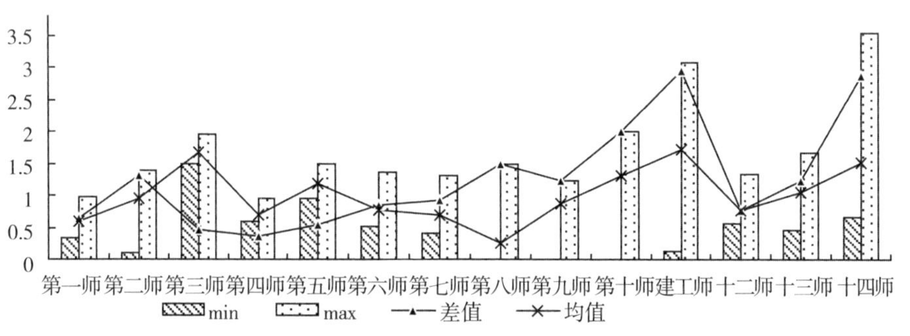

图 3-14　兵团各师千人拥有小学专任教师数基准值均值与差值

从 2001—2012 年各师每万人拥有小学数基准值变化表（表 3－9）能够看出，引起 2008—2012 年各师每万人拥有小学数均等化程度不断下降的主要原因是十四师每万人拥有小学数水平急剧上升，其基准值由 2008 年的 1.00 上升到 2012 年的 4.29，增长了 3 倍多。相反，建工师、第十师及十二师的每万人拥有小学数相对水平却在 2008 年后均呈现或大或小的下滑。从图 3－15 可知，万人拥有小学数发展水平较好的师是第三师，发展较差的师分别是第五师和十二师。

表 3－9　兵团各师每万人拥有小学数基准值变化表

年份	2001	2002	2003	2004	2005	2006	2007	2008	2009	2010	2011	2012
第一师	0.966	1.091	1.192	1.298	1.394	1.353	1.441	1.379	1.825	1.125	0.831	0.746
第二师	0.997	0.856	0.984	1.126	1.245	1.263	1.047	1.186	0.548	0.689	0.647	0.468
第三师	1.792	2.155	2.256	2.332	1.966	1.748	1.641	1.428	1.043	1.276	1.545	1.656
第四师	1.036	0.723	0.684	0.439	0.392	0.199	0.215	0.250	0.724	0.448	0.540	0.584
第五师	0.504	0.000	0.000	0.000	0.000	0.000	0.000	0.000	0.716	0.885	0.716	0.764
第六师	0.908	0.935	0.938	0.999	0.898	0.973	0.932	0.825	1.811	1.905	1.550	1.609
第七师	0.577	0.658	0.784	0.857	0.937	0.812	0.576	0.472	1.481	1.514	1.318	1.370
第八师	0.000	0.073	0.182	0.188	0.222	0.146	0.170	0.197	0.998	1.245	1.507	1.169
第九师	1.272	1.173	1.278	1.377	1.376	1.445	1.616	1.600	0.000	0.000	0.000	0.000
第十师	1.508	1.272	1.318	1.268	1.350	1.675	1.766	1.936	0.355	0.000	0.000	0.000
建工师	1.050	1.261	1.329	1.159	1.020	1.151	1.224	1.179	0.584	0.659	0.766	0.771
十二师	0.310	0.346	0.520	0.622	0.691	0.690	0.777	0.820	0.000	0.000	0.526	0.575
十三师	0.807	1.178	1.346	1.451	1.582	1.636	1.603	1.727	1.007	0.819	0.000	0.000
十四师	2.273	2.281	1.190	0.883	0.927	0.909	0.994	1.002	2.909	3.436	4.054	4.287

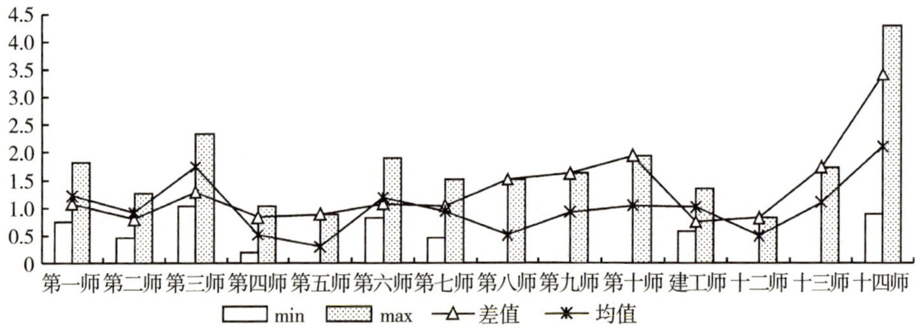

图 3－15　兵团各师每万人拥有小学数基准值均值与差值

从图 3 - 16 能够看出，2001—2010 年小学生均校舍面积在各师间的分布的均等化程度不断提升，但在 2010—2012 年间该指标的均等化程度却呈现下滑。十四师、第四师和第八师小学生均校舍面积基准值的急剧提升，与第十师和第二师的该指标值急剧下降，是导致各师小学生均校舍面积呈现不均等现状的主要原因。在 2001—2012 年间小学生均校舍面积发展水平较高的师是第七师、第八师和十四师，发展水平较低的师是第二师和建工师。

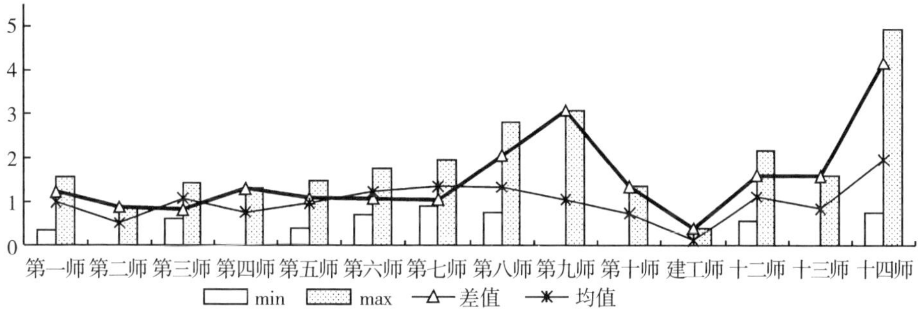

图 3 - 16　兵团各师小学生均校舍面积基准值均值与差值

从图 3 - 17 可知，第一师、第四师至第八师这六个师外，其他各师的小学适龄儿童入学率基准值均呈现较大的波动趋势。其中 2001—2012 年持续出现较大波动的是第三师和十三师，在 2001—2006 年间呈现较大波动的师分别是第二师、第九师、十二师、十三师和十四师，在 2007—2012 年间呈现较大波动的是建工师和第十师；2001—2012 年间小学适龄儿童入学率水平较高的师是第四师与第七师，相对序后的是第三师和第十三师。

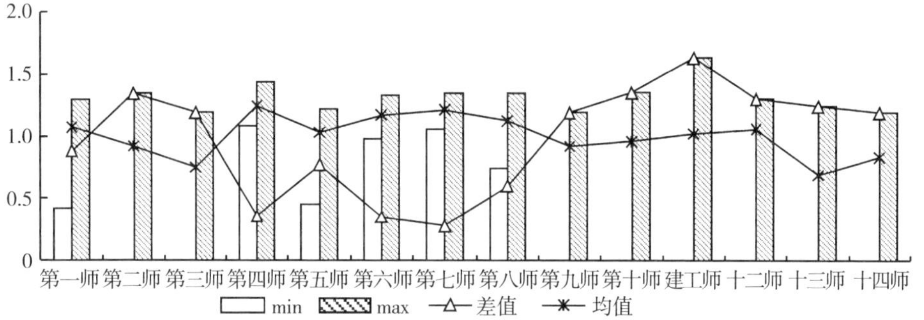

图 3 - 17　兵团各师小学适龄儿童入学率基准值均值与差值

初中阶段。从图 3 - 18 可以清楚地看出除十四师外，2001—2004 年间普通初中生师比在十三个师间均等化分布程度较高，在 2003—2011 年间该指标在兵团各师间的均等化分布情况逐渐下降，这一趋势在 2011—2012 年得到遏制；

其中变动趋势较大是十四师、建工师、第九师和第七师；发展水平较高的师是第一师，而水平较差的师分别是第二师、第四师、第九师和十三师。

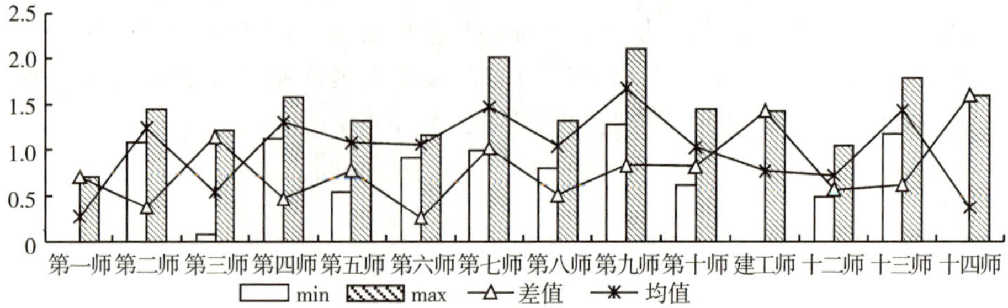

图 3-18　兵团各师普通初中生师比基准值均值与差值

从图 3-19 能够看出 2001—2002 年间普通初中专任教师数在兵团十四个师间均等化分布程度有所上升，此后 11 年其均等化分布程度基本保持不变。其中波动最为明显的是建工师，其基准值最低值为 2001 年的 0.29，最高值为 2007 年的 2.54；与对应的小学指标相同的是各师每千人拥有普通初中专任教师数基准值中第八师数值最低，同样是由于第八师吸引了较多来自地方和其他各师的学生所引起的；2001—2012 年间初中校千人拥有专任教师数水平最高的师为第十师，水平较为落后的师分别是第六师、第七师、第八师及十四师。

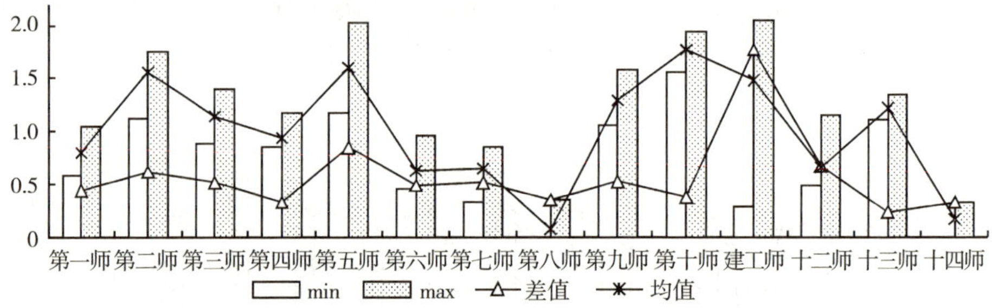

图 3-19　兵团各师每千人拥有普通初中专任教师数基准值走势图

从图 3-20 可知，2001—2012 年各师每万人拥有普通初中数基准值均值与差值变化趋势中可以看出，在这段时间万人拥有普通初中数在各师间的均等化程度是逐渐下降的。其中波动最为剧烈的是建工师。在这段时间中发展水平较高的师分别是第十师、第九师、第五师和第三师，而发展水平相对不足的师分别是第一师、第六师、第七师与第八师。

从 2001—2012 年各师普通初中生均校舍建筑面积基准值均值与差值变化

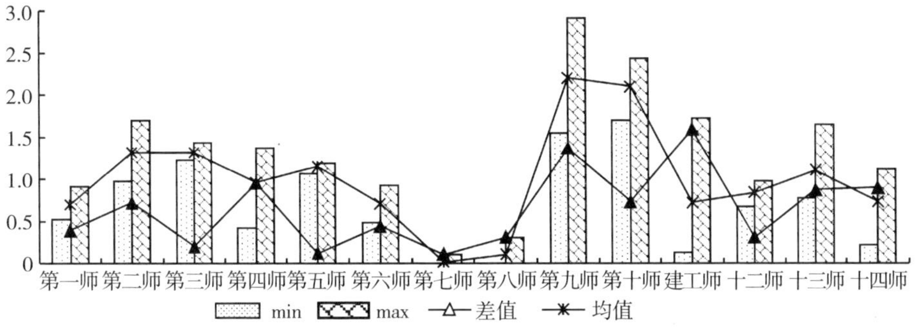

图 3-20 兵团各师每万人拥有普通初中数基准值均值与差值

趋势图（图 3-21）可以看出，在 2001—2012 年发展最好的师是十三师，而发展落后的师分别是建工师与十四师；波动较大的师分别是十三师、第四师、第十师和第六师。这四个师的分阶段不规律波动是引起对应时间段兵团各师普通初中生均校舍建筑面积均等化程度下降的主要原因。

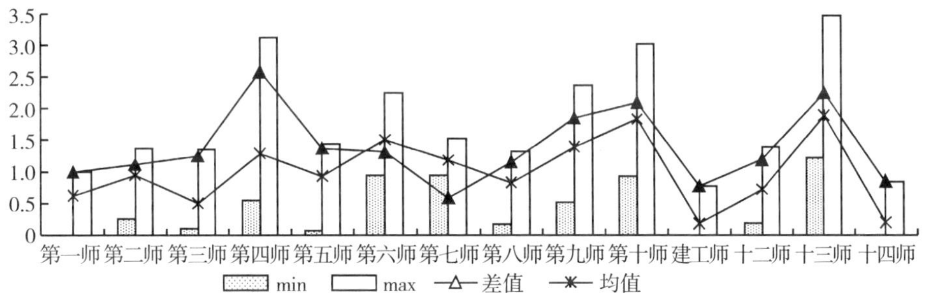

图 3-21 兵团各师普通初中生均校舍建筑面积基准值均值与差值

从 2001—2012 年各师普通初中毛入学率基准值变动趋势可以看出（图 3-22），各师中发展水平较高的是第三师和第五师，相对落后的是十三师。除第

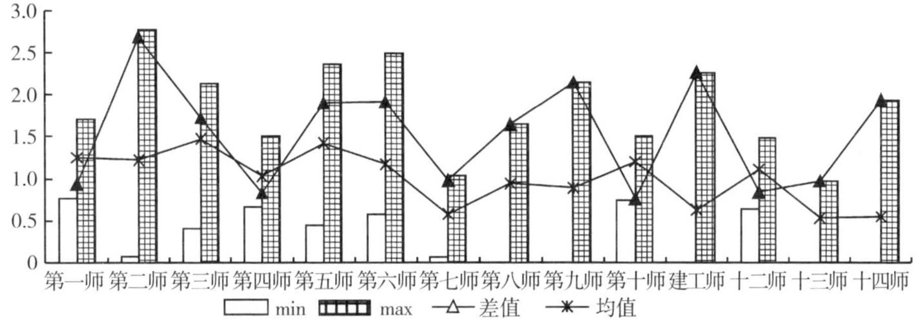

图 3-22 兵团各师普通初中毛入学率基准值走势图

一师、第四师、第十师及十二师普通初中毛入学率相对变动较为平稳，且都在平均值附近轻微波动外，其他十个师普通初中毛入学率指标基准值均呈现持续的较大波动；而呈现波动上升趋势的多为位于北疆的各师，如第八师、建工师等，相反呈现波动下降趋势的多为位于南疆的师，如十四师；其原因与前面所讲的北疆凭借其所处地理环境优势及教学环境质量优势吸引了大量来自南疆的小学毕业生相同。

3.4.3 公共医疗卫生均等化的师域差异分析

根据基准法定义可知，样本指标值偏离 1 的程度越大则差异越大，均等化程度也就越低。通过表 3 - 10 可以看出，由于第九师的公共医疗卫生基准值在 2002 年和 2008—2009 年两个时间段分别出现远超出其他各师平均水平的极大值。此外，除第九师和第十师外，其他十二个师在 2006—2009 年间公共医疗卫生基准值均围绕着平均值呈现扩散趋势，这些导致了兵团公共医疗卫生均等化水平在这两个时间段中呈现下降趋势。由图 3 - 23 能够看出 2001—2012 年间公共医疗卫生发展水平最高的师是第九师，相对落后的师是建工师与十二师。

表 3 - 10 兵团各师公共医疗卫生基准值走势图

年份	2001	2002	2003	2004	2005	2006	2007	2008	2009	2010	2011	2012
第一师	1.109	1.096	0.951	0.868	0.892	0.817	1.354	1.339	0.886	0.823	0.971	0.889
第二师	1.099	0.726	0.930	0.864	1.158	1.318	1.311	1.308	1.230	1.513	1.499	1.372
第三师	0.435	0.463	0.541	0.367	0.315	0.353	0.610	0.591	0.537	0.543	0.463	0.481
第四师	0.722	1.370	0.638	0.551	0.808	0.770	0.642	0.594	0.647	0.625	0.505	0.468
第五师	1.213	1.417	1.226	1.296	1.216	1.500	1.348	1.489	1.280	1.359	1.333	1.398
第六师	0.852	0.821	0.800	0.655	0.736	0.759	0.660	0.797	0.420	0.891	1.025	1.005
第七师	0.943	1.149	1.123	1.088	1.083	1.228	1.422	1.363	1.438	1.610	1.404	1.581
第八师	1.220	1.083	1.172	0.850	1.032	0.964	1.145	1.353	1.012	1.018	1.471	1.733
第九师	1.887	2.204	1.925	1.987	1.718	1.761	1.861	2.132	2.613	1.447	1.579	1.666
第十师	1.819	1.519	2.217	1.946	2.007	1.817	1.302	1.112	1.306	1.365	1.377	1.156
建工师	0.279	0.118	0.659	0.707	0.326	0.196	0.162	0.021	0.245	0.189	0.151	0.105
十二师	0.458	0.226	0.243	0.153	0.221	0.358	0.070	0.071	0.570	0.626	0.314	0.231
十三师	1.341	1.468	1.361	1.161	1.505	1.405	1.718	1.757	1.639	1.834	1.646	1.601
十四师	0.625	0.339	0.215	1.506	0.983	0.753	0.394	0.074	0.178	0.157	0.262	0.314

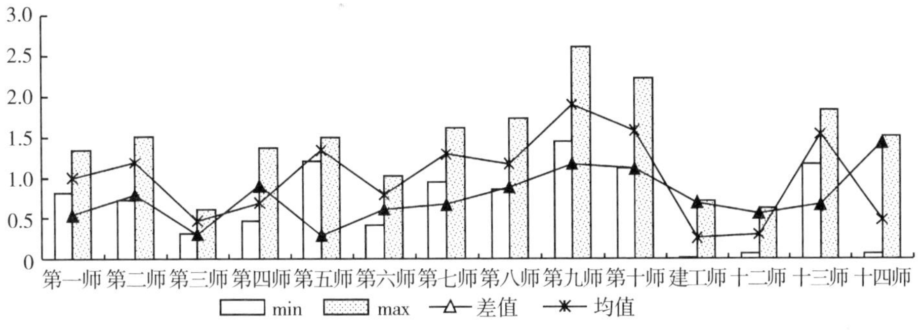

图 3-23 兵团各师公共医疗卫生基准值均值与差值

从图 3-24 可以看出，卫生技术人员数在兵团十四个师间的分布呈现先扩散后收敛的趋势，即均等化程度先下降后又上升，与前面变异系数分析结果相吻合。其中千人卫生技术人员数基准值较高的师分别是第九师、第十师和十三师，基准值较低的师分别是建工师、十二师和十四师；波动较大的师则分别是第九师和十三师。

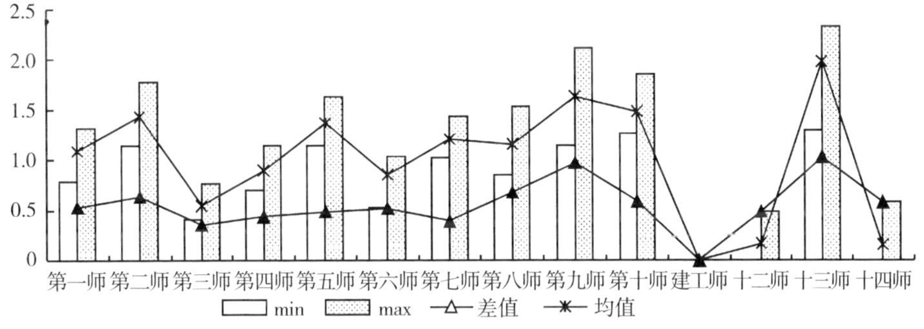

图 3-24 兵团各师千人卫生技术人员基准值均值与差值

从图 3-25 可知，卫生机构床位数在十四个师间的分布程度随着时间的变化逐渐扩散，但在 2011—2012 年间又呈现出收敛趋势；说明兵团卫生机构床位数均等化程度随着时间推移而不断下降，但在 2011—2012 年间其均等化程度又有所回升。其中千人卫生机构床位数基准值较高的师分别是第九师、第十师和十三师，基准值较低的师分别是建工师、十二师；波动较大的师则分别是第八师和十三师。

通过图 3-26 发现，2001—2012 年各师千人拥有卫生机构数在各师间的均等化分布程度则随着时间变化呈现波动性上升趋势。引起其均等化产生波动的主要原因在于，2003 年在其他各师千人拥有卫生机构数基准值均向着平均值靠拢时，第十师基准值则出现了突然的极大值，即 2001—2012 年的最大值

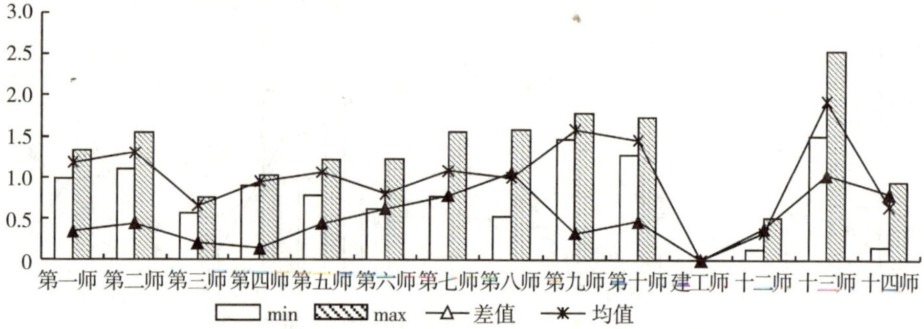

图 3-25　兵团各师千人拥有卫生机构床位数基准值均值与差值

3.74；同样在 2009 年其他十三个师基准值均向着数值 1 靠拢时，第九师出现了最大值 4.28，与其他各师水平拉开了距离。其中千人卫生机构数基准值较高的师是第九师，基准值较低的师是第三师、第四师和第十二师，波动较大的师则分别是第八师和第十四师。

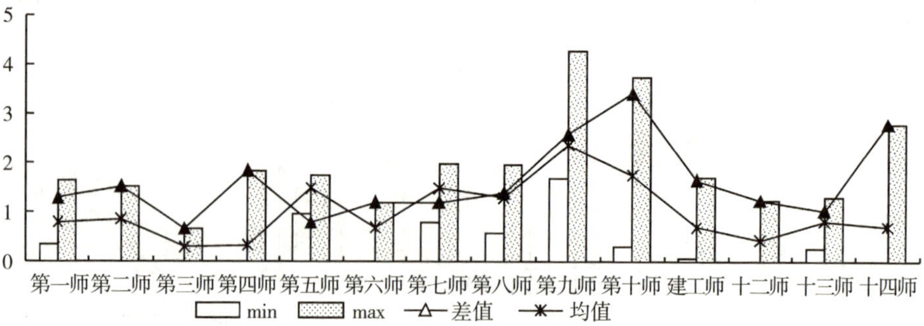

图 3-26　兵团各师千人拥有卫生机构数基准值均值与差值

3.4.4　社会保障均等化的师域差异分析

由表 3-11 可知，除第三师、第五师和十二师外，其他十一个师 2001—2012 年的社会保障基准值变化相对平缓，且随着时间的推移均向着数值 1 逼近，表明这十一个师在社会保障方面的均等化程度不断提高；但由上文分析可知，兵团总体的社会保障均等化程度随着时间推移而略有下降，其原因主要是第三师和十二师的社会保障相对于兵团平均水平不断下降，而第五师社会保障水平则随着时间发展而愈来愈高于兵团平均水平，前后两者间形成不断扩大的差距是导致兵团总体社会保障均等化程度不断下降的主要原因。从图 3-27 能够看出，兵团社会保障发展水平较高的师是第五师，相对落后的师是第三师，波动最为剧烈的是第九师。

表 3-11　兵团各师社会保障基准值变化表

年份	2001	2002	2003	2004	2005	2006	2007	2008	2009	2010	2011	2012
第一师	1.189	1.005	0.756	0.985	0.912	1.037	0.781	0.697	0.898	0.901	0.880	0.911
第二师	1.393	1.437	1.378	1.227	1.278	1.227	1.482	1.204	1.207	1.264	1.315	1.228
第三师	0.623	0.576	0.453	0.154	0.076	0.180	0.093	0.104	0.057	0.000	0.000	0.131
第四师	1.463	1.326	1.235	1.366	1.186	1.391	1.112	0.963	1.039	1.058	1.076	1.353
第五师	1.520	1.331	1.202	1.563	1.327	1.524	1.356	1.437	1.383	1.488	1.458	1.733
第六师	0.588	0.622	0.702	0.465	0.561	0.667	0.756	0.772	0.678	0.754	0.748	0.770
第七师	1.440	1.151	1.129	1.169	1.170	1.034	0.898	0.902	1.084	0.965	1.003	0.759
第八师	0.646	0.867	0.960	0.667	0.728	0.787	0.894	1.341	1.099	1.102	1.259	1.171
第九师	0.428	0.648	0.774	1.179	1.121	1.244	1.408	1.418	1.573	1.548	1.556	1.519
第十师	0.499	1.374	1.225	1.434	1.195	1.321	1.250	1.381	1.363	1.319	1.422	1.025
建工师	1.133	0.879	0.794	1.085	1.351	0.581	1.074	1.084	1.186	1.193	1.127	0.792
十二师	1.226	0.954	1.170	0.890	0.919	0.730	0.613	0.696	0.515	0.446	0.462	0.524
十三师	1.039	1.006	1.098	0.627	0.905	0.984	1.098	1.085	1.031	1.074	0.904	1.323
十四师	0.812	0.826	1.124	1.190	1.271	1.292	1.185	0.916	0.884	0.888	0.789	0.762

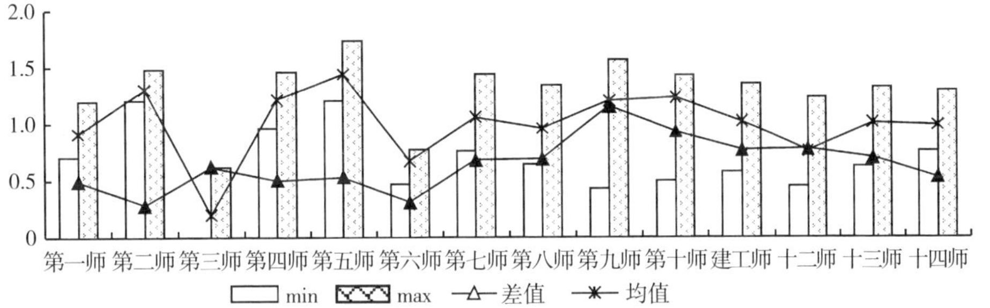

图 3-27　兵团各师社会保障基准值均值与差值

由表 3-12 可知，在 2001—2012 年期间，第三师养老保险发展持续低迷，其基准值常年在 0 值徘徊；建工师养老保险发展水平持续下降，其基准值由 2002 年的 1.58 下降至 2012 年的 0.29。相反，第八师养老保险发展水平则持续上升，由 2002 年的 0.67 发展至 2012 年的 1.52；而另外 9 个师的养老保险基准值波动较为平缓，且随着时间的推移其值趋向于数值 1，表明养老保险在这 9 个师之间的均等化程度不断提高，而阻碍兵团养老保险参保率均等化程度提升的主要原因是第三师养老保险发展迟缓和建工师养老保险水平大幅下降。

表 3-12　兵团各师养老保险参保率基准值变化表

年份	2001	2002	2003	2004	2005	2006	2007	2008	2009	2010	2011	2012
第一师	0.911	0.927	0.863	0.947	0.969	0.962	0.809	0.927	0.919	0.951	0.888	1.034
第二师	1.186	1.065	1.193	1.138	1.230	1.240	1.272	1.343	1.392	1.413	1.511	1.411
第三师	0.000	0.000	0.000	0.000	0.000	0.000	0.000	0.000	0.000	0.000	0.000	0.000
第四师	1.797	1.679	1.780	1.526	1.560	1.545	1.488	1.408	1.418	1.413	1.313	1.255
第五师	1.460	1.623	1.465	1.381	1.405	1.422	1.418	1.392	1.382	1.382	1.273	1.408
第六师	0.762	0.707	0.527	0.520	0.536	0.599	0.610	0.654	0.622	0.891	0.861	1.030
第七师	1.218	1.289	1.278	1.370	1.486	1.538	1.563	1.525	1.590	1.331	1.255	1.067
第八师	0.909	0.677	0.706	0.877	0.809	0.896	1.098	1.192	1.159	1.278	1.429	1.517
第九师	1.202	1.280	1.376	1.342	1.411	1.464	1.439	1.417	1.339	1.334	1.268	1.200
第十师	0.783	0.776	0.884	1.027	1.039	0.959	1.024	1.082	1.132	1.132	1.407	1.094
建工师	1.261	1.578	1.412	1.227	0.717	0.494	0.425	0.400	0.457	0.324	0.302	0.293
十二师	0.714	0.549	0.750	0.927	0.924	0.873	0.832	0.746	0.705	0.681	0.664	0.807
十三师	0.863	0.923	1.045	1.044	1.108	1.137	1.208	1.234	1.196	1.244	1.274	1.238
十四师	0.935	0.929	0.722	0.676	0.807	0.870	0.813	0.680	0.689	0.626	0.555	0.647

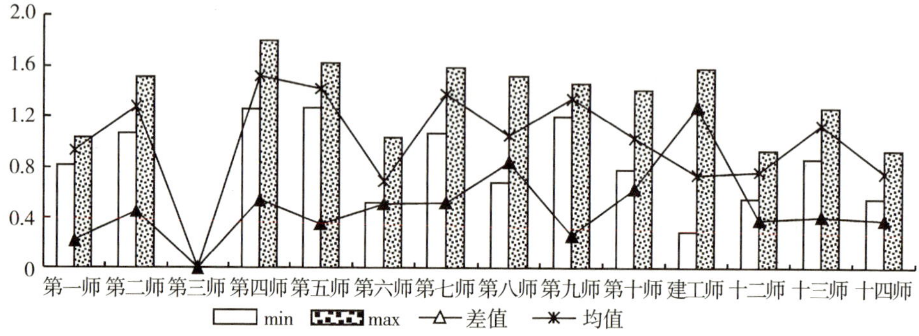

图 3-28　兵团各师养老保险参保率基准值均值与差值

由表 3-13 可知，2001—2008 年间各师（除第九师）基本医疗保险参保率基准值均趋向于数值 1，说明在这段时间内兵团基本医疗保险均等化程度不断提高，但 2008—2011 年间，第二师、第三师、第九师、第十师、建工师、十二师等多个师的基本医疗保险参保率基准值相对于数值 1 呈扩散现象。其中第二师、第九师和第十师的基准值呈上升趋势，说明这三个师的基本医疗发展水平相对于兵团同期平均水平而不断提高，第三师、十二师及建工师的基准值则呈现下降趋势，说明这三个师的基本医疗水平相对于同期兵团平均水平而不断下降。这也是导致 2008—2011 年间兵团基本医疗参保率均等化程度呈现下降趋势的主要原因。

表 3-13　兵团各师基本医疗保险参保率基准值变化表

年份	2001	2002	2003	2004	2005	2006	2007	2008	2009	2010	2011	2012
第一师	1.607	1.331	1.127	1.106	1.066	1.084	1.068	1.043	0.977	0.953	0.996	1.062
第二师	1.840	1.583	1.420	1.481	1.458	1.475	1.522	1.521	1.722	1.780	1.797	1.425
第三师	1.029	0.814	0.584	0.578	0.578	0.562	0.544	0.500	0.000	0.000	0.000	1.010
第四师	1.764	1.617	1.509	1.329	1.268	1.291	1.278	1.262	1.240	1.200	1.098	1.051
第五师	1.650	1.532	1.372	1.296	1.177	1.222	1.228	1.261	1.215	1.297	1.257	1.181
第六师	0.000	0.109	0.877	0.856	0.945	0.992	0.986	0.975	0.773	0.911	0.963	1.097
第七师	1.786	1.497	1.409	1.271	1.235	1.173	1.188	1.170	1.101	1.033	1.016	0.703
第八师	0.143	1.263	1.115	1.021	0.914	0.958	1.015	1.187	1.166	1.258	1.320	1.580
第九师	0.000	0.286	0.000	0.000	0.000	0.000	0.000	0.000	1.617	1.618	1.618	1.040
第十师	0.298	1.454	1.315	1.322	1.382	1.422	1.447	1.479	1.616	1.600	1.711	1.227
建工师	0.000	0.666	0.349	0.966	1.155	1.018	0.953	0.898	0.627	0.500	0.504	0.000
十二师	1.344	1.046	0.930	0.944	0.910	0.915	0.891	0.874	0.589	0.550	0.556	0.611
十三师	0.967	0.801	0.974	0.827	0.843	0.866	0.897	0.955	0.767	0.785	0.708	1.199
十四师	1.571	0.000	1.020	1.004	1.069	1.023	0.982	0.874	0.589	0.516	0.454	0.814

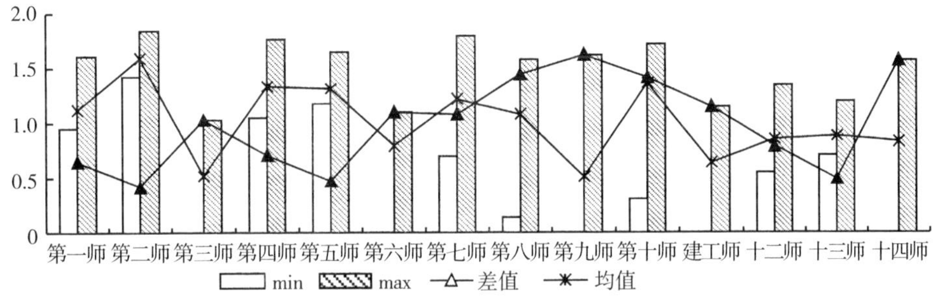

图 3-29　兵团各师基本医疗保险参保率基准值均值与差值

由表 3-14 可以看出，仅在西部大开发初期（即 2001—2003 年）各师的失业保险参保率基准值趋向于数值 1，表明这段时间内兵团失业保险逐年趋向于均等化；但 2003—2004 年间各师失业保险参保率基准值则围绕数值 1 呈扩散趋势，说明该段时间内兵团失业保险均等化程度有所下降。随后的八年间各师基准值波动较小，说明这段时间内兵团失业保险均等化程度基本保持不变；而阻碍兵团失业保险均等化程度提升的主要因素是第三师失业保险持续低迷，建工师和十二师的失业保险发展水平逐渐下滑。

表 3-14　兵团各师失业保险参保率基准值变化表

年份	2001	2002	2003	2004	2005	2006	2007	2008	2009	2010	2011	2012
第一师	1.077	0.974	1.005	1.223	1.199	1.288	1.187	0.998	0.985	0.962	0.939	0.937
第二师	1.730	1.116	1.134	1.040	1.258	1.093	1.224	1.000	0.982	1.057	1.085	1.111
第三师	0.044	0.410	0.488	0.000	0.000	0.000	0.000	0.000	0.000	0.000	0.000	0.000
第四师	1.503	1.398	1.595	1.574	1.523	1.619	1.433	1.420	1.384	1.356	1.258	1.204
第五师	1.278	1.292	1.552	1.855	1.715	1.923	1.770	1.958	1.895	2.037	1.916	1.973
第六师	0.968	0.886	0.674	0.168	0.393	0.526	0.560	0.578	0.538	0.567	0.604	0.755
第七师	1.000	1.312	1.307	1.333	1.785	1.080	1.378	1.370	1.417	1.363	1.412	1.300
第八师	0.000	0.000	0.000	0.555	0.405	0.531	0.816	1.030	1.048	1.159	1.287	1.301
第九师	1.651	1.496	1.416	1.420	1.403	1.572	1.453	1.560	1.666	1.670	1.738	1.683
第十师	0.630	0.863	0.980	1.470	1.281	1.330	1.309	1.325	1.304	1.346	1.444	1.127
建工师	1.282	1.248	0.900	0.268	0.382	0.108	0.175	0.238	0.357	0.168	0.188	0.272
十二师	0.906	0.927	0.876	1.179	0.660	0.656	0.584	0.539	0.444	0.375	0.340	0.512
十三师	0.943	0.986	1.037	0.742	0.689	0.757	0.800	0.882	0.839	0.875	0.807	0.808
十四师	0.987	1.092	1.037	1.174	1.306	1.518	1.309	1.103	1.140	1.066	0.983	1.018

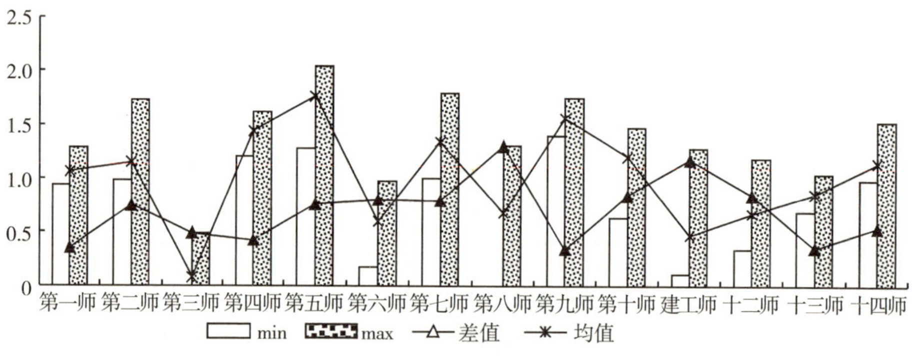

图 3-30　兵团各师失业保险参保率基准值均值与差值

从 2001—2012 年各师工伤保险参保率基准值变化趋势可以看出，除建工师外的其他十三个师工伤保险参保率基准值均持续在数值 1 附近波动，说明工伤保险在这十三个师间均等化程度较高；建工师工伤保险参保率基准值在 2003—2012 年间呈现出两次急剧上升和一次快速下降；其远远偏离兵团平均水平和其他各师水平是引起兵团工伤保险均等化程度呈现波动上升的主要原因。

表 3-15　兵团各师工伤保险参保率基准值变化表

年份	2001	2002	2003	2004	2005	2006	2007	2008	2009	2010	2011	2012
第一师	1.286	1.028	1.044	1.084	0.985	1.096	0.992	0.860	0.746	0.731	0.686	0.723
第二师	1.311	1.160	1.132	0.958	0.988	1.021	1.024	1.028	0.894	0.960	1.019	1.042
第三师	0.807	0.732	0.722	0.000	0.000	0.000	0.000	0.000	0.000	0.000	0.000	0.000
第四师	1.376	1.261	1.363	1.408	1.274	1.481	1.423	1.311	1.105	1.119	1.121	1.157
第五师	1.436	1.331	1.381	1.778	1.391	1.696	1.715	1.790	1.552	1.667	1.691	1.739
第六师	1.227	0.901	0.836	0.115	0.293	0.378	0.406	0.441	0.403	0.459	0.411	0.625
第七师	1.544	1.265	1.226	1.180	1.114	0.902	0.879	0.920	0.858	0.828	0.863	0.775
第八师	1.025	1.016	0.924	0.241	0.321	0.420	0.642	0.916	0.821	0.905	1.031	1.035
第九师	0.000	0.000	0.000	1.101	0.971	1.134	1.340	1.372	1.294	1.300	1.411	1.378
第十师	0.000	0.973	1.011	1.113	0.868	0.967	1.071	1.121	1.091	1.104	1.127	0.916
建工师	1.592	1.159	1.251	2.652	3.087	2.134	1.977	1.704	3.010	2.693	2.798	2.599
十二师	1.227	1.011	0.948	0.655	0.866	0.608	0.531	0.478	0.361	0.310	0.192	0.322
十三师	1.168	0.989	1.065	0.591	0.692	0.787	0.825	1.123	1.004	1.113	0.922	0.920
十四师	0.000	1.174	1.096	1.124	1.152	1.376	1.175	0.936	0.862	0.811	0.728	0.769

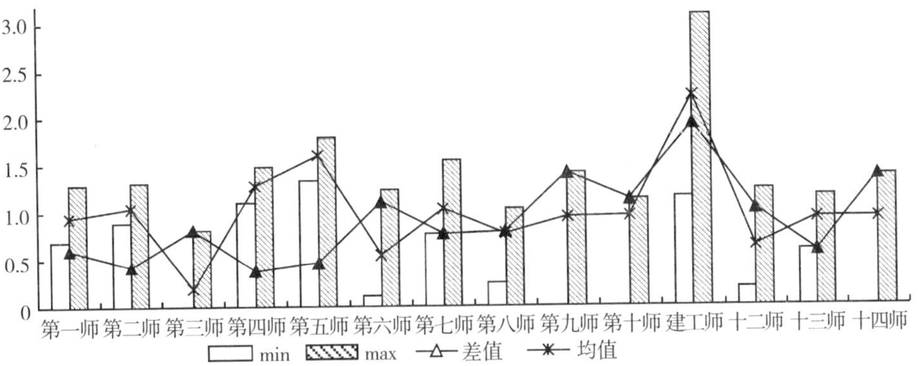

图 3-31　兵团各师工伤保险参保率基准值均值与差值

由表 3-16 可知，各师生育保险参保率基准值变化走势与同时间段中各师失业保险参保率基准值的变化基本一致，均呈现出 2001—2003 年各师数值趋向于 1，2003—2004 年各师基准值呈扩散趋势，随后的八年间各师基准值基本保持不变的态势；而影响兵团生育保险均等化程度提升的主要原因也同样是由于第三师和建工师生育保险发展水平持续低迷，十二师的生育保险发展水平持续下滑。

表 3-16　兵团各师生育保险参保率基准值变化表

年份	2001	2002	2003	2004	2005	2006	2007	2008	2009	2010	2011	2012
第一师	1.448	1.038	1.031	1.285	1.188	1.282	1.259	1.107	1.062	1.034	1.007	1.007
第二师	1.476	1.172	1.185	1.136	1.211	1.113	1.202	1.091	1.060	1.130	1.158	1.195
第三师	0.908	0.739	0.732	0.000	0.000	0.000	0.000	0.000	0.000	0.000	0.000	0.000
第四师	1.550	1.274	1.263	1.669	1.537	1.660	1.604	1.379	1.332	1.294	1.209	1.186
第五师	1.617	1.344	1.350	2.107	1.679	1.985	2.064	2.068	2.028	2.159	2.045	2.088
第六师	0.000	0.982	0.956	0.281	0.502	0.613	0.583	0.653	0.623	0.692	0.695	0.891
第七师	1.739	1.277	1.280	1.399	1.344	1.055	1.065	1.047	1.086	1.043	1.073	0.973
第八师	1.154	1.026	1.017	0.286	0.732	0.857	0.920	1.195	1.166	1.262	1.408	1.399
第九师	0.000	0.000	0.000	1.282	1.171	1.326	1.366	1.421	1.550	1.563	1.635	1.572
第十师	0.000	0.983	0.993	1.319	1.033	0.973	0.940	0.992	1.036	1.034	1.139	0.851
建工师	1.410	0.960	0.942	0.298	0.386	0.063	0.022	0.256	0.391	0.207	0.240	0.293
十二师	1.382	1.021	1.064	0.905	1.045	0.652	0.602	0.608	0.507	0.443	0.414	0.556
十三师	1.315	0.999	1.001	0.700	0.781	0.860	0.926	1.029	0.981	1.032	0.952	0.946
十四师	0.000	1.185	1.186	1.332	1.390	1.559	1.448	1.154	1.178	1.105	1.025	1.044

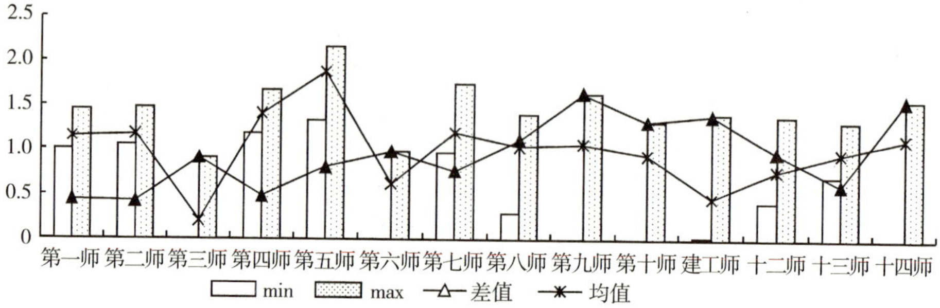

图 3-32　兵团各师生育保险参保率基准值均值与差值

从 2001—2012 年各师每万人社会保障服务人员数基准值均值与差值图中能够看出各师该基准值围绕兵团平均水平（即数值 1）呈现较大波动，同时也再一次证实了兵团社会保障各指标中每万人社会保障服务人员数指标的均等化程度相对最低。其中波动最为显著的是建工师，在 2001—2012 年间建工师基准值有 6 次超过 2，同时有三次低于 0.5，其基准值最小值为 2006 年的 0.000 02，最大值为 2010 年的 3.2；波动第二剧烈的是十三师，其最小值为 2004 年的 0.000 02，最大值为 2012 年的 2.24；每万人社会保障人员数基准值持续较低的师分别是第三师、第七师和十二师。

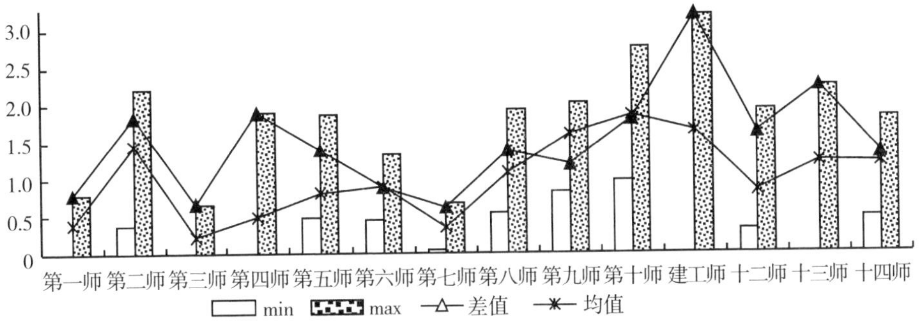

图 3-33　兵团各师每万人社会保障服务人员数基准值均值与差值

3.5　兵团与沿海发达地区基本公共服务均等化差异的比较分析

沿海发达地区一般指地理位置处于我国沿海岸线的东部和东南部地区，是经济发达、交通便利、工业化程度高、科技实力强，文化、体育、教育、卫生等公共服务发展水平较高的开放地区或城市。文中选取中国东部十省市，即北京、天津、河北、辽宁、上海、江苏、浙江、福建、山东、广东，以及新疆维吾尔自治区作为对比样本，分析兵团与这 11 个省市基本公共服务均等化水平差异。在 2005 年 10 月 11 日中共十六届五中全会通过的《中共中央关于制定国民经济和社会发展第十一个五年规划的建议》中首次明确提出“公共服务均等化”，故本文选取 2006 至今作为样本时间段，分析自国家明确提出公共服务均等化后兵团、新疆与东部十省市基本公共服务均等化发展差距，为兵团进一步实现更高水平的基本公共服务均等化提供理论指导。

3.5.1　兵团与沿海发达地区基本公共服务均等化差异总体测评

(1) 变异系数法分析

通过分别计算 2006—2011 年兵团、新疆及东部十省市基本公共服务均等化变异系数和 2006—2011 年新疆及东部十省市基本公共服务均等化变异系数（即在样本中摘除兵团计算无兵团的 11 个样本基本公共服务均等化变异系数），通过对比包含与不包含兵团的各项基本公共服务均等化变异系数变化情况，分析兵团与新疆、东部十省市基本公共服务均等化差异。

由表 3-17 可知，兵团、新疆及东部十省市的基本公共服务均等化变异系数在 2006—2011 年呈现减小趋势，说明兵团与新疆及东部十省市整体的基本公共服务均等化水平随着时间推移而提升。其中代表基本公共服务的三项一级指标中，除公共医疗卫生外其他两项基本公共服务的均等化水平也均随着时间变化而呈现上升趋势，但上升的幅度有所差异。变化最为平缓的是基础教育，自2006的0.39水平下降到2007的0.35水平后，2007—2011年基本保持在0.35水平略有波动；变化趋势最为稳定的是社会保障，2006—2011年社会保障均等化变异系数自0.89水平持续下降到2011年的0.67水平，说明自基本公共服务均等化政策实施以来，社会保障均等化程度有了持续稳定的大幅度提升；变化波动最为剧烈的是公共医疗卫生，该指标均等化水平整体呈现波动下降趋势；2008—2010年公共医疗卫生均等化变异系数波动最剧烈，由最大值0.52下降至最小值0.33，又上升至0.48。说明自基本公共服务均等化政策实施后，各地区的公共医疗卫生发展水平差距较大，且差距随着时间变化而波动上升。

表3-17　兵团、新疆及东部十省市基本公共服务均等化变异系数

变异系数	2006	2007	2008	2009	2010	2011
基本公共服务	0.41	0.39	0.40	0.28	0.33	0.34
基本公共服务（去除兵团）	0.34	0.31	0.35	0.26	0.32	0.32
基础教育	0.39	0.35	0.37	0.35	0.36	0.35
基础教育（去除兵团）	0.30	0.27	0.31	0.31	0.32	0.28
公共医疗卫生	0.43	0.46	0.52	0.33	0.48	0.45
公共医疗卫生（去除兵团）	0.40	0.38	0.51	0.34	0.50	0.47
社会保障	0.89	0.84	0.79	0.73	0.70	0.67
社会保障（去除兵团）	0.96	0.91	0.85	0.78	0.74	0.72

通过分析2006—2011年新疆及东部十省市基本公共服务均等化变异系数，即剔出兵团样本后的基本公共服务均等化变异系数可以看出，基本公共服务及各项一级指标的均等化变异系数在变化趋势上与有兵团样本时的变化一致，但代表的均等化水平却有所不同。其中2006—2011年无兵团的基本公共服务均等化变异系数均小于同年有兵团时的变异系数，说明加入兵团后整体样本的基本公共服务均等化水平有所下降，即兵团基本公共服务水平与新疆及东部十省市组成的样本水平差异较大。就基础教育指标而言，不包含兵团的基础教育指标均等化变异系数小于包含兵团时的变异系数，说明兵团的基础教育服务水平与新疆及东部十省市有一定差异，导致加入兵团样本后整体的基础教育均等化水平均有所下降；就公共医疗卫生指标而言，2006—2008年间无兵团的变异系数小于有兵团时的变异系数，即加入兵团后样本整体的公共医疗卫生均等化

水平出现下降，说明这段时间中兵团公共医疗卫生服务与新疆及东部十省市水平有所差异，而2009—2011年则有兵团的变异系数小于无兵团时的变异系数，即加入兵团后样本整体的公共医疗卫生均等化水平有所上升，说明这段时间中兵团公共医疗卫生服务水平向新疆及东部十省市水平靠拢；就社会保障指标而言，2006—2011年无兵团的该指标变异系数均大于有兵团时的变异系数，即加入兵团后样本整体的社会保障均等化水平有所提升，说明兵团在社会保障服务方面与东部十省市水平差异较小。同时，各项指标具体差异情况通过下文的基准法分析能够清楚看到。

(2) 基准法分析

变异系数法分析能够看出兵团与新疆及东部十省市间均等化程度，但不能看出各项样本间差异程度，基准法能够弥补这一不足，下文基准法选取全国平均水平作为基准值。如图3-34所示，2006—2009年兵团基本公共服务水平在12个样本中处于相对最高水平，基本保持在全国水平的3倍，2009—2011年兵团基本公共服务相对水平有所下降，落后于北京，处于第二位。兵团基本公共服务基准值整体呈现下降趋势，且在2006—2009年下降明显，此后略有回升；说明国家实施基本公共服务均等化政策初期削弱了兵团基本公共服务的优势水平，这一现象在近几年里略有改善。

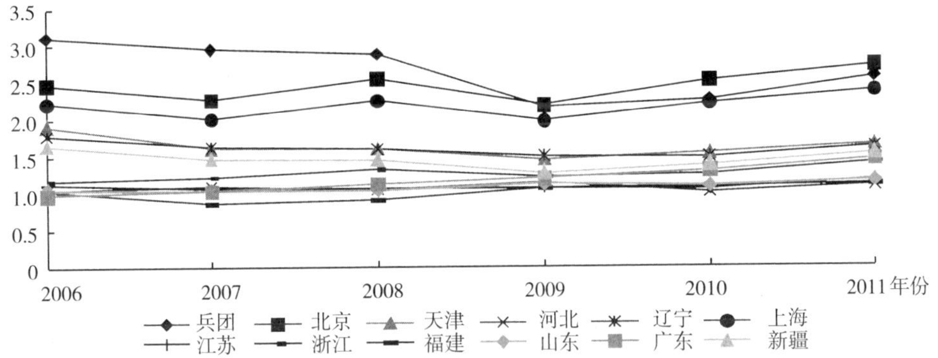

图3-34 兵团、新疆及东部十省市基本公共服务基准值走势图

如图3-35可知，2006—2011年兵团基础教育服务水平相对较高，是全国平均水平的1.5倍以上，远超过其他11个样本省市。2006—2010年间兵团基础教育服务相对水平随着时间推移而不断下降，2010—2011年又有所回升；说明2006—2010年兵团基础教育服务水平增速小于全国平均水平，即基本公共服务均等化政策实施的前5年间，其他地区的基础教育相对发展水平有所提升，而兵团基础教育的优势水平被削弱了，即该政策对其他样本地区的促进作

用大于兵团，这种情况在2010年后得到改善。

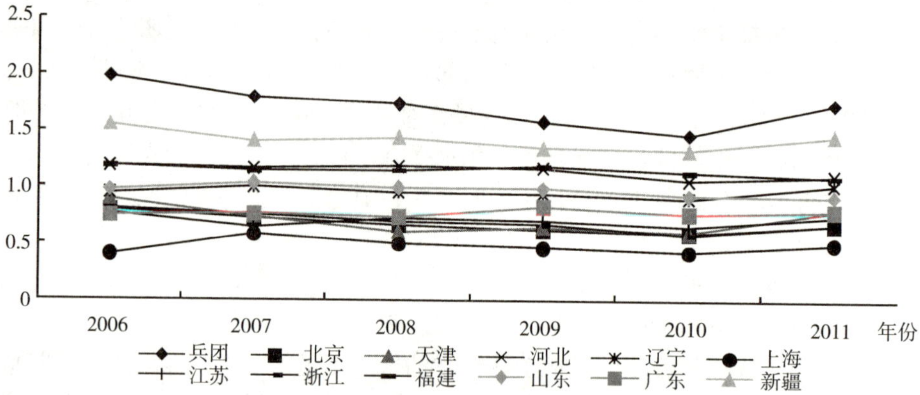

图3-35　兵团、新疆及东部十省市基础教育基准值走势图

由表3-18可知，2006—2011年兵团公共医疗卫生服务相对水平随着时间推移而不断下降，由2006年的第一位下降至2008年的第二位又下降至2009年的第三位。2011年兵团的公共医疗卫生基准值为3.05，排在第一、二位的北京和上海基准值分别是4.59和3.72；说明国家实施基本公共服务均等化政策在北京和上海等地区得到了明显的体现，大幅度提升了该地区的公共医疗卫生服务水平，削弱了兵团公共医疗卫生的相对水平。

表3-18　兵团、新疆及东部十省市公共医疗卫生基准值变化表

省区	2006	2007	2008	2009	2010	2011
兵团	3.163	3.331	3.562	1.930	2.699	3.060
北京	2.906	2.579	3.754	2.677	4.275	4.588
天津	2.044	1.652	2.099	1.605	2.123	2.176
河北	1.086	1.247	1.153	1.472	1.381	1.706
辽宁	2.339	1.975	2.056	1.764	2.011	2.249
上海	2.095	1.684	2.751	2.085	3.490	3.722
江苏	1.231	1.267	1.154	1.144	1.233	1.403
浙江	1.361	1.444	1.641	1.260	1.599	1.759
福建	0.902	0.487	0.546	0.939	1.017	1.195
山东	1.203	1.080	1.192	1.455	1.594	1.861
广东	0.807	0.830	1.007	0.893	1.162	1.242
新疆	1.660	1.450	1.452	1.108	1.537	1.894

由图 3-36 可以看出，2006—2011 年兵团社会保障服务水平相对较高，在全国平均水平的 5 倍以上，仅次于上海和北京，远超过其他 9 个样本省市。2006—2011 年间兵团社会保障服务相对水平同上海、北京及天津地区变化一致，均随着时间推移而不断下降，兵团相对排名维持不变；说明 2006—2011 年兵团社会保障服务水平增速小于全国平均水平，即基本公共服务均等化政策实施至今，大幅度提升了我国其他省份的社会保障服务水平，从而使得兵团社会保障服务相对水平不断下降。

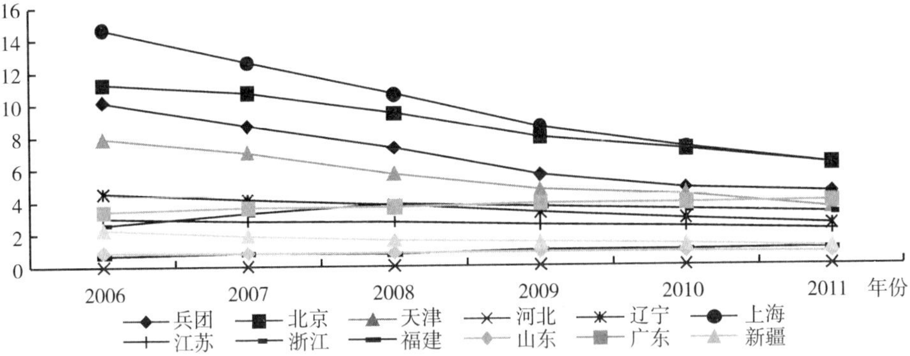

图 3-36 兵团、新疆及东部十省市社会保障基准值走势图

3.5.2 兵团与沿海发达地区基础教育均等化差异测评

(1) 变异系数法分析

通过对比是否包含兵团的两个样本体系 2006—2011 小学与初中基础教育变异系数变化趋势可以看出，小学与初中基础教育变异系数变化趋势没有因为添加或者删去兵团样本而有所变化，但两个阶段的变异系数值变化却大不相同。其中这段时间内无兵团样本的小学教育变异系数略大于有兵团样本时的变异系数，说明这段时间内兵团与新疆及东部十省市的小学基础教育水平差异不大；不同的是无兵团样本的初中教育变异系数远小于有兵团时的变异系数，说明兵团初中阶段基础教育水平与新疆及东部十省市水平差异较大。

表 3-19 兵团、新疆及东部十省市小学与初中基础教育变异系数

变异系数	2006	2007	2008	2009	2010	2011
小学	0.27	0.24	0.30	0.32	0.33	0.29
小学（去除兵团）	0.28	0.25	0.32	0.32	0.34	0.28
初中	0.69	0.60	0.59	0.60	0.63	0.70
初中（去除兵团）	0.45	0.39	0.36	0.35	0.37	0.36

通过2006—2011年兵团、新疆及东部十省市各项基础教育指标变异系数具体分析各项基础教育指标在有无兵团时的变异系数变化情况。普通小学生师比、普通中学生师比、每千人小学专任教师数、小学适龄儿童入学率这四个指标在包含兵团样本的变异系数均小于无兵团样本时的变异系数，且减小的幅度较小，大多维持在0.02的水平；说明这四项指标在增加了兵团样本后均等化程度有小幅度提升，即兵团在这四项指标的发展水平方面与新疆及东部十省市水平较为接近。相反，每千人拥有普通中学专任教师数、每万人拥有普通中学数及小学毕业升学率这三项指标有兵团样本时的变异系数均大于无兵团样本时的变异系数，且增大的幅度较大，基本保持在0.2的水平；说明这三项指标在增加了兵团样本后均等化程度有大幅度下降，即兵团在这三项指标的发展水平方面与新疆及东部十省市水平差异较大。另外，2006—2008年每万人拥有小学学校数指标有兵团样本的变异系数与无兵团样本的变异系数完全一致，而在2008—2011年逐渐大于无兵团样本的变异系数，说明兵团每万人拥有小学学校数发展水平与新疆及东部十省市水平差异逐年增大。

表3-20　兵团、新疆及东部十省市各项基础教育指标变异系数

变异系数	2006	2007	2008	2009	2010	2011
普通小学生师比	0.47	0.37	0.38	0.42	0.49	0.50
普通小学生师比（去除兵团）	0.49	0.39	0.40	0.42	0.51	0.53
普通中学生师比	0.44	0.39	0.38	0.36	0.34	0.35
普通中学生师比（去除兵团）	0.46	0.41	0.40	0.37	0.36	0.36
每千人拥有小学专任教师数	0.55	0.55	0.57	0.60	0.62	0.63
每千人拥有小学专任教师数（去除兵团）	0.56	0.56	0.58	0.62	0.64	0.65
每千人拥有普通中学专任教师数	0.89	0.87	0.87	0.87	0.92	0.93
每千人拥有普通中学专任教师数（去除兵团）	0.66	0.64	0.62	0.63	0.67	0.70
每万人拥有小学数	0.64	0.65	0.66	0.75	0.77	0.72
每万人拥有小学数（去除兵团）	0.64	0.65	0.66	0.67	0.67	0.63
每万人拥有普通中学数	1.08	1.02	0.99	0.99	1.02	1.00
每万人拥有普通中学数（去除兵团）	0.82	0.77	0.69	0.63	0.63	0.64
小学适龄儿童入学率	0.43	0.47	0.39	0.37	0.37	0.42
小学适龄儿童入学率（去除兵团）	0.41	0.49	0.41	0.39	0.39	0.37
小学毕业升学率	0.58	0.37	0.39	0.41	0.41	0.77
小学毕业升学率（去除兵团）	0.46	0.36	0.36	0.36	0.36	0.38

同时能够发现，普通小学生师比、普通中学生师比、每千人小学专任教师数、每千人普通中学专任教师数、每万人普通中学学校数及小学适龄儿童入学率这六个指标的变异系数变化趋势不受样本变化而变化，即有无兵团样本并不影响这六项指标的变化趋势。其中普通小学生师比、每千人小学专任教师数、每千人普通中学专任教师数这三项指标的变异系数随着时间变化而逐渐增大，说明这三项指标的均等化程度随着时间推移而逐渐下降；相反，普通中学生师比、每万人普通中学学校数及小学适龄儿童入学率这三个指标的变异系数则随着时间变化而不断下降，说明这三个指标的均等化程度随着时间推移而不断提升；另外，无兵团样本的每万人拥有小学学校数和小学毕业升学率这两个指标的变异系数随着时间变化而逐渐下降，而加入兵团样本后这两个指标的变异系数随着时间变化而呈现上升趋势，说明兵团样本的加入使得这两个指标的均等化变化趋势发生了改变，均等化程度大幅度下降。

(2) 基准法分析

由于生师比指标属于逆指标，即越小越好。由图 3-37 可知，2006—2011 年兵团小学生师比基准值高于全国平均水平，低于新疆平均水平，处于东部十省市中间偏下水平，其基准值维持在 0.9 左右，且基准值随着时间推移而略有下降，由 2006 年的 0.92 下降至 2011 年的 0.9，说明兵团小学生师比相对发展水平有所上升。2006 年兵团小学生师比基准值排名为 8，而 2011 年兵团该排名为 7，兵团小学生师比水平在所选取样本中的相对位置也略有上升。

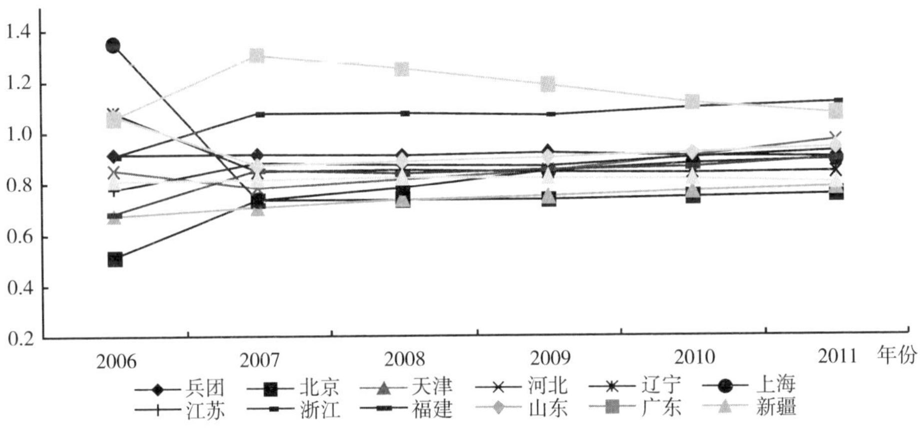

图 3-37　兵团、新疆及东部十省市小学生师比基准值走势图

由表 3-21 可知，2006—2011 年兵团普通中学生师比基准值高于全国平均水平，低于新疆平均水平，处于东部十省市中间水平，其基准值维持在 0.86 左右，且随着时间推移而略有下降，由 2006 年的 0.85 下降至 2011 年的

0.84，说明兵团普通中学生师比相对发展水平有所上升；但 2006 年兵团小学生师比基准值排名为 6，而 2011 年兵团该排名为 7，兵团普通中学生师比水平在所选取样本中的相对位置略有下降。

表 3-21 兵团、新疆及东部十省市普通初中生师比基准值变化表

省区	2006	2007	2008	2009	2010	2011
兵团	0.850 7	0.868 7	0.882 2	0.880 0	0.847 6	0.843 2
北京	0.560 9	0.677 1	0.673 7	0.677 7	0.684 0	0.688 5
天津	0.738 2	0.739 1	0.718 0	0.701 1	0.704 9	0.704 6
河北	0.939 9	0.920 7	0.881 1	0.840 0	0.831 4	0.867 1
辽宁	0.845 5	0.874 2	0.882 5	0.865 7	0.843 9	0.819 8
上海	0.769 7	0.774 8	0.798 7	0.819 5	0.835 2	0.868 0
江苏	0.976 7	0.953 2	0.922 9	0.880 1	0.834 5	0.793 4
浙江	0.904 4	0.952 7	0.979 0	0.955 1	0.926 0	0.901 7
福建	0.977 3	0.959 5	0.953 5	0.920 2	0.857 6	0.823 2
山东	0.807 6	0.791 6	0.813 3	0.850 3	0.892 9	0.911 8
广东	1.211 7	1.226 5	1.252 6	1.269 4	1.253 4	1.243 4
新疆	0.851 3	0.841 6	0.828 4	0.816 0	0.799 9	0.796 9

如图 3-38 所示，2006—2011 年兵团千人拥有小学专任教师数基准值高于全国平均水平，低于新疆平均水平，高于东部十省市水平，其基准值由 2006 年的 1.37 逐步下降至 2011 年的 1.22。兵团该指标基准值在选取的 12 个样本中排名稳定，一直处于第二位，仅次于新疆平均水平。

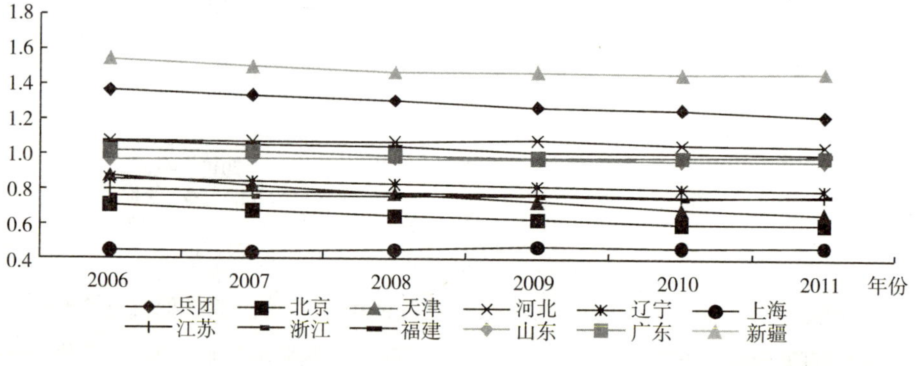

图 3-38 兵团、新疆及东部十省市千人拥有小学专任教师数基准值走势图

如图 3 - 38 可知，2006—2011 年兵团普通中学专任教师数基准值高于全国平均水平，高于新疆平均水平，也高于东部十省市水平，其基准值一直保持在所选样本的第一位，且其基准值由 2006 年的 2.08 逐步上升至 2011 年的 2.13。

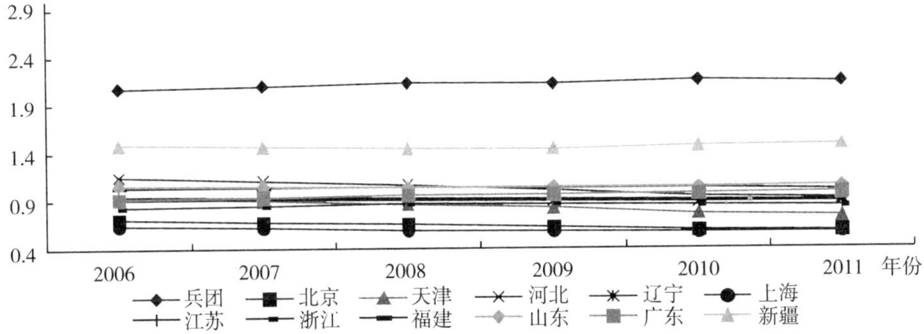

图 3 - 39　兵团、新疆及东部十省市千人拥有普通中学专任教师数基准值走势图

如表 3 - 22 所示，2006—2011 年兵团万人拥有小学学校数基准值低于全国平均水平，低于新疆平均水平，且在 2009 年后低于东部十省市中多省市水平，其基准值由 2006 年的 0.44 逐步下降至 2011 年的 0.15，其基准值在所选样本中的排名也由 2006 年的第七位下降至 2011 年的第十二位。

表 3 - 22　兵团、新疆及东部十省市万人拥有小学学校数基准值变化表

省区	2006	2007	2008	2009	2010	2011
兵团	0.440 0	0.423 2	0.420 3	0.194 4	0.172 1	0.145 3
北京	0.314 8	0.304 2	0.299 6	0.297 0	0.293 1	0.301 6
天津	0.366 1	0.371 4	0.372 7	0.381 2	0.383 3	0.360 2
河北	1.068 8	1.031 0	1.023 5	0.978 2	0.982 2	1.023 9
辽宁	0.759 8	0.736 7	0.714 8	0.662 4	0.657 6	0.652 1
上海	0.122 6	0.123 0	0.138 6	0.161 8	0.173 3	0.181 8
江苏	0.298 5	0.303 0	0.297 6	0.305 7	0.297 8	0.305 8
浙江	0.415 0	0.385 4	0.374 1	0.374 4	0.381 5	0.390 3
福建	1.059 1	1.073 1	1.039 1	1.019 8	0.983 7	0.892 8
山东	0.603 9	0.619 8	0.632 9	0.646 7	0.674 0	0.698 2
广东	0.835 9	0.850 1	0.859 9	0.870 1	0.838 5	0.805 3
新疆	0.903 7	0.904 3	0.861 5	0.805 6	0.857 8	0.894 1

如图3-40可知，2006—2011年兵团万人拥有普通中学学校数基准值高于全国平均水平，高于新疆平均水平，也高于东部十省市水平，其基准值一直保持在所选样本的第一位，且其基准值由2006年的2.33波动上升至2011年的2.34。

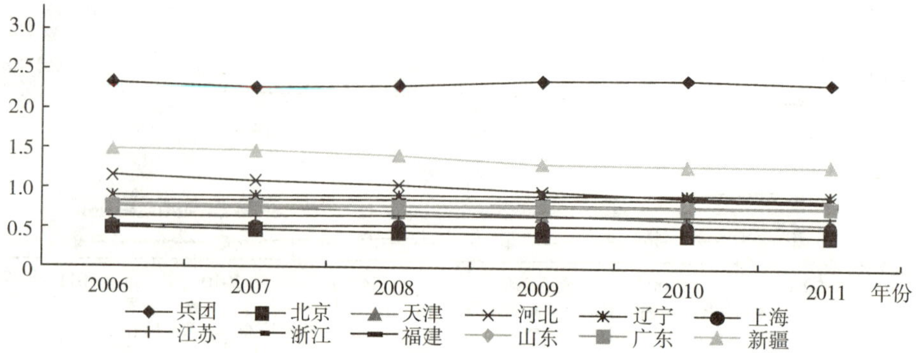

图3-40　兵团、新疆及东部十省市万人拥有普通中学学校数基准值走势图

由表3-23可知，2006—2011年兵团小学适龄儿童入学率基准值高于全国平均水平，高于新疆平均水平，低于东部十省市中多数省市水平，其基准值由2006年的1.002持续下降至2011年的1.000 2，且其基准值在所选样本中的排名也由2006年的第十一位上升至2007年的第八位后又下降为2011年的第十一位，仅略高于新疆平均水平。

表3-23　兵团、新疆及东部十省市小学适龄儿童入学率基准值变化表

省区	2006	2007	2008	2009	2010	2011
兵团	1.002 2	1.002 3	1.002 7	1.004 6	1.001 7	1.000 2
北京	1.007 0	1.005 0	1.005 0	1.006 0	1.003 0	1.002 0
天津	1.007 4	1.002 0	0.998 0	1.003 0	1.000 0	1.002 1
河北	1.001 3	1.000 0	1.002 0	1.003 0	1.000 0	1.001 0
辽宁	1.005 4	1.004 0	1.004 0	1.005 0	1.002 0	1.001 9
上海	1.006 4	1.005 0	1.004 0	1.006 0	1.003 0	1.002 1
江苏	1.006 4	1.000 0	1.004 0	1.005 0	1.002 0	1.001 6
浙江	1.007 3	1.005 0	1.005 0	1.006 0	1.003 0	1.002 1
福建	1.005 8	1.004 0	1.005 0	1.006 0	1.003 0	1.001 6
山东	1.006 4	1.004 0	1.004 0	1.005 0	1.002 0	1.000 8
广东	1.004 4	1.003 0	1.002 0	1.005 0	1.002 0	1.001 7
新疆	0.998 8	0.998 0	1.001 0	1.000 0	0.997 0	0.999 4

如图3-41所示，2006—2011年兵团小学毕业升学率基准值高于全国平均水平，高于新疆平均水平，也高于东部十省市水平，其基准值一直保持在所选样本的第一位，且其基准值由2006年的1.04持续上升至2011年的1.11。

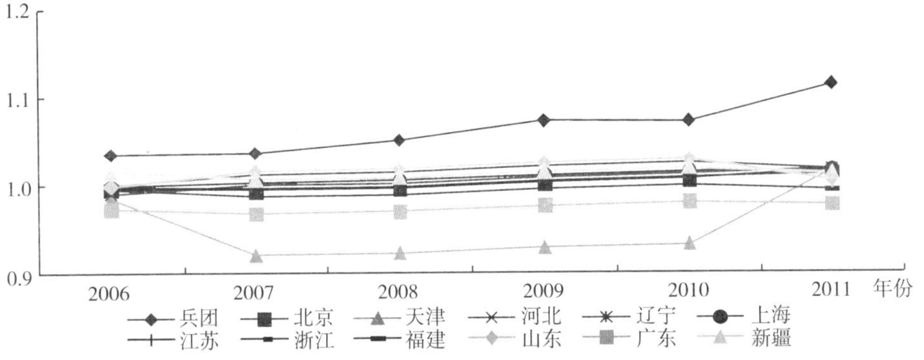

图3-41　兵团、新疆及东部十省市小学毕业升学率基准值走势图

3.5.3　兵团与沿海发达地区公共医疗卫生均等化差异测评

(1) 变异系数分析

通过2006—2011年兵团、新疆及东部十省市各项公共医疗卫生指标变异系数来具体分析各项公共医疗卫生指标在有无兵团时的差异状况。就千人拥有卫生技术人员数指标而言，加入兵团样本的该指标变异系数在2006—2007年时分别大于和等于不包含兵团样本的变异系数，而在2008—2011年则均小于不包含兵团样本的该指标变异系数，说明兵团卫生技术人员数均等化水平随着时间变化与新疆及东部十省市的差异逐渐减小。与此变化趋势相同的还有千人拥有医疗机构数指标，包含兵团样本的该指标变异系数仅在2007—2008年大于无兵团样本的变异系数，其他年份均小于不包含兵团样本的该指标变异系数，说明兵团医疗机构均等化水平与新疆及东部十省市间的差异逐渐减小。与此不同的是千人拥有医疗机构床位数、孕产妇死亡率及法定传染病发病率，其中包含兵团样本的千人拥有医疗机构床位数变异系数在2006—2007及2009年是小于不包含兵团样本的该指标变异系数值，而在其他时间段均是大于不包含兵团样本的该指标变异系数值，说明随着时间变化兵团医疗机构床位数均等化水平与新疆及东部十省市间的差异呈波动增大趋势。包含兵团样本的孕产妇死亡率变异系数值在2007—2008年分别等于和小于不包含兵团样本的该指标变异系数值，而在其他时间段均大于不包含兵团样本的该指标变异系数值，说明随着时间变化兵团孕产妇死亡率水平与新疆及东部十省市间的差异呈波动增大

趋势。包含兵团样本的法定传染病发病率变异系数值仅在 2010 年等于不包含兵团样本的该指标变异系数值，而在其他时间段均大于不包含兵团样本的该指标变异系数值，说明随着时间变化兵团法定传染病发病率水平与新疆及东部十省市间的差异呈逐渐增大趋势。

表 3-24 兵团、新疆及东部十省市各项公共医疗卫生指标变异系数

变异系数	2006	2007	2008	2009	2010	2011
千人拥有卫生技术人员数	0.86	0.72	0.89	1.04	1.07	1.03
千人拥有卫生技术人员数（去除兵团）	0.85	0.72	0.97	1.14	1.16	1.11
千人拥有医疗机构床位数	0.92	0.79	0.84	0.84	0.91	0.91
千人拥有医疗机构床位数（去除兵团）	0.88	0.71	0.89	0.71	0.97	0.98
千人拥有医疗机构数	0.59	0.85	0.95	0.62	0.62	0.62
千人拥有医疗机构数（去除兵团）	0.61	0.73	0.79	0.64	0.64	0.63
孕产妇死亡率	0.34	0.33	0.32	0.38	0.43	0.39
孕产妇死亡率（去除兵团）	0.33	0.33	0.33	0.34	0.34	0.34
法定报告传染病发病率	0.49	0.41	0.41	0.50	0.39	0.37
法定报告传染病发病率（去除兵团）	0.46	0.39	0.35	0.39	0.39	0.36

同时能够看出，千人拥有卫生技术人员数、千人拥有医疗机构数、孕产妇死亡率、法定报告传染病发病率这四个指标的变异系数变化趋势不受样本变化而变化，即有无兵团样本并不影响这四项指标的变化趋势；其中千人拥有卫生技术人员数、千人拥有医疗机构数、孕产妇死亡率这三项指标的变异系数随着时间变化而逐渐增大，说明这三项指标的均等化程度随着时间推移而逐渐下降；相反，法定报告传染病发病率指标的变异系数则随着时间变化而不断下降，说明这个指标的均等化程度随着时间推移而不断提升。另外，不包含兵团样本的千人拥有医疗机构床位数指标的变异系数随着时间变化而逐渐上升，而包含兵团样本后这个指标的变异系数随着时间变化而呈现下降趋势，说明兵团样本的加入使得这两个指标的均等化变化趋势发生了改变，均等化程度有所提升。

（2）基准值分析

由表 3-25 可知，2006—2011 年兵团千人拥有卫生技术人员数基准值高于全国平均水平，高于新疆平均水平，高于东部十省市中多数省市水平，但其基准值随着时间变化而逐年下降，由 2006 年的 2.29 持续下降至 2011 年的 1.82，且其基准值在所选样本中的排名也由 2006 年的第一位下降至 2011 年的第三位，低于北京和上海同年相对水平，说明兵团千人卫生技术人员数相对发展水平正逐年下降。

表 3-25 兵团、新疆及东部十省市千人拥有卫生技术人员数基准值变化表

省区	2006	2007	2008	2009	2010	2011
兵团	2.290 0	2.185 7	2.047 1	1.898 2	1.829 2	1.821 0
北京	2.253 2	2.300 5	3.206 3	3.111 2	3.108 8	3.104 6
天津	1.641 0	1.573 7	1.756 9	1.661 6	1.630 2	1.601 9
河北	0.964 9	0.966 7	0.910 7	0.894 7	0.916 5	0.897 8
辽宁	1.440 7	1.383 7	1.348 0	1.281 5	1.249 7	1.210 4
上海	1.577 7	1.616 9	2.407 2	2.284 1	2.223 0	2.167 3
江苏	1.022 4	1.023 7	1.035 0	1.003 1	1.006 5	1.019 7
浙江	1.202 9	1.222 9	1.361 1	1.359 8	1.391 0	1.403 1
福建	0.845 3	0.722 6	0.780 7	0.900 6	0.927 0	0.977 2
山东	1.028 1	1.003 3	1.051 0	1.057 8	1.077 6	1.097 9
广东	1.002 0	1.030 4	1.220 6	1.213 0	1.221 9	1.228 8
新疆	1.384 4	1.378 9	1.348 2	1.317 6	1.312 2	1.296 0

由表 3-26 发现，2006—2011 年兵团千人拥有医疗机构床位数基准值高于全国平均水平，高于新疆平均水平，高于东部十省市中多数省市水平，但其基准值随着时间变化而逐年下降，由 2006 年的 2.41 持续下降至 2011 年的 1.87，且其基准值在所选样本中的排名也由 2006 年的第一位下降至 2011 年的第三位，低于北京和上海同年相对水平，说明兵团千人医疗机构床位数相对发展水平正逐年下降。

表 3-26 兵团、新疆及东部十省市千人拥有医疗机构床位数基准值变化表

省区	2006	2007	2008	2009	2010	2011
兵团	2.407 7	2.354 2	2.173 4	2.062 1	1.986 0	1.867 3
北京	1.912 6	1.787 7	2.288 6	1.463 7	2.064 6	1.943 3
天津	1.525 0	1.419 5	1.547 3	1.140 4	1.384 8	1.298 1
河北	0.943 1	1.005 9	0.981 2	0.999 3	0.960 7	0.953 3
辽宁	1.579 5	1.494 7	1.410 6	1.332 9	1.348 3	1.332 7
上海	1.784 4	1.660 1	2.290 9	1.363 0	2.089 9	1.983 2

（续）

省区	2006	2007	2008	2009	2010	2011
江苏	1.025 9	1.018 7	1.048 0	0.970 3	1.014 0	1.036 4
浙江	1.098 1	1.071 1	1.123 3	0.974 8	1.089 9	1.070 3
福建	0.886 7	0.787 3	0.833 9	0.859 6	0.898 9	0.919 1
山东	1.043 8	1.062 5	1.114 9	1.107 3	1.126 4	1.140 1
广东	0.877 3	0.865 4	0.991 9	0.811 3	0.988 8	0.988 8
新疆	1.527 9	1.539 3	1.521 1	1.501 1	1.508 4	1.495 8

由图 3－42 可知，兵团千人拥有医疗机构数基准值在 2006—2008 年高于全国平均水平，在 2009—2011 年则低于全国平均水平，在 2007—2008 年高于新疆平均水平，在其他时间段均低于新疆平均水平，在 2007—2008 年高于东部十省市水平，在其他时间段处于东部十省市中间水平。其基准值由 2006 年的 1.07 迅速增长至 2008 年的 2.89 后又持续下降至 2011 年的 0.73，且其基准值在所选样本中的排名也由 2006 年的第七位上升至 2007—2008 年的第一位后又下降至 2011 年的第七位，说明兵团千人医疗机构数相对发展水平呈现波动下降。

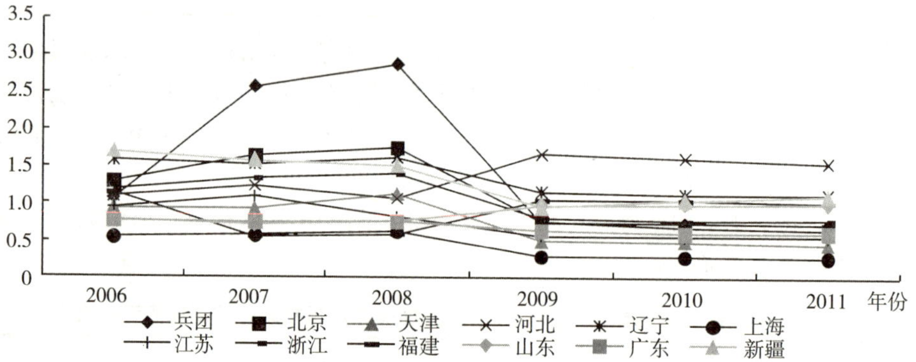

图 3－42　兵团、新疆及东部十省市千人拥有医疗机构数基准值走势图

由于孕产妇死亡率指标属于逆指标，即越小越好。由表 3－27 可知，兵团孕产妇死亡率基准值高于新疆平均水平，低于东部十省市水平，在 2007—2009 年间高于全国平均水平，其他时间段则低于全国平均水平，其基准值在 0.57～1.27 间上下波动，且 2006—2011 年兵团孕产妇死亡率基准值在所选样本中均排在第十一位，仅高于新疆平均水平，说明兵团孕产妇死亡率相对发展水平较低。

表 3-27　兵团、新疆及东部十省市孕产妇死亡率基准值变化表

省区	2006	2007	2008	2009	2010	2011
兵团	1.175 2	0.895 6	0.567 0	0.928 8	1.266 7	1.087 7
北京	0.192 7	0.451 4	0.532 7	0.470 5	0.436 7	0.379 3
天津	0.161 6	0.235 2	0.212 3	0.301 3	0.320 0	0.260 5
河北	0.566 4	0.565 8	0.340 1	0.373 0	0.613 3	0.360 2
辽宁	0.468 4	0.421 6	0.448 2	0.313 5	0.403 3	0.410 0
上海	0.231 9	0.214 8	0.227 8	0.173 4	0.220 0	0.141 8
江苏	0.273 2	0.319 9	0.273 1	0.163 0	0.120 0	0.046 0
浙江	0.250 4	0.220 8	0.192 1	0.299 1	0.246 7	0.245 2
福建	0.598 1	0.656 6	0.490 6	0.458 0	0.406 7	0.544 1
山东	0.382 5	0.438 3	0.360 2	0.400 6	0.383 3	0.371 6
广东	0.420 7	0.486 1	0.478 1	0.428 5	0.350 0	0.436 8
新疆	2.241 6	2.013 9	1.814 0	1.297 5	1.440 0	1.498 1

由于法定传染病发病率指标也属于逆指标，即越小越好。如表 3-28 所示，兵团法定传染病发病率基准值在 2006—2010 年均低于全国平均水平，在除 2009 年外均高于新疆平均水平，在 2007—2011 年均低于东部十省市水平，其基准值由 2006 年的 1.57 逐步增长至 2009 年 2.29 后又急剧下降至 2011 年的 0.74，说明兵团法定传染病发病率相对发展水平在 2006—2009 的呈逐渐下降趋势，后又大幅提升，且在 2011 年超过全国平均水平。兵团法定传染病发病率基准值在所选样本中排名由 2006 年的第十位下降至 2011 年的第十一位，仅高于新疆平均水平。

表 3-28　兵团、新疆及东部十省市法定传染病发病率基准值变化

省区	2006	2007	2008	2009	2010	2011
兵团	1.570 9	1.739 2	2.241 3	2.290 9	1.416 4	0.742 0
北京	1.681 5	1.545 7	1.167 8	1.289 8	1.126 9	0.481 1
天津	1.141 4	1.082 2	0.904 7	0.709 5	0.727 1	0.329 7
河北	0.843 9	0.758 1	0.744 6	0.776 8	0.837 9	0.384 4
辽宁	0.835 3	0.816 5	0.799 0	0.819 1	0.8676	0.495 6
上海	0.889 0	0.810 1	0.839 3	0.839 6	0.777 7	0.354 1
江苏	0.676 0	0.632 9	0.619 4	0.624 8	0.579 0	0.279 0
浙江	1.333 8	1.277 7	1.287 3	1.231 8	1.242 1	0.555 4

（续）

省区	2006	2007	2008	2009	2010	2011
福建	1.025 4	1.098 6	1.187 2	1.214 9	1.226 1	0.585 8
山东	0.485 5	0.455 9	0.461 2	0.439 0	0.429 3	0.227 1
广东	1.117 6	1.194 1	1.255 1	1.328 2	1.372 2	0.662 5
新疆	2.009 2	2.413 9	2.754 3	2.274 9	2.259 4	1.253 7

3.5.4 兵团与沿海发达地区社会保障均等化差异测评

（1）变异系数分析

通过 2006—2011 年兵团、新疆及东部十省市各项社会保障指标变异系数具体分析各项社会保障指标在有无兵团时的变异系数变化情况。如表 3－29 所示，基本养老保险参保率、基本医疗保险参保率、失业保险参保率、工伤保险参保率、生育保险参保率这五个指标包含兵团样本时的变异系数均小于不包含兵团样本时的变异系数，且减小的幅度较小，大多维持在 0.05 的水平；说明这四项指标在增加兵团样本后均等化程度有小幅度提升，即兵团在这四项指标的均等化水平方面与新疆及东部十省市水平较为接近。

表 3－29 兵团、新疆及东部十省市各项社会保障指标变异系数

指　　标	2006	2007	2008	2009	2010	2011
基本养老保险参保率	0.78	0.75	0.72	0.71	0.70	0.74
基本养老保险参保率（去除兵团）	0.84	0.80	0.77	0.75	0.74	0.78
基本医疗保险参保率	0.96	0.90	0.85	0.63	0.65	0.61
基本医疗保险参保率（去除兵团）	1.04	0.97	0.92	0.67	0.68	0.63
失业保险参保率	0.89	0.85	0.82	0.83	0.83	0.82
失业保险参保率（去除兵团）	0.96	0.92	0.88	0.89	0.89	0.88
工伤保险参保率	0.99	0.94	0.88	0.84	0.81	0.76
工伤保险参保率（去除兵团）	1.08	1.01	0.94	0.90	0.86	0.81
生育保险参保率	0.98	0.92	0.85	0.81	0.77	0.70
生育保险参保率（去除兵团）	1.05	0.99	0.90	0.85	0.81	0.74

同时能够发现，基本养老保险参保率、基本医疗保险参保率、失业保险参保率、工伤保险参保率、生育保险参保率这五个指标的变异系数变化趋势不受样本变化而变化，即有无兵团样本并不影响这五项指标的变化趋势。这五项指标的变异系数均随着时间变化而逐年下降，说明这五项指标的均等化程度随着

时间发展而逐年提升，其中提升幅度最大的是基本医疗保险参保率。

（2）基准值分析

由表3-30可知，2006—2011年兵团社会基本养老保险参保率基准值高于全国平均水平和新疆平均水平，位于东部十省市中间水平，但其基准值随着时间变化而逐年下降，由2006年的2.07持续下降至2011年的1.54，且其基准值在所选样本中的排名也由2006年的第四位下降至2011年的第七位，说明兵团社会基本养老保险参保率相对发展水平正逐年下降。

表3-30 兵团、新疆及东部十省市社会基本养老保险参保率基准值变化

省区	2006	2007	2008	2009	2010	2011
兵团	2.072 0	1.957 7	1.845 7	1.733 6	1.651 4	1.541 9
北京	2.640 6	2.627 0	2.593 6	2.518 5	2.609 0	2.561 1
天津	2.138 5	2.028 8	1.942 3	1.852 6	1.732 1	1.606 5
河北	0.759 1	0.751 9	0.748 7	0.740 8	0.716 7	0.694 6
辽宁	2.048 1	1.984 2	1.977 0	1.902 5	1.784 7	1.685 4
上海	3.180 1	2.964 8	2.742 4	2.566 6	2.377 3	2.795 2
江苏	1.344 7	1.361 3	1.369 0	1.366 3	1.347 6	1.336 2
浙江	1.453 7	1.485 6	1.614 2	1.640 7	1.630 2	1.667 2
福建	0.891 2	0.931 7	0.929 0	0.905 7	0.897 6	0.886 7
山东	1.029 4	1.020 7	1.008 7	0.993 9	0.964 6	0.939 1
广东	1.463 2	1.512 5	1.498 8	1.519 6	1.606 2	1.717 0
新疆	1.070 5	1.026 4	0.985 9	0.936 9	0.940 0	0.927 2

如表3-31所示，2006—2011年兵团社会基本医疗保险参保率基准值高于全国和新疆的平均水平，2006—2010年间高于东部十省市中多省市水平，2011年处于东部十省市中等偏下水平；其基准值由2006年的3.52逐年下降至2011年的1.35，并且其基准值在所选样本中的排名也由2006年的第3位下降至2011年的第6位，说明兵团社会基本医疗保险参保率相对发展水平正逐年下降。

表3-31 兵团、新疆及东部十省市社会基本医疗保险参保率基准值变化

省区	2006	2007	2008	2009	2010	2011
兵团	3.521 3	3.130 9	2.919 4	1.530 1	1.457 6	1.349 1
北京	3.546 4	3.425 5	3.266 3	1.937 1	1.907 4	1.900 3

（续）

省区	2006	2007	2008	2009	2010	2011
天津	2.675 3	2.515 1	2.254 1	1.638 2	2.292 1	2.043 2
河北	0.746 1	0.724 7	0.701 8	0.671 5	0.654 1	0.614 0
辽宁	1.876 7	1.855 8	1.861 4	1.451 5	1.456 7	1.376 6
上海	4.353 2	3.897 1	3.635 2	2.381 9	2.241 3	1.929 8
江苏	1.390 7	1.363 1	1.372 7	1.290 0	1.279 8	1.261 2
浙江	1.203 6	1.216 1	1.342 9	1.124 3	1.117 5	1.169 1
福建	0.862 6	0.824 5	0.795 3	1.031 1	1.007 6	0.931 2
山东	0.894 0	0.873 5	0.893 0	0.891 6	0.895 6	0.870 5
广东	1.257 6	1.534 9	1.591 6	1.499 1	1.497 1	1.833 3
新疆	1.368 7	1.243 0	1.173 9	1.162 6	1.121 2	1.063 2

由表 3－32 可知，2006—2011 年兵团社会失业保险参保率基准值高于全国和新疆的平均水平，也高于东部十省市中多数省市水平。其基准值由 2006 年的 2.98 逐年下降至 2011 年的 2.29，其基准值在所选样本中的排名也由 2006 年的第三位上升至 2007—2010 年的第二位，仅次于北京，后又下降至 2011 年的第三位，说明兵团社会失业保险参保率相对发展水平正逐年下降。

图 3－32　兵团、新疆及东部十省市社会失业保险参保率基准值变化

省区	2006	2007	2008	2009	2010	2011
兵团	2.976 9	2.724 5	2.581 6	2.542 7	2.441 3	2.286 7
北京	3.855 2	3.623 7	3.714 9	3.812 7	3.956 3	4.107 4
天津	2.580 0	2.254 0	2.117 4	2.044 2	1.898 8	1.797 1
河北	0.873 6	0.773 6	0.738 2	0.722 7	0.687 6	0.648 2
辽宁	1.840 5	1.642 5	1.545 6	1.511 7	1.436 6	1.357 6
上海	3.105 0	2.702 8	2.560 7	2.485 9	2.421 5	2.422 3
江苏	1.506 6	1.422 9	1.451 9	1.450 1	1.469 8	1.475 2
浙江	1.273 1	1.287 1	1.502 2	1.560 6	1.610 5	1.689 2
福建	1.046 6	0.999 6	0.996 9	0.996 7	1.015 8	1.090 1
山东	1.086 0	0.987 2	0.982 8	0.996 9	0.973 7	0.942 2
广东	1.638 0	1.521 8	1.593 4	1.523 7	1.562 5	1.680 1
新疆	1.282 3	1.156 9	1.129 7	1.127 2	1.114 5	1.108 8

如表 3-33 所示，2006—2011 年兵团社会工伤保险参保率基准值高于全国和新疆平均水平，高于东部十省市中多数省市水平。但其基准值由 2006 年的 2.68 逐年下降至 2011 年的 1.94，其基准值在所选样本中的排名也由 2006 年的第三位，仅次于上海和北京，逐渐下降至 2011 年的第五位，说明兵团社会工伤保险参保率相对发展水平正逐年下降。

表 3-33　兵团、新疆及东部十省市社会工伤保险参保率基准值变化

省区	2006	2007	2008	2009	2010	2011
兵团	2.683 6	2.585 8	2.374 6	2.248 3	2.101 3	1.935 8
北京	3.415 3	3.945 2	3.625 3	3.598 5	3.483 9	3.253 0
天津	2.291 9	2.503 4	2.251 6	2.131 6	1.944 3	1.800 5
河北	0.685 5	0.752 4	0.717 8	0.712 3	0.685 6	0.673 4
辽宁	1.403 3	1.445 3	1.472 5	1.436 0	1.384 5	1.353 4
上海	4.891 8	4.651 5	4.276 4	3.786 0	3.462 7	3.047 3
江苏	1.247 3	1.294 3	1.311 2	1.282 6	1.271 1	1.279 1
浙江	1.399 2	2.111 7	2.331 8	2.260 5	2.247 2	2.245 0
福建	0.855 6	0.885 9	0.916 2	0.926 9	0.938 6	1.017 1
山东	0.817 1	0.863 3	0.884 7	1.007 1	1.048 2	1.008 2
广东	2.325 0	2.375 2	2.241 7	2.154 0	2.112 1	2.064 1
新疆	0.924 6	1.005 7	0.969 6	0.964 0	0.946 6	0.9467

如图 3-43 所示，2006—2011 年兵团社会生育保险参保率基准值高于全国和新疆的平均水平，也高于东部十省市中多数省市水平；但其基准值由 2006 年的 4.71 逐年下降至 2011 年的 2.3，其基准值在所选样本中的排名一直保持在第二位，仅次于北京，说明兵团社会生育保险参保率相对发展水平正逐年下降。

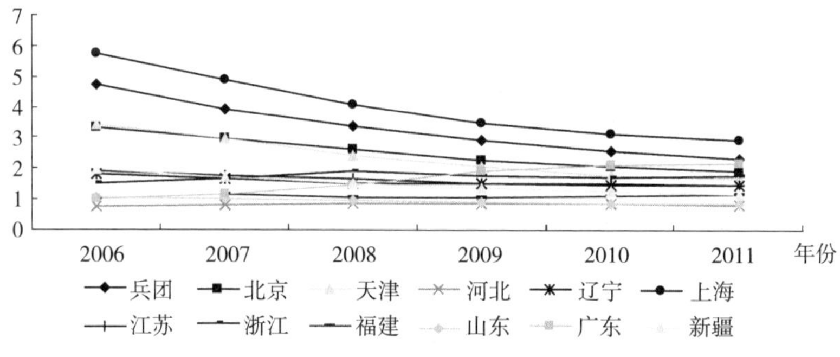

图 3-43　兵团、新疆及东部十省市社会生育保险参保率基准值走势图

3.6 基本公共服务均等化水平及差异测度的主要结论

综上所述，随着社会改革发展及国家基本公共服务均等化进程的推进，兵团、新疆及东部十省市的基本公共服务水平均有所提升，地区间基本公共服务均等化程度得到提升，但相对削弱了兵团原有的基本公共服务优势地位，同时兵团各师间基本公共服务均等化水平也略有下降。其中各师间仅有基础教育服务水平趋向于均等化，这有赖于各师初中阶段义务教育水平发展稳定；公共医疗卫生和社会保障水平均等化程度均有所下降，且各师间公共医疗卫生服务均等化水平波动较大；兵团与新疆及东部十省市基本公共服务均等化水平有所提升，其中在基础教育和社会保障服务方面的均等化程度均随着时间推移而得到提升，相反在公共医疗卫生服务方面均等化程度却略有下降。

通过将2001—2012年12年作为时间维度研究兵团十四个师各项基本公共服务均等化发展水平发现，兵团基本公共服务总体水平不均等程度随着时间的推移而加剧，且自2007年开始不均等化节奏逐年加快，义务教育与社会保障是基本公共服务中的薄弱环节。兵团基本公共服务均等化水平在2001—2006年呈现波动下降，而2006—2010年兵团基本公共服务均等化程度稳定，2010—2012年兵团基本公共服务均等化水平先下降后上升，整体呈现下降趋势。兵团基本公共服务各方面指标的均等化水平均随着时间变化而不断下降，即不均等程度随着时间的推移而加剧。基础教育均等化变异指数在2001—2012年间呈现波动下降趋势，但整体下降幅度不大；公共医疗卫生与社会保障在兵团十四个师间的均等化分布程度随着时间推移而不断下降，其中波动最为剧烈的是公共医疗卫生指标；2001—2012年代表兵团基本公共服务的三项一级指标中均等化程度由高到低排列依次是基础教育、社会保障、公共医疗卫生，其中均等化水平最低的公共医疗卫生均等化变异系数是均等化程度最高的基础教育均等化变异系数的三倍，而均等化处于中间水平的社会保障其均等化变异系数则是均等化程度最高的基础教育均等化变异系数的两倍。

通过对兵团师域基础教育均等化水平及差异的测度发现，兵团义务教育水平的绝对差距和相对差距都呈现下降趋势，其区域差距不断缩小，各师之间的义务教育均等化程度明显提高。2001—2012年间兵团基础教育均等化程度随着时间推移而得到提升，其中初中阶段均等化程度波动上升，而小学阶段均等化程度在近三年出现大幅度下降。引起兵团小学阶段基础教育均等化程度下降的主要因素是每万人拥有小学数、每千人拥有小学专任教师数及小学生均校舍面积三项指标均等化程度的持续下降，制约兵团初中阶段基础教育均等化程度的主要因素是普通初中毛入学率。2001—2012年间兵团基础教育发展相对较好的师主要有第十师、十三师、第九师、第三师和第六师，发展水平落后的师分别是第一师与十二师；其中在小学生师比、千人拥有小学专任教师数、每万人拥有小学数、小学生均校舍面积、小学适龄儿童入学率这五项指标中发展较好的师分别是第一师、第三师、第三师、第八师和第四师，发展水平落后的师分别是第七师、第一师、第五师、建工师和十三师；而在普通初中生师比、千人普通初中专任教师数、每万人拥有普通初中数、普通初中生均校舍建筑面积、普通初中毛入学率这五项指标中发展较好的师分别是第一师、第十师、第九师、十三师和第五师，而发展落后的师分别是第九师、第八师、第七师、建工师和十三师。

从对兵团师域公共卫生医疗均等化水平及差异的测度发现，兵团公共医疗卫生水平绝对差距和相对差距都呈现波动性下降趋势，其区域差异整体上呈现不断缩小的趋势。兵团公共医疗卫生服务均等化程度随着时间变化先降后升、随后下降再上升，而其中均等化程度由高到低排列依次是千人拥有床位数、千人拥有卫生技术人员数和千人拥有医疗机构数，其中千人拥有卫生技术人员数变异系数和千人拥有卫生机构床位数变异系数均随着时间的变化呈现波动上涨趋势，且波动幅度较小；表明兵团在卫生技术人员和卫生机构床位数的人均拥有量上的均等化程度是不断下降的，而对兵团公共医疗卫生变异系数波动影响较大的因素是千人拥有卫生机构数；在千人拥有卫生技术人员数、千人拥有卫生机构床位数、千人拥有卫生机构数三项指标中发展水平较高的师分别是十三师、十三师和第九师，而发展较为落后的师分别是建工师、建工师和第三师。

从对兵团师域社会保障均等化水平及差异的测度发现，兵团社会保障均等化程度随着时间推移而呈现波动下降态势，影响兵团社会保障均等化发展水平的最主要原因是社会保障服务人员在各师间的不均衡分布。在养老保险参保率、基本医疗保险参保率、失业保险参保率、工伤保险参保率、生育保险参保率、每万人社会保障服务人员数六项指标中发展水平较好的师分别是第四师、第二师、第五师、建工师、第五师和第八师，而发展水平较差的师均是第三师，可见第三师是制约兵团社会保障均等化水平的主要因素。

将兵团与新疆及东部十省市作为整体，其均等化程度的提升得益于东部十省市，尤其是北京、上海、广东等地基本公共服务水平的大幅度提升。而兵团原本具有优势的多项基本公共服务相对水平均呈下降趋势；即随着时间发展，兵团基本公共服务相对水平有所下降，且兵团内部各师间基本公共服务不均等程度加大。从基础教育的比较来看，兵团与沿海发达地区相比基础教育差异较大，且主要体现在初中阶段；兵团在千人拥有中小学专任教师数、万人拥有普通中学数和小学毕业升学率四个方面发展水平较为领先，而在万人拥有小学校数、适龄儿童入学率两个方面发展落后；从公共卫生医疗服务的比较来看，兵团在千人卫生技术人员数、千人拥有医疗机构数两方面与东部十省市的差异逐渐减小，而在千人医疗机构床位数、孕产妇死亡率及法定传染病发病率三个方面与东部十省市差距逐渐增大，且兵团在孕产妇死亡率与法定传染病发病率方面严重落后于东部十省市水平；从社会保障的比较来看，兵团与东部十省市在社会保障方面的差距随着时间推移而逐年缩小，其中最为明显的是基本医疗保险参保率，差距缩小的原因可能是兵团各项社会保障相对优势地位的下降。

第四章　兵团基本公共服务供给存在的问题及成因

自2006年国家提出加快推进基本公共服务均等化目标以来，兵团不断加大基本公共服务投入和强化基本公共服务体系建设，兵团基本公共服务总体水平逐年上升，公共服务体系基本实现了广覆盖，取得了较显著成就。但由于新时期经济发展、城镇化建设快速推进改变了人口聚居与居住模式，兵团基本公共服务优势逐渐下降，原有的基本公共服务体系也逐渐被打破，兵团师域内部基本公共服务不均等较兵团与沿海省市相比更为严重，而更高层次的基本公共服务体系受财力所限未能与时俱进，基本公共服务覆盖范围、供给水平、供给结构、供给质量与新阶段和新形势下职工群众不断提升的基本公共服务需求和兵团“两个力争、两个率先”目标相比还存在较大差距，仍存在资金筹措、供给不均等、供求结构失衡、供给机制不健全等诸多问题。

4.1　兵团基本公共服务供给存在的问题

4.1.1　兵团基本公共服务投入资金总量不足

按照一般规律，一个地区基本公共服务发展水平与该地区经济发展水平、人均财政收入和支出规模都呈正相关，兵团基本公共服务发展大体也遵循此规律。兵团“十二五”前两年GDP年均增速17.2%，经济处于快速发展期，囿于产业结构不合理、经济发展质量和效益不高等客观现实因素，兵团上下自身积累少，能用于基本公共服务投入的财力非常有限，造成兵团基本公共服务体系建设总体投入不足。

投入不足使得兵团基本公共服务供给水平整体不高、发展相对滞后。在教育方面，兵团初中、小学的每百人的计算机台数、生均校舍面积、生均图书、生均仪器设备值均低于全国平均水平，职业教育、学前教育发展明显滞后。在公共文体服务方面，至今兵团仍有43个团场及部分连队没有综合文化活动场馆；在流动人员基本公共服务供给方面，由于各师团自身财力有限，仅能保证流动人口基本的公共卫生服务，在子女入学、就医、社会保险等方面保障能力不足。

4.1.2 兵团基本公共服务非均等化呈现加剧趋势

从前文对公共服务供给现状的分析可知，兵团基本公共服务发展不均衡问题仍然突出，师与师、团与团，甚至不同连队之间由于区域位置、自然条件、经济社会发展不平衡等原因致使职工群众享受的公共服务存在较大差异，甚至存在基本公共服务非均等化程度加剧的趋势。

（1）基本公共服务城乡、区域间供给不均等

一是城乡公共服务不均等。兵团现有城市与团场基本公共服务供给水平受行政体制及经济发展水平等因素影响而存在较大差距。比如团场医院与师（市）医院相比，受医院等级、病源、技术提升环境等因素影响，造成卫生技术人员职称结构、仪器设备先进程度、住院条件等差距较大。二是南北疆公共服务不均等。受经济社会发展水平、区位、自然环境及国家和兵团对边境、贫困、少数民族聚居团场政策倾斜等多因素影响，南北疆及不同团场、连队在公共资源配置、基本公共服务供给能力、居民享有的公共服务数量与质量方面基本公共服务均等化程度各不相同。三是各师之间公共服务不均等。各师的基本公共服务水平随着时间推移师域内部及总体均呈现出优化态势，但由于区域环境、经济结构及发展程度不同，各师在各项基本公共服务发展上呈现不均等。比如在基本医疗卫生方面，2012 年兵团各师医疗机构每千人拥有的卫生技术人员数、医疗机构床位数及医疗卫生机构数最好的师分别是十三师（13 人）、十三师（11 张）和九师（0.7 个），最差的师分别是建工师（3 人）、建工师（2 张）和四师（0.3 个），最好的师是最差师的三倍左右；基本养老保险方面，由于兵团级养老保险统筹层次低，基金调剂能力和调控能力不强，各师之间养老保险负担不均衡，区域差别较大。

（2）基本公共服务供给的数量、质量不均等

受经济发展水平、供给成本、人员工资待遇水平等因素影响，兵团基本公共服务供给数量、质量存在较大差距。如基本养老服务供给方面，目前是以居家养老为主、机构养老为辅。近年来虽然加大了投入力度，每千名老年人拥有床位数由 2009 年的 5.5 张提升到 2012 年的 10.4 张，但与全国平均 20 张和“十二五”末全国平均每千名老年人拥有床位数 30 张的目标相比仍相距甚远，无法满足兵团人口老龄化趋势催生的庞大养老服务需求。在基本医疗卫生方面，兵团基层医疗卫生机构尤其缺乏为群众提供基本医疗和预防保健知识的全科医师，疾控、卫生监督专业人才也严重不足。此外，社区医疗卫生、学前教育、公共文化体育、少数民族团场双语教学师资等方面都存在数量和质量上的不足。在公共教育方面，教师学历层次不高，高水平教师短缺，其中研究生学历的初中专任教师只占0.1%，低于全国0.4%的平均水平，也低于西北各省2008年的水平。

4.1.3 基本公共服务供求矛盾突出、供给结构失衡

第一，在当前快速城镇化、团场经营体制改革的关键时期，职工群众生产生活方式不断发生转变、收入水平持续提升、健康意识快速觉醒，对基本公共服务的需求不断提升，但现有供给水平无法满足公众需求。比如兵团基本养老服务，由于供给存在服务设施落后、养老服务专业化水平低、兵团养老机构和服务床位严重不足、养老服务机构布局不合理、功能单一、服务水平低等问题，目前兵团养老仍主要以家庭养老为主，远远无法满足兵团人口老龄化趋势下膨胀的养老服务需求。

第二，快速城镇化所需配套的基本公共服务体系建设相对滞后。比如社区卫生医疗、子女学前教育、公共文化娱乐等方面，少数民族团场双语教学师资不足，这些基本公共服务供给数量和质量上都存在较大缺口，该问题边境贫困团场和南疆三地州地区更加突出；在就业培训服务方面，市场就业服务管理体系不健全，职业技术教育供给相对不足，存在就业培训针对性不强、供非所需等问题，造成了供求结构错位，出现兵团企业“招工难”和团场季节性剩余劳动力“就业难”并存的两难境地。

第三，公共服务软硬件配置失衡，容易造成公共资源利用率低和资源浪费。兵团基本公共服务体系中，虽然软硬件供给都存在不足问题，但专业技术人员等软件更是严重匮乏，比如大部分团场医院、学校技术职称人才不足，导致部分设备利用率低。大部分团场虽然接受捐赠拥有了部分先进仪器设备，但由于人才匮乏，出现无人会用、分析检验结果无人会看的情况。

第四，流动人口基本公共服务供给方面存在盲点和空白。大部分团场由于自身财力有限，无法保证流动人口的基本公共服务，主要表现在子女教育、就医、社会保险等方面。为了提升团场吸引力，实现人才集聚、产业集聚，有必要谋划好为流动人口及子女提供基本的公共服务。

4.1.4 基本公共服务供给机制不健全

第一，兵团基本公共服务投资渠道相对较为单一，主要是政府供给。供给资金主要来源于中央政府与基层的团场，由于中央政府供给资金中专项资金较多并且下拨相对滞后，容易出现资金使用缺乏灵活性和效率低下。而基层团场的供给主体会因为自身财力不同、领导对基本公共服务重视程度不同、供给主体供给效率以及所处地区自然环境和社会稳定程度不同，导致各团场基本公共

服务供给存在较大差距。2013 年，兵团国有科研机构科技经费筹集总额为 3 221万元，其中政府资金为 3 083 万元，占总额的 95.71%；企业资金为 32 万元，占总额的 0.99%；事业单位基金为 106 万元，占总额的 3.3%；全国科技经费筹集总额中，政府资金、企业资金、金融机构金占总额比重分别为 24.3%，59.4%，7.5%；兵团科技资金投入中，政府资金投入所占比例比全国高 70 个百分点，企业投入所占比重比全国低 58 个百分点。

第二，缺乏基本公共服务的考核机制。由于团场正处于城镇化发展的关键时期，师、团有限的财力更多地投入到增加经济总量和收入方面，公共服务投入相对不足，由于缺少对基本公共服务的考核机制，以牺牲供给基本公共服务为代价来发展经济是目前团场普遍的选择，导致团场实现基本公共服务均等化缺少刚性约束力、动力不足。

第三，公共服务供给的激励机制与保障机制不健全。团场公共服务供给体制改革严重滞后，尚未建立对各类公共服务机构的分类财务保障机制。以团场医院为例，由于人才匮乏、病源较少、不能自负盈亏，除需要中央给予专项资金支持和基本工资支持外，还需要依托团场对医院日常运行费用、专项配套、员工福利和绩效津贴等进行补助，这种依附关系导致医院缺失财务管理自主权和人员管理决策权。

4.1.5 基本公共服务人才短缺、流失严重

第一，兵团尤其是南疆基层公共服务技术人才总量不足，结构失衡。兵团基层医疗机构尤其缺乏为群众提供基本医疗和预防保健知识的全科医师，疾控、卫生监督专业人才严重不足，导致医疗服务水平整体较低，职工群众看病经常要到地方县市医院或者自治区医院，造成去大医院“看病难、看病成本高”等问题。兵团“双语”师资匮乏成为阻碍“双语”教学推进的瓶颈，缺少“双语”教师培训经费与培训基地建设，顶岗教师费用没有财政保障渠道，学前“双语”教师培训工作尚未开展，导致“双语”工作滞后，“双语”教学覆盖率低，难以满足少数民族职工子女接受“双语”教育的需要。又比如兵团多数师养老服务机构服务人员较少，且没有受过专业的培训，很难给老人提供专业的多层次养老服务，影响了机构养老服务水平的提升。

第二，优秀技术人才分布不均，导致公共服务水平不均等。兵团基本公共卫生医疗服务普遍存在优秀卫生医疗人才短缺的问题，但兵团团场尤其是边境团场、少数民族聚居团场、贫困团场等基层卫生医疗单位高层次卫生医疗人才在质量和数量上更是严重匮乏。目前兵、师、团三级医疗卫生机构本科以上学历人员仅分别占同级人员的 39%、28%和 6%，与全国平均水平 32%相比师

团医院的学历职称结构差距较大。在基础教育方面，教师的学历层次不高，高水平教师短缺；普通初中专任教师中，本科学历的专任教师占到52.04%，而专科学历的专任教师占到了45.17%，研究生学历的专任教师只占0.13，远落后于全国及北京、上海等地的平均水平。

第三，兵团扶持政策滞后于新疆维吾尔自治区，人才流失严重。2008年自治区对包括各级医院、学校等提供基本公共服务的事业单位职工工资实施较大幅度的提升，而同期兵团系统内医院、学校等单位工资没有调整，2010年才大幅调整工资与地方同级单位持平，由于兵地工资调整未实现同步，相差近两年时间，导致兵团团场医院、学校优秀的技术职称医师、教师流失问题严重，严重削弱了兵团团场等基层单位的基本公共服务供给能力。南疆地区除以上因素外，不稳定的社会环境、待遇低、恶劣的自然环境、引人留人的优惠政策缺少吸引力，都是造成人才匮乏、流失严重的重要原因。此外，由于团场等基层医疗卫生工作人员没有住房公积金，医院就医人数、服务的范围及所在团场的经济发展水平导致基层医疗机构技术人才绩效工资偏低，自身技术水平无法发挥，部分具有一定技术水平的外科医生由于缺乏病源及能配套的医师、护士、麻醉师等，导致长久无法实施高质量手术，最终造成临床技术水平退化、自身价值难以实现等心理落差，导致优秀人才引进难、作用发挥难、人才流失严重。

4.2 兵团基本公共服务不均等的形成原因

4.2.1 自然环境差异与历史遗留问题

一是独特的战略布局和自然环境因素。由于兵团特殊的性质、地位和作用，按照中央的战略部署和“不与民争利”原则，兵团下辖师团点状分布在全疆16个地州、市区域内，绝大多数团场处于“风头水尾”和高寒地区，分布在沿2000余千米边境线和两大沙漠边缘，这些地区地理环境复杂特殊、生态环境脆弱，自然灾害频发，与内地等省份相比兵团基本公共服务供给成本偏高，不能简单用人均指标对基本公共服务投入来进行衡量。

二是独特的人文环境因素。部分师团少数民族群众较多，由于语言、文化、风俗习惯、宗教信仰、社会心理等不同，造成基本公共服务供给困难较多、情况复杂，供给成本较高，也导致不同人群间享受的基本公共服务存在差异。

三是社会环境是否稳定，对引进和稳定高素质人才影响较大。同样条件下北疆地区比南疆地区更能够吸引人才、“拴心留人”，为了留住优秀人才，南疆要提供比北疆和内地更优越的待遇条件，造成同样投入条件下产出较少，造成基本公共服务供给成本高。

4.2.2 经济发展不均衡导致供给能力存在区域差异

兵团经济水平落后于全国平均发展水平和发达地区是导致兵团基本公共服务供给水平较落后的主要原因。各区域的基本公共服务发展水平与该地区经济发展水平、人均财政收入都呈正相关关系；基本公共服务水平需要与当地经济社会发展水平和公共财政承受能力相适应，才能体现和实现公共服务的均等化。在兵团经济发展历程中，第一产业比重长期位居首位，并且部分年份第一产业占比50%以上，由于农业属于弱质性产业、季节性强、附加值不高，导致兵团经济发展水平长期落后于全国平均水平，占自治区经济总量的比重也不断下滑；近年来兵团工业取得了较快发展，并且产业比重超过了第一产业，但仍存在高耗能产业居多、科技创新型产业较少、环境污染严重、可持续性差等弊端。从2011年数据来看，兵团人均GDP 29 752元低于全国人均GDP 29 992元；正是由于兵团经济在全国范围内发展滞后，导致基本公共服务投入水平较低，与全国基本公共服务水平存在较大差距。

兵团不同区域、各师团基本公共服务发展不均衡，最主要原因也在于经济发展水平不均衡导致的财政支出能力差异。经济发展水平相对滞后的师团，由于收入规模较小，加上国家补贴资金，大部分仍属于“吃饭财政”，无力提升基本公共服务水平，因此只能维持较低水平供给基本公共服务；较低的基本公共服务水平无法为招商引资提供良好的投资环境，与基本公共服务水平相对较高的发达地区相比，招商引资就处于劣势地位，出现富者愈富、穷者愈穷的“马太效应”，导致不同区域、师团间基本公共服务水平差距不断扩大。加上当前兵团基层财政比较困难，区域差距较大，但肩负的基本公共服务职责相同，造成财力不足的师团供给基本公共服务的能力自然就不足。因此，兵团需要不断壮大综合实力，确保兵团自身公共服务能力和均等化水平达到相对较高的水平，才能更好地履行兵团“屯垦戍边”和“屯垦戍城”的历史使命与职责。

4.2.3 基本公共服务供给体制与机制改革相对滞后

第一，自上而下的公共服务供给决策机制运行效率不高。供给导向的兵团公共服务供给难以满足职工对优质服务的实际需要，居民对基本公共服务的真实、实际需求和评价没有得到充分表达、传达和反馈到决策部门，导致兵团居民公共服务供给的参与度较低，部分公共服务供给供非所求、供给效率较低。

第二，供给体制的市场化改革滞后，供给主体相对单一。由于兵团党政军企合一的特殊属性，兵团处于行政机构与企事业单位的中间阶段，属性应归于社会范畴，但其组织框架、经费管理又使其类似于政府的执行机构，兵团及各师部从事基本公共服务的筹资、生产、管理及监督的人员仍然由兵团及师部党委聘用和提供，尴尬的属性造成兵团基本公共服务供给主体比较单一。同时，长期以来市场机制发育滞后、非公有制经济发展相对缓慢，主要由国家和兵、师、团单一垂直官方渠道供给基本公共服务，未能充分发挥市场、第三方供给主体以及社会组织和社区的积极性供给基本公共服务，造成社会力量参与公共服务供给的意识不强、热情不高、活力不足，供给主体中市场主体和第三方主体缺失，城市基本公共服务供给的市场主体提供的公共服务范围较窄——主要为私人幼儿园、私人诊所和非公立医院、劳动技能培训和劳动输出、文化娱乐场所等。

第三，基本公共服务供给机制缺乏统一性。基本公共服务涉及的内容广泛、主管部门较多，项目审批、资金拨付、运行管理缺乏系统性、统一性和协调性，各部门、各级供给主体责权利不对等，监管不到位，运行效率有待提升。

第四，兵地之间基本公共服务体系缺乏有效衔接与资源共享。由于新疆维吾尔自治区在各地州的地方财政及基本公共服务项目资金没有对兵团单位放开，出现自治区和兵团基本公共服务供给与管理处于两套相对封闭的系统，相互衔接不够，在部分地区基层单位基础教育、基本公共卫生医疗、社会保险、就业培训等基本公共服务资源无法共享，造成资源浪费和人民群众享受服务的成本增加。

4.2.4 兵团税收征管权缺失导致供给财力较弱

第一，历次财税制度改革造成兵团公共服务的财权与事权严重不匹配。1994年的分税制财政体制改革强化了中央财政收入和自主权，财政、财权上移的同时事权并未同步上移，基层收入减少的同时仍需要供给不变甚至增多的公共服务的事权，导致很多公共服务不到位、投入不足。2006年国家实施农业税费减免后，团场等基层提供公共服务的压力更大；加上中央投资附加条件多、额度小，在拨付资金中专项转移支付比重较大，大多需要提供配套资金，这对没有财政税收权力、财政自给能力弱的兵团而言，公共服务基础能力建设压力较大、负担较重。

第二，税收征管权缺失导致兵团公共服务供给能力严重不足。一个充分保障财力作用发挥的完善的公共财政体制是兵团实现基本公共服务均等化的关键。兵团是中央一级预算单位，有财政缴拨款关系，基本没有税收征管权（除已建城市外），自主权缺失造成兵团财政资金过度依赖于国家的财政支持，自有财力不足。对于尚未建市或建制镇的师团，由于没有税收收入，其经济来源主要依靠团场经营地及团场企业，资金力量相当薄弱，制约了当地基本公共服务的供给。

第三，国家拨款为主的财政投入特点，减弱了兵团长期保持的基本公共服务优势。由于兵团特有的财务体制使得国家财政资金成为当前兵团实现基本公共服务均等化的主要来源。在国家推行政府职能转变及提出基本公共服务均等化之前，各地方政府均把注意力集中在经济建设方面，享受国家直接拨款的兵团在基本公共服务方面较国内其他地区相比具有较大优势，尤其是社会保障服务，团场职工享受着“从出生到坟墓”的一系列基本公共服务。但随着国家推行政府职能转变及提出基本公共服务均等化，各地区纷纷加大基本公共服务投入力度，展开各种基本公共服务项目，这时仍然依靠国家拨款的兵团由于财政自主权缺失、财务资金运用过程缺乏灵活机动，导致兵团在基本公共服务建设方面的优势逐渐不明朗、乃至弱化。

第四，转移支付制度不健全制约了兵团公共服务供给能力的提升。转移支付制度是实现基本公共服务均等化、有效调节收入再分配的重要手段，其中一般性转移支付是最具有均衡各师部财力作用的转移支付形式。但从当前财政情况看，国家对于兵团的转移支付还不够规模，结构也不够合理，一般性转移支付比重仍然过低，专项转移支付占据次要地位，缺乏灵活机动的专项转移支付对于缺失税收来源的兵团来说，实现基本公共服务均等化障碍重重。

4.2.5 兵团基本公共服务的供给成本较高

受兵团独特的战略布局与自然人文环境影响，兵团公共服务供给成本偏高主要有以下表现：

一是团场点多、面广、线长、分散，大部分团场人口规模较小，推高了供给成本。现有175个团场中，2万人以上的团场仅占13%，不足1万人的团场却占40%；绝大多数团场距城市较远，团场与团场、团连之间间距较长、交通不便；而在推进基本公共服务均等化进程中，不论团场人口多少，都必须建设一套相对完整的基本公共服务体系，但是依据兵团团场的特殊战略布局和人口状况，要实现基本公共服务广覆盖，势必造成部分团场基本公共服务体系建设成本高，使用效率偏低，推高了公共服务的供给成本。

二是多民族差异化的需求和非均质化的服务导致公共服务供给成本偏高。兵团有58个边境团场，37个少数民族团场，97个国家及兵团级贫困团场等困难团场，自然环境恶劣、人文环境独特、发展环境狭窄，阻碍和限制了基本公共服务体系的建设。近几年，兵团从战略层面加大对边境、贫困和少数民族聚居团场基本公共服务体系建设投入力度，客观上缩小了这些团场与其他团场公共服务差距，但由于公共服务建设水平与团场经济发展水平不适应、不协调，公共服务体系后期运行管理压力大，也带来了较高的供给成本。

4.2.6 师部及团场基层管理者的社会服务职能较弱

基本公共服务均等化实现的关键在基层，师部及团场管理者弱化的社会服务职能不仅影响了基本公共服务供给效率的提升，也制约了兵团基本公共服务均等化水平的提高。

一方面，各师在公共服务目标与经济发展目标中往往首选后者。兵团是党政军企合一的特殊组织，兵团及师部党委兼职当地地方政府的职责，即各师部肩负着其所在帅域基本公共服务最直接的责任；但同时兵团及各师部承担着当地经济发展重任，由于国家政绩考核的弊端，加之促进经济发展的项目多有周期短、见效快且能直观的促进当地 GDP 增长的特点，而基本公共服务则多是周期长、见效慢，对当地 GDP 的增长促进作用多为隐性，故兵团与各师部往往将经济发展责任作为首要职责，忽视公共服务型政府的改革目标。同时，在当前正在试点推进的团场体制改革和由“屯垦戍边”向“屯城（镇）戍边”理念转换背景下，快速城镇化迫切需要各层管理者由侧重经济管理向社会管理转变，及时转变管理理念和自身功能定位，调整知识架构，在新时期更好发挥建设大军、中流砥柱、铜墙铁壁“三大作用”。

另一方面，目前团场等基层组织从管理生产经营向管理社会、提供优质的基本公共服务转变较为滞后。由于兵团大部分城镇管理者长期工作在农业生产一线，在生产管理方面经验丰富，而对于经营城镇和供给基本公共服务来说是新事物、相对陌生，团场基层管理者的社会服务职能较弱，主要体现在以下方面：一是团场现有基本公共服务体系与城镇建设不匹配。在兵团加快由“屯垦戍边”向“建城戍边”转变过程中，重点解决职工“上楼”问题，围绕保障房建设，团场将有限的财力用于城镇基础设施配套，团场城镇基本公共服务体系建设与城镇保障性住房建设速度不同步，团场城镇除医院、学校基本满足公共需求外，幼儿园、城镇配套的水、电、路、气、绿化、亮化、垃圾及污水处理、社区服务、养老、就业、文化体育设施等功能均亟待配套完善；但由于团场能用于公共服务的财力有限，出现“半城镇化”状态。二是兵团基本公共服务体系建设、基本公共服务能力与兵团肩负的“屯垦戍边”历史使命不匹配。例如，边境团场和少数民族团场的公共安全服务能力还较低，服务体系还不完善；在公共服务的人才方面，团场基本公共服务部门编制普遍不足，“一套人马多块牌子”问题比较突出，导致人少事多、工作量大，公共服务效率和质量亟待提高。

第五章　兵团基本公共服务需求优先序调查

5.1　调查方法和样本分布情况

5.1.1　优先序分析方法

国内学者从农户需求视角运用问卷调查法判断基本公共服务优先序主要归为三类：第一类为频数法，即受访农户根据其需求急迫程度或重要性依次选出三项或五项，根据各选项不同位次频数总和大小判断（王宾，2008）；第二类为加权频数法（也分总分法或均值法），与第一类方法不同之处在于判断时为不同序次选项赋予不同的权重或分值，根据各选项加权总分大小来判断优先序（廖清成，2006），也有学者将加权频数转换为加权选择频率（孙翠清、林万龙，2011）、优先指数（周连第，2007）来判断优先序；第三类为加权频数＋聚类分析法，由于各选项不同位次上出现频数不同，可通过聚类分析弥补难以对其进行有效排序的不足（孔祥智等，2006），也可运用最优先选项次数余额无权重转移法对以上方法进行改进（孔祥智等，2007）。以上三种方法以及得出的结论都具有一定的合理性和现实指导性，但也存在不足，主要表现在频数法忽视了农户对各不同位次基本公共服务效用评价存在差异的现实，依次对所有选项进行排序可能更优于仅选出前三项或前五项，并且以上三种方法即使研究同一对象也可能得出不同结论；为得出能相互佐证、具有共性的、更符合兵团居民真实需求优先序，本文将综合运用首选决定法、加权频数法以及系统聚类分析法，利用 SPSS17.0 软件对调查数据进行统计和聚类分析。

5.1.2　调查样本及区域分布

在参考国家“基本公共服务体系‘十二五’规划”及国内大多数学者研究成果的基础上，结合兵团实际情况设计了兵团基本公共服务优先序的指标体系，综合考量问卷设计的简易度和实地调研的难易度，将指标进行了调整并最终确定为包括义务教育、基础设施、公共医疗卫生、社会保障、公共安全、民族团结、就业服务、环境保护、科技服务、文化娱乐、行政服务在内的 11 项指标。

2013 年 1—2 月，通过组织、培训石河子大学经管学院新疆兵团籍本科生，在寒假期间利用“熟人社会”优势对兵团生源地居民基本公共服务满意度及优先序进行非随机抽样问卷调查；2013年6月、7月课题组两次赴南疆进行调研；调研问卷区域涵盖南北疆各师，覆盖兵团十三个师（除建工师外）的66个团场和北屯市，样本对兵团公共服务优先序代表性相对较高。参加本次问卷调研的居民包括5个民族，绝大多数是汉族居民，比重为96.2%，另外还有2.4%的回族、0.7%的维族、0.3%的哈族及0.3%的土家族。参加调研的居民年龄跨度较大，从19岁至74岁，平均年龄40岁，其中19～25岁占14.1%、26～55岁占84.5%、56～74岁占1.4%；性别比例较为均衡，其中男性占58.9%；居民2012年年收入在5 000～360 000元呈正态分布，平均收入为56 260.63元，其中3万元及以下人口数占30.1%，3万～5万元人口数占33.6%，5万～10万元人口数占29.8%，10万元以上人口占6.5%；问卷将居民受教育程度分为五个等级，分别是小学及其以下、初中、高中或中专技校、大专、本科及其以上；被调研居民平均受教育程度为高中或中专技校，其中小学及其以下程度人口占比16.4%，初中程度人口比重为31.8%，高中或中专技校程度人口数占18.5%，大专程度人口数占14%，本科及其以上程度人口数占19.2%；被调研居民家庭平均人口为4.06人，平均老人人口数0.83人，平均子女为1.45人。

调研共发放问卷300份，回收有效问卷264份，问卷回收有效率88%（兵团各师问卷所覆盖情况如表5-1所示），表明公共服务优先序样本具有相对较高代表性。问卷收集后，将数据输入电脑，采用Excel和SPSS17.0两种格式存储数据并进行统计分析；运用频数法排序容易出现由于各选项在不同位次上出现的频数不同而无法有效排序的情况，通过聚类分析可弥补不足，故本文选取频数分析与聚类分析相结合的研究方法。

表5-1　兵团基本公共服务的优先序调查问卷区域分布

师	问卷小计	团场分布
第一师	58份	1团5份，2团5份，5团4份，6团3份，8团2份，9团2份，10团9份，13团8份，14团7份，15团7份，16团6份
第二师	12份	22团5份，23团5份，24团1份，团场未具名1份
第三师	23份	45团1份，49团13份，52团7份，团场未具名2份
第四师	12份	61团1份，64团5份，66团5份，73团1份
第五师	19份	81团3份，83团7份，89团5份，90团4份
第六师	40份	101团12份，102团2份，103团2份，105团2份，共青1份，六运湖6份，芳草湖15份
第七师	21份	123团3份，128团1份，129团3份，130团11份，131团3份

（续）

师	问卷小计	团场分布
第八师	15 份	134 团 2 份，141 团 1 份，143 团 3 份，145 团 1 份。149 团 1 份，150 团 1 份，152 团 2 份，197 团 1 份，团场未具名 3 份
第九师	14 份	132 团 1 份，166 团 6 份，168 团 1 份，团场未具名 6 份
第十师	10 份	187 团 2 份，北屯市 8 份。
第十二师	19 份	104 团 1 份，五一 4 份，头屯河 4 份，三坪 2 份，西山 8 份
第十三师	14 份	柳树泉 6 份，红星四场 1 份，火箭 7 份
第十四师	7 份	224 团 7 份

5.2 兵团居民基本公共服务需求优先序的整体分析

调查问卷要求农户根据真实需求的急迫程度对 11 项基本公共服务内容依次做出优先序选择，最急迫选 1，其次为 2，依次类推，急迫程度最低选 11。本文将分别从不同区域、收入水平、文化程度等多方面对兵团居民公共产品需求优先序进行全面深入分析。

为从整体上找出兵团居民基本公共服务需求优先序，本文先对整体受访居民需求信息进行分析。根据首选决定法确定的兵团公共服务优先序：义务教育＞社会保障＞基本医疗卫生＞公共安全＞劳动就业服务＞城镇基础设施＞民族团结＞环境保护＞文化体育＞科技服务＞行政服务。根据加权频数法确定的兵团公共服务优先序：社会保障＞义务教育＞基本医疗卫生＞公共安全＞城镇基础设施＞环境保护＞民族团结＞劳动就业服务＞行政服务＞科技服务＞文化体育。

结合以上分析结果，为了对 11 项基本公共服务进行排序，运用聚类分析的方法，即根据各项基本公共服务在空间中的距离大小进行排序。参考图 5－1 的聚类分析的系统分析结果，可将兵团基本公共服务优先序分为四层，第一层为义务教育、社会保障、基本医疗卫生、公共安全；第二层为就业服务、基础设施、民族团结；第三层为环境保护、文化娱乐；第四层为科技服务、行政服务。

从兵团居民自身的视角，在提供的 11 项基本公共服务中按照重要性选出最重要的 5 项，各项基本公共服务在不同的位次上出现的次数如表 5－2 所示：按照重要性高低排序，在第一位至第五位上分别出现次数最多的是义务教育、社会保障、公共卫生医疗、基础设施、公共安全，依次出现 65 次、62 次、54 次、42 次、49 次。

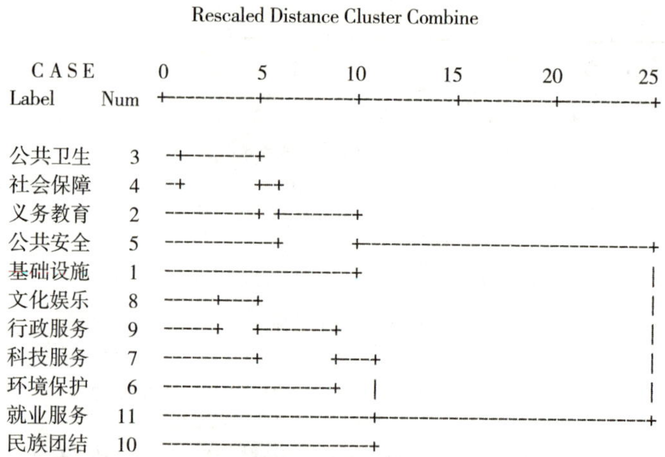

图 5-1　兵团居民基本公共服务需求聚类分析树状图

表 5-2　兵团受访居民对基本公共服务需求重要性排序

公共服务	第一	第二	第三	第四	第五
基础设施	51	29	38	42	26
义务教育	65	52	44	39	33
公共卫生医疗	44	55	54	42	27
社会保障	48	62	48	36	41
公共安全	32	37	35	41	49
环境保护	9	12	21	12	27
科技服务	7	8	10	18	17
文化娱乐	5	6	7	11	20
行政服务	2	8	12	14	18
民族团结	23	17	13	13	19
就业服务	15	12	10	23	17

将聚类分析结果结合表 5-2 这 11 项基本公共服务在不同位次出现的频数，按照从第一位到第五位余额进行无权重依次转移的方式进行调整①，可得到如下结果（表 5-3）：

① 具体方法：一项公共产品第 1 位上比另一项公共产品多余的次数无权重转移到第 2 次上，然后第 2 次上出现的次数加上第 1 位上转移过来的多余次数减去另一项公共产品在第 2 次上出现的次数，其差额然后顺序地转移到第 3 位上，如果到最后第 5 位上比另一项公共产品出现的次数依然多，那么这一项公共产品就严格地比另一项公共产品重要。如果在余项的顺序转移中出现了负数，将根据在 5 个位次上出现的次数进行综合的考虑，并适当地结合 5∶4∶3∶2∶1 加权的方法进行相应的排序。

表 5-3　兵团居民公共服务需求优先序

排名	1	2	3	4	5	6	7	8	9	10	11
项目	义务教育	社会保障	公共卫生	公共安全	基础设施	民族团结	就业服务	环境保护	科技服务	行政服务	文化娱乐

5.3　南北疆兵团居民基本公共服务需求优先序

新疆地域广阔、地貌差异较大，兵团呈点状分布于新疆境内；兵团不同地域居民生产生活方式不同，对公共服务的需求也会各异。本文将新疆以天山为界划分为南北疆，位于天山以南的师部归为南疆，天山以北师部列入北疆，另根据新疆“十二五”规划中关于“天山北坡经济带”的界定将位于哈密地区的第十三师划入北疆样本；综合运用首选决定法、频数法与聚类分析法相结合分别对南北疆居民基本公共服务需求优先序进行深入分析。

（1）南疆地区兵团居民基本公共服务需求优先序

对于南疆兵团公共服务，根据首选决定法确定的南疆公共服务优先序结果为：义务教育>基本医疗卫生>城镇基础设施>社会保障>公共安全>民族团结>就业服务>科技服务>文化体育>行政服务>环境保护。

根据加权频数法确定的南疆公共服务优先序：基本医疗卫生>义务教育>社会保障>城镇基础设施>公共安全>环境保护>劳动就业服务>行政服务>科技服务>民族团结>文化体育。

根据图 5-2 中聚类分析结果，综合以上分析可将兵团南疆居民公共服务

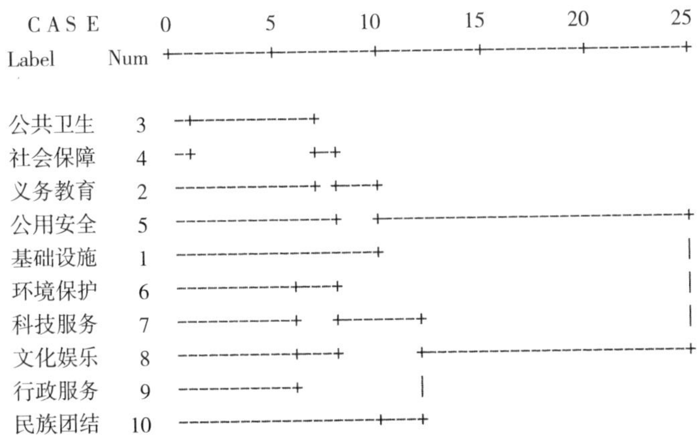

图 5-2　南疆居民基本公共服务需求聚类分析树状图

优先序分为四层：第一层基本医疗卫生、义务教育、社会保障、劳动就业服务、公共安全；第二层城镇基础设施、民族团结；第三层环境保护、科技服务；第四层文化体育、行政服务。

（2）北疆地区兵团居民基本公共服务需求优先序

对于兵团北疆居民基本公共服务需求优先序（表 5-4），根据首选决定法确定的公共服务优先序为：义务教育>社会保障>公共安全>基本医疗卫生>民族团结>城镇基础设施>就业服务>环境保护>科技服务>文化体育>行政服务。

表 5-4　南北疆兵团居民公共服务需求优先序

排名	1	2	3	4	5	6	7	8	9	10	11
南疆	义务教育	公共卫生	基础设施	社会保障	公共安全	民族团结	科技服务	环境保护	就业服务	文化娱乐	行政服务
北疆	社会保障	义务教育	公共卫生	公共安全	基础设施	民族团结	就业服务	环境保护	行政服务	科技服务	文化娱乐

根据加权频数法确定的兵团公共服务优先序为：社会保障>义务教育>基本医疗卫生>公共安全>城镇基础设施>环境保护>民族团结>就业服务>科技服务>行政服务>文化体育。

结合以上两种分析结果，根据图 5-3 中聚类分析结果，兵团北疆居民公

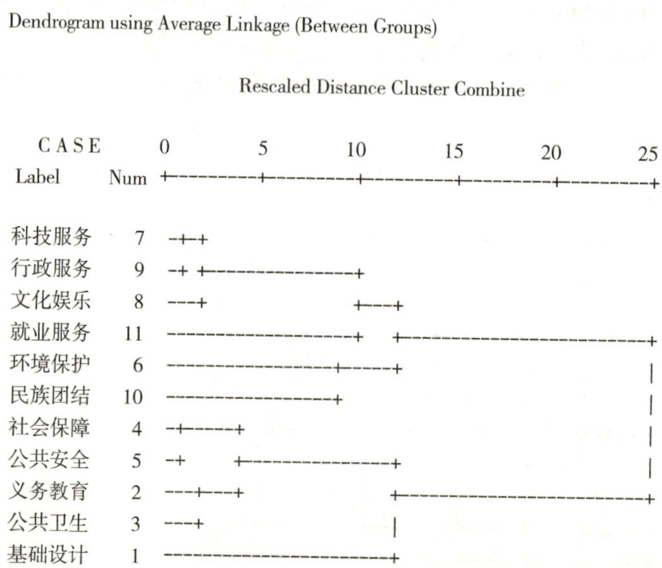

图 5-3　北疆居民基本公共服务需求聚类分析树状图

共服务优先序可分为四层：第一层社会保障、义务教育、基本医疗卫生、公共安全；第二层城镇基础设施、环境保护、民族团结；第三层劳动就业服务、文化体育；第四层科技服务、行政服务。

通过对比发现，南北疆兵团居民将民族团结和环境保护放在同样重要的位置上，同时对义务教育、公共医疗卫生、公共安全三者的需求优先序存在共识，需求偏好依次降低。不同的是，南疆居民对义务教育和基本医疗卫生的需求非常强烈，且对基础设施的需求大于对社会保障和公共安全的需求，而北疆居民认为社会保障是目前最需要的，义务教育次之，对公共安全比对基础设施更为需要。北疆居民对于就业服务和行政服务的需求均强于南疆居民，而与北疆居民相比，南疆居民对科技服务的需求十分强烈。

5.4 贫困团场与非贫困团场居民基本公共服务需求优先序

居民生活环境的不同导致其对不同基本公共服务的需求程度也会存在差异。依据兵团 2013 年最新公布的兵团贫困团场名单，将被调研的 66 个团场划分为贫困团场和非贫困团场进行深入对比分析，运用频数法与聚类分析法相结合的方法得到结果如下：

(1) 贫困团场居民基本公共服务需求优先序

对于兵团贫困团场的公共服务，根据首选决定法确定的公共服务优先序：基本医疗卫生＞社会保障＞义务教育＞公共安全＞环境保护＞劳动就业服务＞城镇基础设施＞民族团结＞科技服务＞行政服务＞文化体育。

根据加权频数法确定的兵团贫困团场公共服务优先序：基本医疗卫生＞社会保障＞公共安全＞义务教育＞城镇基础设施＞环境保护＞劳动就业服务＞科技服务＞民族团结＞行政服务＞文化体育。

根据图 5-4 中聚类分析结果，兵团贫困团场公共服务优先序可划分为四层：第一层基本医疗卫生、社会保障、公共安全、义务教育；第二层基础设施、环境保护、劳动就业服务；第三层民族团结、科技服务；第四层行政服务、文化体育。

(2) 非贫困团场居民基本公共服务需求优先序

对于兵团非贫困团场公共服务，根据首选决定法确定了公共服务优先序：义务教育＞城镇基础设施＞社会保障＞基本医疗卫生＞公共安全＞民族团结＞劳动就业服务＞文化体育＞科技服务＞行政服务＞环境保护。

根据加权频数法确定的非贫困团场公共服务优先序：义务教育＞社会保障＞基本医疗卫生＞公共安全＞城镇基础设施＞民族团结＞环境保护＞劳动就

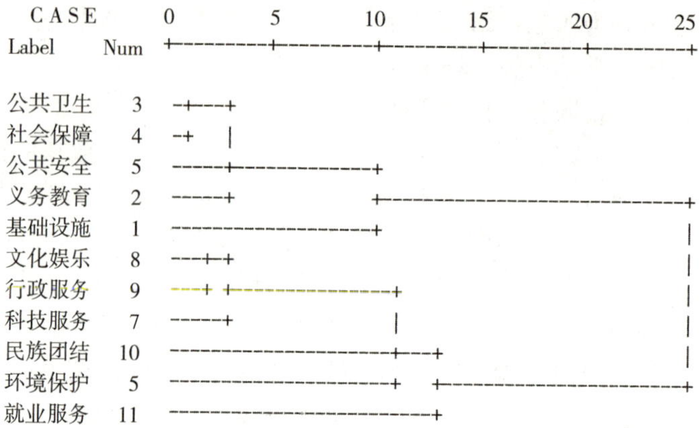

图 5-4　贫困团场居民基本公共服务需求聚类分析树状图

业服务＞行政服务＞科技服务＞文化体育。

通过聚类分析非贫困团场居民基本公共服务按需求不同划分为四个层次，具体如下：第一层，义务教育、社会保障、公共卫生医疗、公共安全；第二层城镇基础设施、民族团结；第三层劳动就业服务、环境保护；第四层文化体育、科技服务、行政服务（图 5-5）。

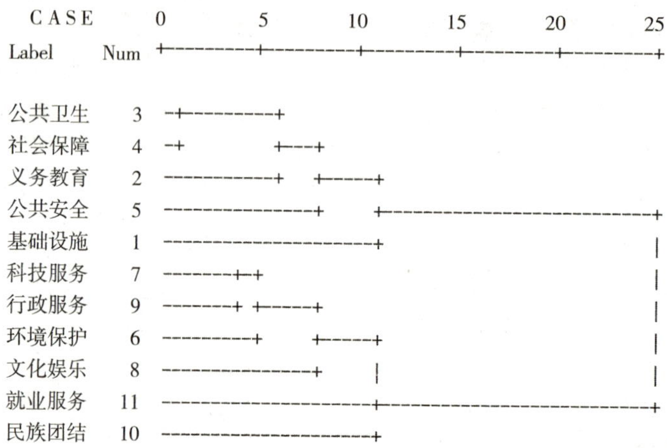

图 5-5　非贫困团场居民基本公共服务需求聚类分析树状图

以兵团非贫困团场作为参照，公共服务优先序第一层服务内容贫困团场与非贫困团场相同，次序略有变动，贫困团场基本医疗卫生、社会保障排序在第一层中更为靠前，非贫困团场义务教育位列第一层首位；贫困团场环境保护、劳动就业服务、公共安全服务排序较为靠前，分别为优先序的第一层与第二层，而非贫困团场位列第三层，体现出贫困团场受制于自然环境承载力的约束更大，对环境保护需求更强烈；贫困团场大部分是边境团场和少数民族聚居团场，边境团场是承担兵团履行“屯垦戍边”历史使命的前沿阵地，少数民族聚居团场大多位于南疆，反对“三股势力”任务较重，对公共安全服务需求更强烈。

表 5-5　贫困团场与非贫困团场居民公共服务需求优先序

排名	1	2	3	4	5	6	7	8	9	10	11
贫困团场	社会保障	公共卫生	公共安全	义务教育	基础设施	环境保护	就业服务	民族团结	科技服务	行政服务	文化娱乐
非贫困团场	义务教育	社会保障	公共卫生	基础设施	公共安全	民族团结	就业服务	环境保护	科技服务	文化娱乐	行政服务

通过表 5-5 对比分析可知，兵团非贫困团场与贫困团场的居民对于就业服务和科技服务的需求是等同的，对于行政服务和文化娱乐的需求也较为类似；不同的是贫困团场居民首先对提供生活保障和安全保障的公共服务，如社会保障、公共卫生和公共安全，存在强烈的需求，其次对于环境保护的需求也较非贫困团场居民靠前，而非贫困团场居民对义务教育的需求最为强烈，另外对于基础设施和民族团结的需求也比贫困团场居民强烈一些。

5.5　不同收入人群基本公共服务需求优先序

经济基础决定上层建筑，收入层次的高低影响了居民对于公共服务需求的高低。根据调研问卷数据结果，将被调研居民按照 2012 年年收入不同划分三个等级，分别是 3 万元及其以下（低）、3 万～5 万元（中等）、5 万元以上（高），对不同收入水平人群公共服务需求优先序进行深入研究。

3 万元及其以下。通过聚类分析将问卷提供的基本公共服务按需求不同划分为四个层次，具体如下：第一层，义务教育、公共卫生医疗、社会保障、公共安全；第二层，基础设施；第三层，就业服务；第四层，民族团结、环境保护、行政服务、科技服务、文化娱乐。

3 万～5 万元。通过聚类分析将问卷提供的基本公共服务按需求不同划分为五个层次，具体如下：第一层，公共卫生医疗、社会保障、义务教育、公共安全；第二层，基础设施；第三层，民族团结；第四层，科技服务、环境保护、就业服务；第五层，行政服务、文化娱乐。

5 万元以上。通过聚类分析将问卷提供的基本公共服务按需求不同划分为六个层次，具体如下：第一层，义务教育、社会保障、公共卫生医疗、公共安全；第二层，基础设施；第三层，环境保护；第四层，就业服务；第五层，民族团结；第六层，文化娱乐、行政服务、科技服务。

表 5-6　不同收入人群公共服务需求优先序

排名	1	2	3	4	5	6	7	8	9	10	11
3万元及其以下	义务教育	公共卫生	社会保障	基础设施	公共安全	民族团结	就业服务	环境保护	行政服务	科技服务	文化娱乐
3万～5万元	公共卫生	社会保障	义务教育	公共安全	基础设施	民族团结	科技服务	环境保护	就业服务	行政服务	文化娱乐
5万元以上	义务教育	基础设施	社会保障	公共卫生	公共安全	环境保护	就业服务	民族团结	文化娱乐	行政服务	科技服务

如表 5-6 所示，低收入人群与高收入人群均将义务教育排在首位，对社会保障、公用安全、就业服务三项公共服务需求也相对一致，而低收入人群与中等收入人群在民族团结和环境保护方面的需求相对一致；不同的是高收入人群对于基础设施和环境保护的需求更为强烈，对文化娱乐的需求也相对较高一些；中等收入人群对公共医疗卫生的需求最为强烈，对科技服务的需求也较其他两个人群高一些。

5.6　不同教育程度人群公共服务需求优先序

不同教育程度居民由于价值观差异，对基本公共服务的需求偏好也会有所不同。问卷将被调研居民接受教育程度划分为五个等级，分别是小学及其以下、初中、高中或中专技校、大专、本科及其以上，通过频数法与聚类分析相结合的方法对不同受教育程度人群基本公共服务需求优先序进行深入分析，具体分析结果如下：

小学及其以下。通过聚类分析将问卷提供的基本公共服务按需求不同划分为六个层次，具体如下：第一层，社会保障、公共医疗卫生、义务教育；第二层，公共安全；第三层，基础设施；第四层，民族团结、环境保护；第五层，就业服务；第六层，科技服务、行政服务、文化服务。

初中。通过聚类分析将问卷提供的基本公共服务按需求不同划分为五个层次，具体如下：第一层，义务教育、公共卫生医疗、社会保障、公共安全；第二层，基础设施；第三层，民族团结；第四层，就业服务；第五层，环境保护、科技服务、行政服务、文化娱乐。

高中或中专技校。通过聚类分析将问卷提供的基本公共服务按需求不同划分为五个层次，具体如下：第一层，义务教育；第二层，基础设施、社会保障、公共卫生医疗、公共安全；第三层，就业服务；第四层，环境保护；第五层，民族团结、科技服务、行政服务、文化娱乐。

大专。通过聚类分析将问卷提供的基本公共服务按需求不同划分为六个层次，具体如下：第一层，社会保障、基础设施、公共医疗卫生、义务教育、公共安全；第二层，民族团结；第三层，环境保护；第四层，就业服务；第五层，科技服务、行政服务；第六层，文化娱乐。

本科及其以上。通过聚类分析将问卷提供的基本公共服务按需求不同划分为五个层次，具体如下：第一层，基础设施、社会保障、义务教育、公共卫生医疗、公共安全；第二层，就业服务；第三层，民族团结；第四层，环境保护；第五层，文化娱乐、科技服务、行政服务。

结合频数法将不同教育程度人群对11类公共服务需求程度排序如表5-7：

表5-7　不同教育程度人群公共服务需求优先序

排名	1	2	3	4	5	6	7	8	9	10	11
小学及其以下	社会保障	公共卫生	义务教育	公共安全	基础设施	民族团结	环境保护	科技服务	行政服务	就业服务	文化娱乐
初中	义务教育	公共卫生	社会保障	基础设施	公共安全	民族团结	就业服务	环境保护	科技服务	行政服务	文化娱乐
高中或中专技校	基础设施	义务教育	社会保障	公共卫生	公共安全	就业服务	民族团结	环境保护	科技服务	行政服务	文化娱乐
大专	社会保障	基础设施	公共卫生	义务教育	公共安全	民族团结	环境保护	就业服务	科技服务	行政服务	文化娱乐
本科及其以上	基础设施	社会保障	义务教育	公共卫生	公共安全	就业服务	民族团结	环境保护	文化娱乐	科技服务	行政服务

如表5-7所示，教育程度在初中及其以下水平的居民首先需要的基本公共服务均是社会保障、公共医疗卫生和义务教育，不同的是初中程度居民将义务教育排在需求首位，而小学及其以下程度居民将社会保障排在首位；教育程度在初中以上水平的居民对于基础设施的需求程度较高，均排在前两位；不同教育程度的人群对于民族团结和环境保护的需求程度较为接近，均排在6～8位；相比其他教育程度居民均将公共安全排在第5位，小学及其以下水平居民对公共安全需求更为强烈一些，处于第4位；除本科及其以上程度居民将行政服务排在末位外，其他教育程度居民均将文化娱乐排在最后一位。

5.7　兵团基本公共服务优先序研究的主要结论

将上文研究结果汇总，能够明显地得出以下结论：

（1）兵团基本公共服务体系相对薄弱环节和“短板”主要为城镇基础设施、劳动就业服务、文化体育、社会保险服务。

（2）不同人群对基础设施、义务教育、公共卫生医疗、社会保障、公共安全这5项的需求均远大于其对环境保护、科技服务、文化娱乐、行政服务、民族团结、就业服务的需求，其中义务教育和社会保障需求最为强烈，行政服务和文化娱乐需求最弱。

（3）区域、社会环境、收入水平及文化程度等因素对居民“迫切需求”的公共服务优先序选择影响较大，即对基础设施、义务教育、公共卫生医疗、社会保障、公共安全的选择影响大于另6项。

（4）南疆较北疆而言，基本医疗卫生、劳动就业服务、民族团结相对薄弱，更需要基础设施服务与科技服务；北疆居民对于社会保障、就业服务及行政服务的需求远大于南疆居民。

（5）贫困团场较非贫困团场，环境保护、劳动就业、公共安全服务相对薄弱；贫困团场对于公共安全和环境保护的需求较非贫困团场相比更为急迫，而非贫困团场对于义务教育和民族团结的需求远超过贫困团场。

（6）以中等收入为标准，则另外两个人群对义务教育和就业服务的需求均高于中等收入人群，此外高等收入人群对基础设施和环境保护的需求也较强烈。

（7）以高中或中专教育水平为基准，则小学及以下和初中程度居民对公共医疗卫生的需求较强，大专程度居民对社会保障服务需求较为强烈，本科及以上程度居民更偏好基础设施服务。

第六章　兵团基本公共服务均等化实现路径选择

路径的选择要因地制宜。兵团作为党政军企合一的特殊体制区域，存在着自然环境差异大、历史遗留问题严重、经济发展不平衡、行政职能转换慢、财政体制缺失等问题，而兵团基本公共服务也存在着供求矛盾突出、供给结构失衡、人才短缺且流失严重、基本公共服务体制不完善等问题。为缩小兵团与沿海发达地区的基本公共服务差距，推进兵团区域内实现均等化及推进各阶层居民间实现大致均等的目标，结合前文分析结果，兵团基本公共服务均等化实现路径选择如下：顶层设计的重点——扩大有效供给；供给体制改革的方向——优化公共服务体系；公共服务供给的目标——均衡、共享、普惠；公共服务均等化的实现保障——制度与政策创新。

6.1　顶层设计的重点——扩大有效供给

加强和创新兵团基本公共服务体系建设，按照“政府主导，社会参与；突出重点，稳步推进；整合资源，合理布局；注重公平，促进均衡”的原则，以城镇基础设施、劳动就业服务、文化体育、社会保险服务体系建设等为重点，进一步加大财政投入力度，扩大社会参与面，创新供给模式，优化供给结构，切实改善和提升民生水平，为兵团居民正常生产生活构建一道坚实的安全网，力争成为实现“两个率先、两个力争”目标的重要保障。

6.1.1　强化兵团及师部的公共服务管理职能

南疆三地州自 2014 年起取消 GDP 考核机制，将政府精力从发展硬环境建设中解放出来，重点解决民生问题、打造软环境，这是兵团党委实现政府职能转变的大跨步。基本公共服务均等化要求政府部门强化社会管理职能和公共服务职能，消除对 GDP 的盲目崇拜和追求，以满足社会公共需要、提供基本公共服务为执政目标。戴维·奥斯本和特德·盖布勒认为：政府的职责是掌舵而不是划桨，直接提供服务就是划桨，可政府并不擅长划桨；“掌舵”就是政府做出关于公共服务的决策和制度，“划桨”就是政府的一些执行活动，提供基本的公共服务就是政府的“划桨”功能。然而在市场经济条件下，政府不可能面面俱到，一个既要负责“掌舵”又要亲身“划桨”的政府必定疲惫、效率低下，政府有限的能力分散化导致其难以保证基本公共服务的质量和效率，进而要求政府由“全能政府”向“有限政府”转变。兵团党委也不例外，应认清自身定位的前提下健全职责体系，加快推进政企分开、政资分开、政事分开、政府与市场中介组织分开，强化社会管理和公共服务职能；调整和规范兵团各级党委管理的事项，深化行政审批制度改革，着力解决机构重叠、职责交叉、政出多门问题；积极推动各级党委职能转型，加快建设公共服务型党委，增强各师部的社会发展自觉性，对社会需要的基本公共服务项目积极介入，不能有意无意空位、缺位或越位；严格规范各级党委在各项基本公共服务领域中的责任，明确管理范围和负面工作清单，提高兵团及各师部团部的基本公共服务供给能力。依据不同区域居民对于基本公共服务的需求偏好供给高质量、结构合理、数量满足实际需要的公共服务。

6.1.2 增强兵团供给公共服务的财务保障能力

财政既体现政府职能、承载政府职能，也规制政府职能。当前，随着各级政府的职能逐步由行政管理型转向公共服务型，财政职能也逐步由建设型转向公共财政，而公共财政最基本的定位就是提供满足社会公共需要的公共产品，推进基本公共服务均等化。

一是合理界定兵团各级事权和支出责任，创新成本分摊形式。①各级政府间财权和事权要明确分工，既不缺位也不越位、错位，并在各自职责范围内相互协作，有利于加强公共服务供给和促进城乡的协调发展。基本公共服务体系构成的层次性决定了兵团各级职责与事权存在差异，兵团各级在加快基本公共服务体系建设中应切实担当起相应的供给责任，使之尽可能与兵团各级公共服务“分层负责化”的事权相适应，避免相关事权继续下放；按照法律规定、收益范围、成本效率、基层优先的原则，合理界定兵团与师团的基本公共服务事权和支出责任；在中央财政转移支付的基础上建立由市（镇）各级政府（或各师团）分类别、按比例合理负担、财力与事权相匹配的公共服务供给体制。按照国家统一制度框架，兵团主要负责兵团层面基本公共服务标准确定、地方政策法规制定、涉及各师团事权的基本公共服务提供与财力保障以及师团基本公共服务进行监督、考核和问责，各师团具体负责本地基本公共服务的供给以及基本公共服务机构的监管。②合理分配财权、事权，适度将事权上移、财权集中，实行权责利对等，加强标准化、制度化建设，逐步增加兵师在基本公共服务领域的事权和支出责任。强化兵团在教育、就业、社会保障、医疗卫生、计划生育、住房、文化体育等领域基本公共服务的支出责任统筹能力，同时注重发挥师级财政对本师团的财政均衡作用，调整完善激励型财政机制，推进师域间财政能力均等化；健全对困难团场的财政帮扶政策，有效保障基层基本公共服务投入；进一步加强财政体制改革，推进兵团财务体制向财政体制转变，改善财政管理方式；推进团场财政管理体制改革，优化团场事权财力配置。

二是坚持基本公共服务水平与兵团经济社会发展水平相适应的原则，建立基本公共服务财政支出增长长效机制，切实增强各级财政供给基本公共服务的保障能力。兵师两级和团场的基本公共服务投入要保持与经济社会发展总体水平和兵师与团场财力的增长相适应，加快推进兵团财务体制向财政体制转变，尽快建立民生财政的运行机制和模式，建立基本公共服务财政支出增长长效机制，为基本公共服务供给提供财力支撑；财政政策与财政支出结构要以提供公共服务为主，严格控制一般性支出增长，确保有限的政府性资金用在最需要、最急迫、最有效的领域和环节，将有限的财力更多地用到社会事业发展的“短板”上；推进“收入一个笼子、预算一个盘子、支出一个口子”公共财政管理改革，优化财政支出结构，完善财政支出标准体系，确保兵团财政三分之二以上用于民生，团场每年新增财力的60%以上用于基本公共服务体系建设；争取中央财政扶持和加大对兵团一般性转移支付力度和比重，针对基本住房保障服务、劳动就业服务、社会保险服务、基本社会服务、公共文化体育服务等兵团公共服务相对薄弱环节要实施倾斜支持。

三是通过转变财政投入的方式和结构来调节公共服务供给的空间布局和结构，促进公共服务资源的区域均等化配置。兵团贫困地区多以农业作为重要支柱产业，而农业自身的资本积累和投资能力有限，为推进均衡发展需要实行公共服务财力倾斜政策，加强对贫困地区公共服务的财力支持。综合考虑当前发展短板与兵团居民实际需求，科学界定财政支出范围和财政分配优先次序，在继续加强兵团基本公共服务体系建设中“硬件”条件建设的基础上，加大“软件”投入的力度和比重，提高公共资源的配置效率；积极调整财政（务）支出结构和完善财政（务）制度，将公共资金更多地投向南疆困难团场、边境团场、贫困团场和少数民族聚居团场等经济相对落后的师团，通过财政（务）投入倾斜促进公共服务资源的区域均等化配置，均衡兵团各师与各团场的基本公共服务水平；同时，进一步加快建制市镇的建设步伐，增强基层财政对基本公共服务的财力保障能力；加大推进“石河子模式”，争取多设兵团建制市（镇），按照区域基本公共服务均等化的要求，逐步提高市级财政在省以下财力分配中的比重，逐步提高团场（建制镇）基本财力保障水平，加大对边境团场、贫困团场与民族团场的财政扶持力度。

6.1.3 公共服务供给由行政主导向需求主导转变

发达国家的公共服务均等化政策和实现机制较好地平衡了供给和需求导向。公共服务均等化是体现以人为本和弥补公共品供给市场失灵的重要制度安排，即需要通过制度设计来推动和保障公共服务均等化供给目标的实现。这既包括了“自上而下”的政策设计或主动供给模式，也包括了公民个人、社会团体等“自下而上”的需求导向模式，只有将两种机制结合起来实现政府转向与公民参与的良好互动，才能实现公共财政的目标，促进公共服务资源的优化配置。

一方面，健全自下而上的公众需求表达机制。首先，应建立基本公共服务需求调查制度。建立入户调查统计制度框架，充分了解兵团居民对各项基本公共服务的需求程度及优先序，合理确定不同时期、不同区域的基本公共服务、准基本公共服务与非基本公共服务的供给范围，作为制定基本公共服务均等化路线图的依据；其次，进一步完善基本公共服务供给决策机制，尊重基层民主和职工群众真实需求，提高职工群众的参与度和享受服务的选择权与灵活性，形成“由上到下”、“由下到上”上下结合的决策机制；最后，建立定期的基本公共服务需求满意度调查机制，了解居民对各项基本公共服务的满意程度。必要时由统计部门或委托机构对居民在某一领域、某一方面基本公共服务的特殊需要和突出要求进行专项调查。

另一方面，重视兵团居民对公共服务的满意度反馈，健全公共服务的受众评价机制。公共财政和社会资金是政府正确处理与市场、社会的关系以及追求社会公平正义、执行和体现民意的承载形式，其精神内核蕴含着由公众满意度来落实政府的引导功能以及服务者的角色定位。供给路径强调充分尊重社会成员的自由选择权和需求偏好的表达权，政府寻求与市场、社会的优化合作路径，即基本公共服务的供方和需方是均等化过程的两个方面，其实现要考虑政府的供给能力和服务能力，也要考虑社会成员的需求偏好和满意度。公众的需求表达渠道、与公众利益直接相关的指标以及公众对社会风气、社会体制等相关指标的满意程度是政府落实基本公共服务国家标准过程中应首要关注的因素，居民满意度也是评价兵团及各师部供给的基本公共服务是否有效的重要指标，因此需要以居民对基本公共服务满意度和需求优先序作为供给基本公共服务的重要依据。结合定期入户调查和专项调查，对公共服务设施建设项目及后续投入建立质量与效果跟踪测评制度，充分反映群众的要求、意见和建议。由市场主体实施、政府给予相应补贴的项目，须经有关部门和群众检查验收、满意后，政府才能给予资金支持。

6.2 供给体制改革的方向——优化公共服务体系

6.2.1 构建兵团全方位、立体化的基本公共服务体系

兵团基本公共服务体系指以兵团党委为主导、以提供基本而有保障的、基于基本人权的基本公共服务组成的完整体系。建立兵团基本公共服务体系，推动兵团基本公共服务均等化是服务型兵团党委的重要职责，也是构建社会主义和谐兵团的内在要求。

一方面，应充分发挥兵团各级在公共服务体系建设中的主导作用。兵团不仅有责任提供公共服务，而且有责任保证居民公平地分享公共服务。鉴于兵团各师、团自然条件、经济发展水平、资源禀赋等不尽相同，提供给居民的公共服务存在差异，需要通过制定相关保障制度和规划为公共服务一体化、均衡供给夯实制度基础；各级行政部门在充分发挥主导作用的同时恪守公平公正理念，改变现有的公共资源分配格局，向欠发达的区域倾斜分配公共资源，实现不同区域公共服务水平的均衡化发展。

另一方面，建立全方位、立体化的兵团基本公共服务体系。根据兵团经济社会发展阶段，兵团基本公共服务体系框架大致包括基础教育，公共医疗卫生、社会保障、公共文化、劳动就业、公共安全等。紧密结合兵团当前发展实际，按照“服务主体多元化、服务行为社会化、服务形式多样化”的思路，迫切需要建立“社会化”和“公益化”导向的“成本低廉、运作高效、覆盖广泛”的兵团基本公共服务体系，具体包括：健全基础教育服务体系，让更多的人接受良好教育；健全公共医疗卫生服务体系，让兵团居民享有安全、有效、方便、价廉的基本公共医疗卫生服务；健全就业服务体系，让有劳动能力和就业愿望的人实现充分就业；健全公共文化服务体系，享受丰富多彩的文化生活；健全社会保障体系，让低收入阶层居民享有基本生活保障；健全公共安全体系，使兵团社会环境更加安全有序。

6.2.2 突破兵团基本公共服务体系的短板和瓶颈

兵团基本公共服务体系建设需要遵循由小及大、从低到高、先易后难的规律渐次推进。以基本公共服务薄弱环节为突破口，加强劳动就业服务、社会保险服务、城镇基础设施、文化体育等基本公共服务的短板、瓶颈和薄弱环节的建设、投入和扶持，在短期内完善和健全困难团场等薄弱地区的基本公共服务体系，解决兵团基本公共服务层次低、区域发展不均衡等问题，缩小基层、重点区域、师域、团场之间的基本公共服务差距，遏制和扭转基本公共服务不均

等的趋势。

一是加强特殊区域基本公共服务体系建设。要站在兵团履行“屯垦戍边”历史使命的高度，在建设边境团场和少数民族聚居团场基本公共服务体系过程中，统筹加强公共安全、民族团结等公共服务体系建设。进一步加大公共资源向基层倾斜力度，预算内投资优先投向基层的基本公共服务项目，财务经费要保障基层基本公共服务机构正常运转和开展服务；推进团场基本公共服务制度衔接，加大少数民族聚居团场、边境团场和贫困团场的基本公共服务支持力度和公共资源配置的倾斜力度，用足、用好国家和兵团的扶贫资金、各省市对口援疆资金等，尽快使困难团场、民族聚居团场的基本公共服务上台阶、上水平。

二是缩小师域间基本公共服务差距。加强各师间的公共服务规划范围、建设标准的基本一致和制度与规则对接，鼓励经济发展较好师通过资金支持、定向援助、对口支援等各种形式支持欠发达与落后师的基本公共服务发展，并形成长效机制推进各师基本公共服务的统筹能力，保持兵团区域间基本公共服务均等化方向，促进各师基本公共服务均衡、协调、可持续发展。

三是缩小南北疆基本公共服务差距。北疆应侧重社会保障和环境保护工作，南疆更应加强基本医疗卫生、基础教育、社会保障、城镇基础设施、民族团结和就业服务（少数民族聚居团场尤为重要）；加强南疆师团公共服务的连片开发，积极采用投入倾斜、政策支持等形式，引导社会资金向南疆师团投入，尽快缩小南北疆基本公共服务差距。

四是缩小城市、垦区中心城镇和周边一般团场城镇等重点区域的基本公共服务差距。加强城镇基本公共服务基础能力建设，尽快完善城市功能和基本公共服务配套，师（市）在编制规划和制定年度预算时应确保基本公共服务布局空间和支出比重，逐步建立师（市）级基本公共服务财力保障与稳步增长机制；依托团场城镇社会管理，加强中心连队居住区社区建设，推进城镇公共服务设施向城镇及中心连队延伸覆盖，推行团镇合一、连社合一等公共服务管理模式创新，实施团连一体化管理；以体制改革团场为试点，逐步启动实施兵师团城乡统筹的基本公共服务资源配置、建设标准和制度安排，以服务半径、服务人口为基本依据，打破城乡界限，统筹空间布局。

五是以对口援疆为契机，加强基本社会服务人才培养和引进。兵团各级要将公共服务人才队伍的培养、引进放在履行“屯垦戍边”历史使命的大背景下，在现有政策基础上制定更优惠的人才政策，发挥兵团人才“蓄水池”、“中转站”的作用，快速提高人才数量和质量，为加快兵团基本公共服务体系建设作好人才保障；积极建立援疆教师、医生“传、帮、带”的本地基本社会服务人员培训机制，提升基本养老、残疾人的护理及文化服务能力；建立对口支援省份基本社会服务基层管理单位与团场社区联系制度，围绕社区基本社会服务建设建立对口支援考核指标体系，促进团场社区的基本社会服务管理人才培养。

6.2.3 促进兵团公共服务供给的多元化与市场化

在供给基本公共服务的过程中，既要发挥政府的主导作用，又要重视社会互助和提高个人参与的积极性，才能形成政府、社会及个人权利与义务相均衡的协作机制。政府可以和社会组织或者私人部门进行合作，形成基本公共服务供给合作伙伴，通过引入竞争机制拓宽基本公共服务的供给渠道，提升基本公共服务的供给质量与水平；充分发挥社区和社会组织在基本公共服务供给中的作用，建设追求社会福利最大化的自治社区，促进当地基本公共服务质量水平与结构优化。

一是适度降低市场准入标准，实现供给主体多元化。促进形成多中心的治理机制和多元化的供给体系，进而形成社会整体合力，有助于提高公共服务的供给总量与效率。积极推进公共服务的社会化参与，积极推进兵团公共服务的社会化发展进程，推动兵团供给体制与供给主体的多元化和市场化。有些公立服务机构难以满足居民多层次的服务需求，而囿于人、财、物等资源限制，民间公共服务机构无法与公立服务机构平等竞争；因此需要制定长远系统规划，建立公平的市场准入机制，营造民间公共服务机构良好的制度环境，鼓励扶持社会第三方服务机构的发展，是政府促进基本公共服务供给主体多元化、改善公共服务质量的责任和理性选择。

二是通过改革与创新实现供给资金来源渠道的多元化。确保多元化的财政支持与资金渠道，充分发挥扶持资金的导向和杠杆作用，引导企业、个人等多种社会主体投资公共服务；充分发挥财政资金的导向、吸附、杠杆和膨化功能，没有建制市（镇）的地区通过补贴与价格，建制市地区通过税收、财政等政策引导企业、个人等多种社会主体投资公共服务。

三是实现多元化的联合供给。根据公共服务的不同属性与不同层次，通过合同外包、特许经营等方式与事业单位、社会非营利机构建立平等的公共服务购买关系，提高公共服务领域的竞争性；比如兵团在一些公共设施项目建造时，通过明晰产权、实行税收优惠减免政策，运用公私合营、民间承包经营、BOT（build-operate-transfer）等方式向市场转让全部或者部分经营权，形成公私合作方式，以分解兵团和各师部投资经营的负担与风险；推进融资机制创新，鼓励私人资本、民间资本、外国资本等主体积极供给团场、连队公共服务，发展社区公益事业，利用市场融资、债券和捐赠等形式吸引资金，逐步建立多元化的公共服务供给体系。

四是加快社区公共服务体系建设。逐步形成以社区公共服务为基础，社区公共服务机构分工协作、城区公共服务机制互动的城市公共服务新体系，建立社区公共服务经费保障机制，提高社区公共服务机构的装备水平；建立健全城市社区公共服务体系，构建新型城市公共服务网络；坚持社区公共服务机构的公益性质，充分发挥社区公共服务的健康保障作用；加强社会公共服务队伍建设，提高社区公共服务的监督管理水平。

6.3 公共服务供给的目标——均衡、共享、普惠

6.3.1 建立兵团基本公共服务资源共享机制

一方面，建立兵团级综合协调机制，加强兵师两级之间和师团之间的沟通协调，强化兵团职能部门和相关部门与建制市（镇）、团场之间的磋商协调，加强兵地基本公共服务衔接与资源共享机制构建，保持基本公共服务范围和标准在各区域间基本一致，促进投资、产业、土地等政策围绕区域基本公共服务均等化形成合力，加强师、团推进区域内基本公共服务均等化的统筹职能，强化促进师与师、团与团、城镇与城镇基本公共服务协作、资源共享、制度对接；巩固扩展“对口援疆”和结对帮扶工程，加快建立南北疆、贫困团场、边境团场与民族团场之间的区域协调互动发展机制。

另一方面，坚持走兵团“三化”道路，力争提前实现“两个率先、两个力争”的奋斗目标。兵团应紧紧抓住大有作为的重要战略机遇期，加快构建完善的基本公共服务体系，继续以城镇化为载体、新型工业化为支撑、农业现代化为基础、信息化贯穿其中的发展格局，并以安居保障房建设为重点、惠民“十件实事”为抓手、转变生产生活方式为目的，集中力量、集中资源、集中建设，进一步提高基本公共服务均等化程度，坚持民生优先、就业为本、安居为要、富民便民为重；谋民生之利，多解民生之忧，在“学有所教、劳有所得、病有所医、老有所养、住有所居”上持续取得新进展，努力为居民提供更好的教育、更稳定的工作、更满意的收入、更可靠的社会保障、更高水平的医疗卫生服务、更舒适的居住条件、更优美的环境，为更好地履行“屯垦戍边”使命、实现兵团跨越式发展和长治久安奠定坚实基础。

6.3.2 构建一体化的兵团居民社会保障安全网

通过构建一体化的居民社会保障安全网，消除在二元社会结构中基本公共

服务获取的差异性，使城乡居民享受的基本公共服务具有可及性和方便性。鉴于兵团地域广阔、民族众多、南北疆经济水平差异大的实际，比较可行的思路是在实现“三化”过程中逐步建立和完善社会保障制度：在经济相对发达的北疆地区着手设立相对规范的保障体系，先形成全覆盖、低水平的养老、医疗保障体系，解决基本养老、医疗保障问题；在经济相对落后的南疆地区应加大扶贫力度，在保障贫困职工基本生存权利的同时逐步健全医疗保险、养老保险和农业保险制度，然后逐步建立起南北疆统一、全面的社会保障制度，不断提升南北疆社会保障的水平和范围，通过完善一体化的养老保险制度、医疗保险制度、就业保障制度、大病救助制度、最低生活保障制度等制度体系将各族职工庇护在养老、医疗等社会保障安全网之中。此外，由于低收入和贫困群体有较高的基本公共服务需要，但受服务网络延伸有限、支付能力不足、基本公共服务利用率较低等因素影响，导致针对低收入和贫困群体基本公共服务的可及性与方便性相对不足，尤其在灾难性事件出现以后容易因病致贫或者因灾致贫。基本公共服务的可获得性和方便性是国家基本标准得以落实的重要衡量因素，可通过全面建立涵盖低收入和贫困群体、以基层居民为重点的兵团基本公共服务网络平台实现这一目标。

6.3.3 促进特殊人群与弱势群体基本公共服务均等化

根据人人公平享有基本公共服务的原则，优化制度设计、破除制度壁垒，逐步缩小群体间基本公共服务的待遇差距。①切实保障残疾人基本公共服务权益。按照平等、参与、共享原则健全残疾人社会保障体系和服务体系，加强经济困难家庭残疾人、重度残疾人、农村残疾人的经济保障和生活照护，实现有需求的残疾人普遍享受基本生活保障、基本医疗卫生康复服务、安全住房和义务教育、职业培训与服务，较广泛地参与适宜的社区活动。②加强妇女儿童、老年人等群体的基本公共服务。加强生育保障、职业安全保障，通过改进乡规民约切实保障妇女儿童的合法权益，促进社会性别平等；加强对未成年人尤其是对孤儿、困境儿童、留守儿童和残疾儿童的保护与关爱；加强对老年人、低收入群体、刑释解教人员的公共服务，促进社会和谐发展。③进一步加强流动人口的基本公共服务。着力解决以农民工为重点的流动人口基本公共服务问题，结合户籍制度和土地制度等改革，逐步将基本公共服务领域各项法律法规和政策与户口性质相剥离，保障符合条件的外来人口与本地居民平等享有基本公共服务。

6.3.4 以社区建设为载体整合社会公共服务资源

兵团社区居委会服务与管理居民已占到兵团总人口的84%，社区逐渐成为基本公共服务的主要载体。首先，建立兵团民政局、残联等部门与地方相关部门的协调机制，运用柔性化的组织形式促进养老服务设施、社会福利和残疾人服务基础设施的共建共享；通过制定标准、签订服务协议的形式明确相关部门责任，实行基本社会服务质量标准化管理。其次，加强社区居委会建设，提升社区自治能力，增强社区在贫困人口、残疾人等困难群体的社区救助服务以及老年人、留守儿童、优抚对象等特殊群体的社区福利服务与自然灾害救助服务基础设施建设中的主导作用，按照功能齐全、一室多用的原则，采取新建、改扩建、购置合并、调剂置换与开发预留等方式扩大社区服务设施覆盖面，完善社区工作和居民公益性服务用房功能，打破部门限制推进基本社会服务资源的共建共享。再次，推进基本社会服务的“社区一站式”建设，促进社会救助、优抚安置等基本社会服务机构人员进驻社区，以社区为单位推进殡葬服务基础设施建设，有偿使用社区基本社会服务设施。最后，社区基本社会服务建设应突出区域特点，对于经济条件较好的北疆及腹心团场注重社区基本社会服务的专业化与高层次化，积极推进老年人文化体育、残疾人康复教育等基本社会服务建设；南疆、少数民族及边境团场应注重基本社会服务基础设施建设，重点解决团场较为突出的基本社会服务问题，在此基础上兼顾其他各项基本社会服务职能。

6.4 公共服务均等化的实现保障——制度与政策创新

6.4.1 健全基本公共服务供给的相关法律制度

借鉴国际经验，基本公共服务均等化程度较高的国家都制订了完备的法律法规以保障基本公共服务均等化的顺利实现。立法先行表明了兵团党委在建立基本公共服务体系时审慎负责的态度，在国家《宪法》的基础上确立适合自身发展需要的基本公共服务均等化相关法律，也是充分汇集尊重绝大多数居民公共服务需求意愿的表现。

首先，编制兵团基本公共服务体系规划，阐明兵团基本公共服务的制度安排，明确公共服务供给的基本范围、标准和工作重点，引导和统筹社会事业、重大基础设施建设和重要公共资源配置，是当前乃至更长一段时期构建兵团基本公共服务体系的综合性、基础性和指导性文件，也是兵团履行公共服务职责的重要依据。其次，在综合考虑不同地区发展现状及当地居民实际需求的基础上，为不同地区设立不同的基本公共服务标准。贫困团场对公共安全和环境保护的需求更强烈，故可设立相应的《贫困地区公共安全法》、《贫困地区环境保护法》等。再次，加快公共财政立法，为基本公共服务均等化实现提供财政能力与资源保障。公共财政立法是基本公共服务法律法规体系建设中不可或缺的重要内容，当前作为兵团基本公共服务供给财政能力重要来源的财政转移支付，仍然以财政部1995年颁布并于2002年修订的《过渡期财政转移支付办法》为依据，缺乏权威性。现有《预算法》也没有公共财政转移支付的相关法律条款，导致转移支付缺乏明确的数量和周期的法律保障，难以有效地发挥财政转移支付作为中央财政均衡兵团财力的作用。因此，需要尽早将公共财政纳入法制化轨道，加快公共财政立法进程，建立以基本公共服务均等化为导向的公共财政法律法规体系，使基本公共服务均等化做到有法可依、有法可行。

6.4.2 探索创新适宜兵团的公共服务供给模式

一是建立政府主导、社会参与的多元化供给模式。充分调动社会资源逐步形成有序竞争和多元参与的基本公共服务多元化供给机制，营造有利于多中心的治理机制发展的制度环境，吸纳多元供给主体作为多元化供给格局的组织实体，鼓励社会资源向公共事业的“瓶颈”项目转移，形成政府、市场与第三部门共同参与的多元融资机制并存的良好格局和社会整体合力，加快建立、完善政府主导、社会参与、公办民办并举的基本公共服务供给模式。

二是以社会化运作为方向促进基本社会服务管理方式创新。基本社会服务的受益主体是普通民众，要充分发挥民众在基本社会管理中的重要作用。首先，在团场社区领导下建立社区基本社会服务工作部，接受社区居委会的监督。基本社会服务部承担基本社会服务职能，建立便民利民“一站式”的基本社会服务工作管理制度；基本社会服务工作部人员采取事业单位编制，北疆及腹心团场工作人员工资由社区经营收入全额自给，南疆及少数民族贫困团场由兵团公共财政给予一定补贴。其次，各师在师党委领导下、在社区居委会的基础上成立社区居民代表委员会，围绕基本社会服务资金投入与使用、人员的聘用与管理等建立社区居民代表委员会制度，监督基本社会服务体系建设与运行。再次，在保障基本社会服务公益性的基础上鼓励市场力量参与基本社会服务资源管理，完善基本社会服务基础设施的“公建民营”管理体制，调动市场力量参与其中的积极性，探索养老、社会福利服务资源的多种经营管理形式。最后，构建多方参与的自然灾害防范与救助体系。兵师团成立专门的机构和建立分工协调机制，对地震、洪涝、冰雹等自然灾害制定协调一致的防范和应急预案，并结合国家相关法规将抵御自然灾害风险纳入法制化轨道；加强管理民间救助团体的登记备案工作，有序发挥和指导这些机构的有生力量，将社会团体和志愿者纳入相应的计划。

三是创新公共服务供给方式。第一，法律未明确禁止的基本公共服务原则上都要向社会资本开放。在行政实施有效监管、机构严格自律、社会加强监督的基础上扩大基本公共服务面向社会资本开放的领域，充分利用债券、信贷等多种融资形式拓宽基本公共服务资金来源，积极采取招标采购、合约出租、政府参股等形式扩大政府择优购买公共服务的规模。第二，积极推行政府购买、特许经营、合同委托、服务外包、政策性协议配建等基本公共服务的供给方式，抓紧研究制定分领域、分行业具体政策，包括规范准入标准、资质认定、登记审批、招投标、服务监管、奖惩激励及退出等操作规则和管理办法。第三，各师各部门在制定规划和配置公共服务资源时应给非公立机构留有足够空间，特别是配置新增资源时优先考虑由社会资本举办服务机构和提供服务；依托城镇化建设整合可控资源，集约供给公共服务，加强功能相近、便于管理的社会事业建设项目多主体合建，促进城镇化建设、集约用地和节约成本；加大对参与基本公共服务供给的非公有制经济和社会团体的补贴力度，尤其是在税收优惠、财政补贴、政策扶持方面要有侧重。

四是鼓励和引导社会力量、社会资本投资建立非营利性公益服务机构。对于供给基本公共服务的民办机构或公益团体，在设立条件、资质认定、职业资格与职称评定等方面与事业单位享有同等待遇。加大对社会组织扶持力度，重点培育慈善公益类、基层服务类、行业组织类社会组织，大力发展慈善事业和公益志愿服务，发挥慈善在基本公共服务资金筹集和服务提供等方面的作用，促进志愿服务经常化、制度化和规范化。逐步有序地扩大基本公共服务领域对发达省市优秀机构、团体开放，鼓励采用合资、合作等多种形式开展高水平的合作办医、社会养老以及文化体育等交流。以石河子市为试点探索公共服务项目经营权转让机制和民间投资公共服务的财政资助机制，大力发展民办幼儿园和职业培训机构，鼓励和引导社会资本举办医疗机构和参与公立医院改制，推动社会资本兴办养（托）老服务和残疾人康复、托养服务等机构以及建设博物馆、体育场馆等文体设施。

6.4.3 完善公民参与的绩效评估和监督管理制度

一是建立健全公共服务供给的绩效评估制度。目前兵团基本公共服务绩效评估体系、评估体制尚不完善，存在定性分析不全面、定量分析不准确、评估指标不科学、评估重产出轻投入等问题。因此，需要结合兵团基本公共服务供给现状建立完善的基本公共服务均等化绩效评估体系，创新绩效评估机制，提升绩效评估质量；健全基本公共服务均等化考核评估体系及相应的激励约束机制，完善基本公共服务问责机制，增加基本公共服务绩效考核在政绩考核中的权重；建立绩效评估结果的反馈机制，定期或不定期、正式或非正式地将绩效评估结果向上级、平级、下级及民众反馈，及时公布传达绩效评估结果。

二是完善公共服务供给的监督管理制度。健全基本公共服务投入机制，增强预算透明度，切实加强对建设工程和专项拨款使用绩效的审计、监管。在基本公共服务供给方式多元化进程中，将兵团党委基本公共服务供给与监管的职能分开是有效开展基本公共服务均等化监管的前提。建立基本公共服务均等化监管体系，依靠兵团党委、行业协会、新闻媒体及社会公众形成监管合力。充分发挥新闻媒体与社会公众的监管作用，大力曝光基本公共服务均等化供给中存在的各类问题，引导各方基本公共服务供给主体主动、科学、公正地供给。引导社会公众积极参与兵团基本公共服务绩效评估的监管，逐步建立听证制度、信息查询咨询制度，保障社会公众的知情权、参与权和监督权，积极投诉各种基本公共服务均等化绩效存在的各类问题。

三是建立公共服务项目建设的质量追溯机制。对学校、医院、福利机构、保障性住房等建筑质量实行终身负责制。加快建立基本公共服务监测预警机制，建立基本公共服务均等化水平评价、监测体系，对区域间基本公共服务均等化差距进行分析、评估和预警，重点防范区域间基本公共服务差距过大和拉大。

下 篇：

兵团社会事业管理模式创新研究

前　言

兵团肩负着维稳戍边的重要使命，做好社会事业与改善民生工作已成为实现兵团重要使命的强有力保障。兵团经济在快速发展的同时也出现社会事业发展相对滞后、社会事业改革举步维艰等问题，兵团社会事业管理任务愈加繁重，管理难度不断加大，原有的社会事业管理体系和管理模式已经无法满足兵团和人民群众的现实需求，社会进入了“矛盾凸现期”。面对这些快速变化的社会环境和发展矛盾，目前兵团在历届党委的推动下已经初步建立了社会管理工作领导体系，构建了社会管理组织网络，制定了社会管理基本法律法规，已经初步形成以党政军企合一特殊管理体制为中心，兵、师（市）、团（镇）、连四级管理组织为供给主体，其他社会组织为补充，职工群众广泛参与，即初步形成兵团党委领导、兵、师（市）、团（镇）、连四级负责、社会协同、公众参与的社会事业管理格局。

本研究在界定社会事业、兵团社会事业管理模式的前提下，分析了兵团“十二五”期间教育、社会保障等各类社会事业的发展现状；剖析了兵团现有社会事业管理模式的优势、问题、机遇与挑战，重点研究了兵团“十三五”时期社会事业管理模式创新——师市合一模式、场镇合一模式、四种典型模式创新和兵团各类社会事业管理模式及创新；在对国内外社会事业管理模式对兵团的启示借鉴基础上，探索了兵团社会事业管理模式创新的重点和保障措施。研究方法主要采用了焦点访谈、实证分析与规范分析相结合的方法，比较分析方法。通过与兵团相关领导、职能部门和职工群众焦点访谈，掌握兵团社会事业管理的内容、特点、需求、问题，为兵团“十三五”时期社会事业管理模式创新奠定基础；运用实证分析方法分析兵团社会事业管理的主要内容、方式与模式。在此基础上，运用规范分析方法提出“十三五”时期兵团社会事业管理模式创新的针对性的政策建议。通过与沿海发达地区和发达国家社会事业管理模式的比较分析，为“十三五”时期兵团社会事业管理模式创新提供经验借鉴。

主要研究结论：

第一，兵团社会事业管理具体模式，主要表现为兵师（市）团（镇）三级行政框架下形成的兵团特色的管理模式，兵团党委领导、兵、师（市）、团（镇）、连四级负责、社会协同、公众参与的社会事业管理格局，以及教育、卫生医疗等各类具体社会事业的管理模式及创新实践。

第二，从区域差异的视角分析兵团“十二五”期间社会事业发展现状后发现，兵团的社会事业在国家政策性倾斜和兄弟省市对口支援下发展水平不断提升，社会服务供给结构也在不断优化；兵团及各师的社会事业发展水平随着时间均呈现优化态势，但由于兵团的特殊体制及各师地域环境、经济结构与发展程度的不同，导致各师之间的社会事业发展呈现非均衡分布态势——在资源相对集中的师市各项社会事业水平相对较高，十四个师中第八师各项指标较高、建工师最低，尤其是南疆垦区社会事业发展状况堪忧。

第三，从兵团各项社会事业具体发展状况来看，教育、医疗、就业、社会保障、住房保障、文化体育服务、人口管理等各项社会事业均有长足性发展。一是教育事业得到优先发展，教育投入大幅增长，办学条件显著改善，各类教育资助体系不断完善，教育均等化显现初步成效。二是医疗卫生服务明显加强，兵团公共卫生服务供给水平稳步提高，服务绩效显著提升，应急医疗救治体系基本健全，疾病预防控制体系全面建立，并已初步建成了兵、师、团、连四级基本公共卫生医疗服务体系。三是就业服务实现广覆盖，实施更加积极的就业政策，强化职业技能培训，构建和谐劳动关系，就业形势基本稳定。四是社会保障水平稳步提高，已初步建立了养老、医疗、失业、工伤、生育五险合一的社会保险体系框架，并进一步完善了社保资金来源多元化、保险制度规范化、管理服务社会化的社会保险体系；养老保险实现了兵团级统筹，医疗、失业、工伤、生育等保险师级统筹，各项保险参保人数及参保比率都实现了稳中有升，基金收支基本平衡，运行比较平稳。五是住房保障机制逐步完善，兵团住房保障范围从城市低收入住房困难群体，到牧区、垦区、矿区等棚户区居民，再到中等偏下收入群体，已逐渐形成以廉租房、经济适用房、公共租赁房为主要形式，“低端有保障，中端有支持”的住房保障政策框架，职工群众生产生活方式逐步实现了从“屯垦戍边”向“建城戍边”的转变。六是文化体育服务形成网络，兵团目前已初步形成以新闻宣传、广播电视、文化事业、文化遗产保护及文博事业为主要内容的兵团公共文化服务体系，公共文化体育服务经费采取国家、兵团、师、团场四级投入模式。七是人口管理方面显著提高，人口计生信息化建设取得重要进展。八是基本社会服务机构、体系逐步健全，建成社会安全网；兵团最低生活保障达到“应保尽保”，经费投入逐年增加，低保覆盖率连续3年达到100%；社会福利服务能够满足基本需要，兵团优抚安置处于全国领先水平。

第四，通过对兵团“十二五”时期社会事业管理模式与实践创新的研究发现：①对于师（市）社会事业管理模式，“师市”合一根本内涵就是将兵团“党政军企”合一特殊管理体制赋予政府管理权限，是兵团下辖的农业师和兵团直辖县级行政区划的一种特殊管理体制。"石河子模式"的突出特征是"师市合一、兵地融合、军垦文化、三化示范、五湖四海、包容开放、屯垦戍边"，"师市合一"的石河子模式是兵团"党政军企合一"独特体制与市场经济在职能与资源方面的优势互补，是兵团管理体制和模式的创新，也是兵团社会事业管理模式的创新。②对于团（镇）社会事业管理模式，团场等基层社会事业管理模式演变经历了团场作为基层政府实施"一揽子"管理阶段（1954—1980年）、团场社会事业管理艰难期（1981—1989年）、加强与市场接轨阶段（1990—2010）、强化基层社会事业服务与管理阶段（2010年至今）四个阶段；团（镇）社会事业管理模式多样，具体有"场镇合一"的北泉社会服务模式（北泉模式），一师八团"连社合一"社会服务管理模式，奇台农场的网格化社区服务管理模式，红星一场的"一站式"社区服务模式，幸福社区的居家养老服务模式，南山石场"三化一员"的社会管理模式。③对于依托社区的网络化社会服务管理模式，兵团形成了党委领导、行政主导、民政牵头、各部门协同、市场运作相配合的社区建设机制，实现了行政管理与基层群众自治的有效衔接和良性互动，同时有效地运用了市场和社会力量进行社区管理。由于体制的特殊性，兵团城镇社区建设模式在不断探索的过程中形成了多样化的格局，有以石河子市、五家渠市、阿拉尔市、图木舒克市为代表的城市社区模式，管理体系为"师（市）民政局、社区指导办——→街道办事处——→社区居委会"；也有以第五师、第九师、第十师、第十四师为代表的师直社区模式，管理体系表现为"师民政局、社区指导办——→社区"。

第五，通过研究现有社会事业管理模式的优势、问题与挑战发现：①"师市合一"模式的优势是实现了兵团八师作为"党政军企"合一的特殊社会组织的内部行政管理事务与石河子市政府的社会公共管理的有机结合，有利于解决八师组织行政法律地位不明确、政权职能不完备的问题，有利于处理好特殊体制与市场经济之间的关系，有利于加强师团"党政军企"合一的特殊社会组织的民主政治建设。"场镇合一"模式优势体现在有利于解决团场办社会的公共支出问题，有利于解决兵团团场政府职能缺失问题，有利于促进兵团特殊管理体制与市场经济体制的接轨。②现有社会事业管理模式存在的问题及难点主要表现在以下方面：师市合一"模式存在诸多制约与不足，"场镇合一"模式存在的权责不对等，兵团社区建设与管理遇到瓶颈，兵团社会事业发展资金来源相对单一，投入机制弊端导致社会事业发展不均等，兵团社会事业管理体制与机制改革滞后，社会事业服务服务与管理体系不健全。③新时期兵团社会事业管理模式创新面临的机遇主要有：国家积极推动和谐社会构建和全面建设小康社会，社会事业管理改革与创新已经成为国家战略，国家推动提高政府社会事业管理绩效，国家积极推动引入多元化社会组织和市场化配置资源，国家积极推动新疆的社会稳定和长治久安，兵团积极推动“两个力争”、“两个率先”目标的实现。④新时期兵团社会事业管理模式创新面临的挑战主要有：兵团社会事业发展中社会结构出现新变化，财政投入不足，社会组织的多元化挑战，基本公共服务供求矛盾突出，对管理体制的要求在提高，信息化落后，南北疆区域差距以及师团差距较大，职工群众参与社会事业管理意愿逐渐增强。

第六，兵团致力于到2020年前率先在西北地区实现基本公共服务均等化，建立起功能明确、治理完善、运行高效、监管有力的社会事业管理体制和运行机制，形成基本服务优先、供给水平适度、布局结构合理、服务公平公正的兵团社会事业管理体系。①“师市合一”模式下社会事业管理模式创新包括：进一步明确兵团法律地位，强化兵团“兵”的作用；促进“师市管辖地域统一”和社会事业管理权责对等；加快推进团场城镇化建设；支持兵团加快产业建设和发展，增强社会事业发展内在动力；完善街道社区建设，增强基层社会事业管理能力；加强兵团维稳力量建设。对于场镇合一模式下社会事业管理模式创新，重点是解决好行政管辖不一致的问题和增加行政编制指标。②典型模式创新包括：需求导向的社区与基层社会事业管理模式，稳定导向的南疆与边境团场社会事业管理模式，协作导向的兵地社会事业管理耦合互补模式，社会化导向的兵团社会事业管理主体多元模式。

第七，由于基本国情、经济体制模式和历史传统的差异，世界发达国家的社会事业发展存在个性差异，进而形成了具有不同特点的社会事业管理模式。以美国、日本、新加坡、澳大利亚为代表的经济高度发达国家（地区），在政策取向、制度设计、具体标准及实施办法等方面积累了丰富的经验，均摸索出了适合本国（地区）国情（区情）、相对稳定的社会服务管理模式。①国外成功的社会事业管理模式主要有：“政府、社会组织与居民自发自治三分天下”的美国社会管理模式，“政府与民间自治社区协作互补”的日本社会管理模式，“政府主导型”的新加坡社会管理模式，“效率优先”澳大利亚的社会事业管理模式，“政府主导下民生为主”的印度社会事业管理模式。②国内成功的社会事业管理模式主要有：“多元民主自治”的香港社会事业管理模式，“民生优先”的厦门社会事业管理模式，“重心下移”的南京江宁区的“三化管理”模式，“360°无死角”的伊宁市网格化管理模式，“四两拨千斤”的重庆PPP投融资模式。③国内外社会事业管理模式对兵团的借鉴启示主要有：健全与完善社会服务相关的法律法规，坚持政府为主、市场为辅的社会事业管理模式，创新社会事业管理理念，构建多元化社会事业管理模式。

第八，兵团“十三五”时期社会事业管理模式创新的重点主要有：调整、完善兵团各级在社会事业管理中的权责关系，改革与完善基层社会事业管理和服务体系，推进兵团社会事业管理城乡统筹，强化社会力量在社会事业管理和服务中的职责，推动社会组织健康有序发展，促进社会事业管理绩效评估体系创新。

第九，兵团社会事业管理模式创新的保障措施主要有：创新行政管理体制，突破社会事业管理体制障碍；完善社会事业法规建设，强化社会事业管理法律约束；创新社会事业管理方式，推动社会事业管理能力提升；健全社会事业基层组织，强化社会事业管理服务导向；积极推进事业单位改革，提升社会事业管理效率；完善社会事业信息系统，夯实社会事业管理信息保障。

第七章　兵团“十二五”时期社会事业发展现状

7.1　兵团社会事业管理模式创新的背景与意义

兵团肩负着维稳戍边的重要使命，做好社会事业与改善民生工作已成为实现兵团重要使命的强有力保障。改革开放以来，兵团经济社会发展取得突出成就，居民收入水平和生活水平得到了有效改善，也对社会事业发展有了更新、更高的期盼和需求。但在兵团经济快速发展的同时也出现社会事业发展相对滞后、社会事业改革举步维艰等问题，劳动就业、社会保障、收入分配、教育、卫生医疗、住房、安全生产、司法和社会治安等关系人民群众切身利益的社会事业发展水平与效率不高，城乡、南北疆之间、不同行业之间、不同社会阶层之间收入与享受的社会福利不均等，社会强势群体和弱势群体的矛盾日益加剧，社会进入了“矛盾凸现期”。这些问题如不能妥善解决，就容易引起社会不稳定和社会矛盾激化，将影响边疆繁荣稳定和长治久安。

党和国家高度重视我国经济社会发展中存在的这些问题，尤其是从十七大以来出台了一系列政策改革措施，如十七大三中全会报告、“十二五”规划纲要、十八大和十八大三中全会报告以及《中共中央、国务院关于分类推进事业单位改革的指导意见》（中发［2011］5号文）等重要文件中，都不断强调要加强社会事业管理和体制机制改革，提出将推进社会建设和管理创新作为国家长治久安、人民安居乐业、巩固党的执政地位、实现全面建设小康社会宏伟目标的重要抓手，紧紧围绕全面建设小康社会的总目标，牢牢把握最大限度激发社会活力、最大限度增加和谐因素、最大限度减少不和谐因素的总要求，积极推进社会管理理念、体制、机制、制度、方法创新，完善党委领导、政府负责、社会协同、公众参与的社会管理格局，加强社会管理法律、能力建设，完善基层社会管理服务，建设中国特色社会主义社会管理体系；要以解决影响社会和谐稳定突出问题为突破口，通过协调社会关系、规范社会行为、化解社会矛盾和深入细致的群众工作，维护人民群众权益，促进社会公平正义，保持社会良好秩序，有效应对社会风险，为党和国家事业发展营造更加良好的社会环境。2013年7月31日李克强总理主持召开国务院常务会议，研究推进政府向社会力量购买公共服务。会议指出，要放开市场准入，释放改革红利，凡社会能办好的，尽可能交给社会力量承担，加快形成改善公共服务的合力，有效解决一些领域公共服务产品短缺、质量和效率不高等问题，使群众得到更多便利和实惠。目前我国已经初步建立了社会管理工作领导体系，构建了社会管理组织网络，制定了社会管理基本法律法规，初步形成党委领导、政府负责、社会协同、公众参与的社会管理格局。为推进社会事业管理改革，“十二五”以来国家也提出“改善与保障民生”、“使市场在资源配置中起决定性作用”、“提高公共服务供给效率”、“推动事业单位改革”等新的要求，并且不惜放缓经济发展速度来提升发展质量，这些都将对“十三五”时期社会事业管理体系和管理模式产生影响。

兵团是新疆的重要组成部分，作为党政军企合一的特殊性组织，履行着国家赋予的屯垦戍边的历史使命，在自己所辖垦区内依照法律、法规，自行管理内部的行政、司法事务，在国家实行计划单列的特殊社会组织。在历届党委正确领导下和大力推动下，兵团社会事业管理体系、模式不断改革完善，已经初步建立了社会管理工作领导体系，构建了以党政军企合一特殊管理体制为中心，兵、师（市）、团（镇）、连四级管理组织为供给主体，其他社会组织为补充，职工群众广泛参与的社会管理组织网络，即初步形成兵团党委领导、兵、师（市）、团（镇）、连四级负责、社会协同、公众参与的社会管理格局。特别是在“十二五”的中央新疆工作座谈会后，兵团积极把握中央新疆工作座谈会、内地各省市对口援疆和新一轮西部大开发等政策机遇，兵团经济社会进入加快发展新阶段，经济增速连续三年保持两位数以上，推进“三化”进程明显加快，城镇化发展突飞猛进，民生事业也得到进一步加强和改善，有效提升了人民群众享受的教育、卫生医疗、社会保障、道路交通、住房等社会服务质量；“师市合一、团镇合一、连社合一”的社会管理模式正在探索和创新，团场向城镇发展，职工群众向居民转变，职工群众生活方式发生着质的飞跃。

但是，随着兵团经济社会发展速度不断加快、产业结构不断优化、城镇化率不断提升、职工收入水平逐步升高、人口政策和户籍制度逐步放宽，部分社会事业管理问题，如经济增长中面临的环境压力依然较大、区域城乡之间居民收入水平和社会事业发展不平衡问题依然严重、社会稳定和治安压力不断加大等，当前居民对社会事业需求的不断增长与社会事业供给的总量不足和结构不均的矛盾已发展成为阻碍兵团社会稳定与进步的主要矛盾之一。兵团社会事业管理的内外部环境也发生了较大变化，主要表现在以下几个方面：一是随着社会主义市场经济发展和兵团产业结构调整优化，兵团社会结构发生了较大变化；二是在兵团快速的建市建镇进程中，基层职工群众的生产生活方式、生存环境也发生了较大变化，对社会服务需求增多，对环保要求提高，居民生活成本上升，弱势群体生活压力加大；三是新建市镇自有公共财政能力有所增强，但兵团一级财政预算单位的现实不会改变，与强大的公共财政需求相比财政资金仍相对稀缺，原有的团连等基层组织政府导向的"一篮子管理模式"难以为继；四是团场等基层管理单位从生产管理向城镇、社区等社会管理转变过程中，基层管理者社会事业管理能力、管理知识、管理方式方法等都跟不上现实需求；五是职工群众对公共服务需求的数量和质量也在不断提升，参与公共事务管理的意愿也不断提高；六是新的社会组织，比如社区、物业、专业合作社、行业协会、非盈利组织、私人医院学校等在新建市镇、团场和中心连队不断涌现，为基层社会事务管理引入社会组织提供了机遇；七是随着移动互联网、信息技术进一步普及，信息沟通传播快捷化、广泛化、互动化，为社会事务管理带来了机遇也带来了挑战；八是由"三股势力"、恐怖暴力组织策划的暴恐事件呈持续增长态势，为人才、技术、产业投资引进和稳定带来较大压力。当前兵团存在的社会事业供给总量不足、质量较低、不均等问题严重的现状与兵团"十二五"规划中提出"重点提高公共财政保障水平，集中力量办好住房建设、用电用气、工资待遇、社会保障、劳动就业、教育卫生和文化惠民工程等职工群众最关心、最直接、最现实的民生大事，逐步实现基本公共服务均等化，确保职工群众学有所教、劳有所得、病有所医、老有所养、住有所居"的目标之间存在较大差距。面对这些快速变化的社会环境和发展矛盾，兵团社会事业管理任务愈加繁重，管理难度不断加大，原有的社会事业管理体系和管理模式已经无法很好满足兵团和人民群众的现实需求，如果不积极进行管理体系和模式创新完善，有可能会进一步激化社会矛盾，影响兵团及新疆的社会和谐稳定和长治久安。

当前和今后一个时期，兵团发展仍处于大有作为的重要战略机遇期，也是加快社会事业发展和创新社会事业管理模式的重要阶段和关键时期。在国家提倡政府管理体制转型、不断加强城镇化建设以及兵团努力实现经济跨越式发展的背景下，兵团提升社会事业发展水平、促进均衡发展，探索兵团社会事业管理模式创新，有利于解决社会事业发展相对滞后和社会事业改革举步维艰等问题，不仅为兵团"三化建设"和实现"两个率先、两个力争"目标、实现维护社会稳定与长治久安奠定了坚实基础，更为新时期兵团发挥"稳定器、大熔炉、示范区"新三大作用提供重要保障，对于实现兵团维护社会稳定大局、促进跨越式发展和全面建成小康社会也具有十分显著的现实意义。

7.2 兵团社会事业管理范围和内容界定

7.2.1 社会事业的相关概念界定

“事业”一词在《周易》中被解释为“举而措之天下之民是谓事业。”关于社会事业的定义与内涵，各级政府部门和学界尚未形成明确统一的界定，一般是指中央和各级地方政府领导的社会建设和社会服务事业，是与行政部门和企业（包括金融机构）行为相并列的活动。具体而言，社会事业指国家为了社会公益目的，由国家机关或其他组织举办的从事教育、科技、文化、卫生等活动的社会服务[①]。

在我国各级政府发布的相关文件中，社会事业包括教育事业、医疗卫生、劳动就业、社会保障、科技事业、文化事业、体育事业、社区建设、旅游事业、人口与计划生育等10个方面。本研究中的社会事业主要包括教育事业、医疗卫生、劳动就业、社会保障（含医保、社保、养老、住房等）、科技事业、文化体育事业、社区建设、人口与计划生育。

与社会事业紧密联系的一个概念是事业单位，根据2004年国务院第411号令《国务院关于修改〈事业单位登记管理暂行条例〉的决定》认为事业单位是国家为了社会公益目的，由国家机关举办或者其他组织利用国有资产举办的，从事教育、科技、文化、卫生等活动的社会服务组织；事业单位依法举办的营利性经营组织，必须实行独立核算，依照国家有关公司、企业等经营组织的法律、法规登记管理。2011年中共中央、国务院《关于分类推进事业单位改革的指导意见》（中发［2011］5号）中将事业单位界定为经济社会发展中提供公益服务的主要载体，是我国社会主义现代化建设的重要力量。现有事业单位按照社会功能将划分为承担行政职能、从事生产经营活动和从事公益服务三个类别。对承担行政职能的，逐步将其行政职能划归行政机构或转为行政机构；对从事生产经营活动的，逐步将其转为企业；对从事公益服务的，继续将其保留在事业单位序列、强化其公益属性；今后不再批准设立承担行政职能的事业单位和从事生产经营活动的事业单位。根据职责任务、服务对象和资源配置方式等情况，将从事公益服务的事业单位细分为两类：公益一类指不能或不宜由市场配置资源，承担义务教育、基础性科研、公共文化、公共卫生及基层的基本医疗服务等基本公益服务；公益二类可部分由市场配置资源，承担高等教育、非营利医疗等公益服务。中国的事业单位在功能上对应国外的是非营利

---

① 席恒．公与私：公共事业运行机制研究［M］．北京：商务印书馆，2003：50.

组织（NPO）、非政府组织（NGO），国外的这些组织是社会自治组织，在中国的事业单位和政府的关系比较密切。

推进社会事业发展，是完善政府社会管理和公共服务职能、统筹经济社会协调发展、促进社会公平正义的重要任务。社会事业兼具公益、准公益和盈利的性质，因此，政府在社会事业改革中需逐步转换既是投资者又是管理者、经营者的多重身份，推进社会事业举办的多元化、社会化、市场化，并按照管办分离的原则，对社会事业实行分类管理，通过营造良好的环境积极引导社会力量参与社会事业。

7.2.2 社会事业管理的相关概念界定

社会事业涉及范围较广、内容较多，包含教育、卫生、劳动就业、文化、文物、广电、新闻出版、社会保障、科技、计划生育、养老、社区建设、殡葬、体育和宗教等；同时，社会事业涉及联系的部门众多，有财政、教育、卫生、文广新、文物、人社、科技、计生、民政、体育、民宗、统计和残联等部门。根据社会事业概念及涉及范围，社会事业管理可定义为由政府主导和社会组织广泛参与的社会事业供给主体，为更有效满足社会公众对社会事业的需要，在法律、法规、政策的框架内通过各种方式对教育、卫生医疗、劳动就业、收入分配、社会保障、科技、文化体育等社会事业进行组织、协调、监督和控制的过程。

与社会事业管理紧密相关的两个概念分别是社会管理和社会治理。社会管理是政府职能的重要组成部分，广义上的社会管理并不限于政府的社会管理职能，还包括其他主体以及社会自身的管理。2011 年 2 月胡锦涛在省部级主要领导干部社会管理及其创新专题研讨班上的讲话中指出，社会管理的基本任务包括协调社会关系、规范社会行为、解决社会问题、化解社会矛盾、促进社会公正、应对社会风险、保持社会稳定等方面。作为政府职能之一的社会管理，指国家通过制定一系列社会政策和法律规范，对社会组织和社会事务进行规范和引导，培育和健全社会结构，调整各类社会利益关系，回应社会诉求，化解社会矛盾，维护社会公正、社会秩序和社会稳定，维护和健全社会内外部环境，促进政治、经济、社会、文化和自然协调发展的一系列活动以及这些活动的过程。广义的社会管理是多元主体以多样化形式进行的上述活动以及这些活动的过程。狭义的社会管理是政府和民间组织运用多种资源和手段，对社会生活、社会事务、社会组织进行规范、协调、服务的过程，旨在满足社会成员生存和发展的基本需求，解决社会问题，提高社会生活质量。需要强调的是，从中共十六大以来党和政府有关社会管理的文件与文献可以看出，当前所强调的社会管理是指狭义的社会管理，即与政治、经济、文化并列的社会管理，是构建社会主义和谐社会的重要组成部分。

社会治理的内涵丰富并具有弹性，强调多元的分散主体达成多边互动的合作网络。按照全球治理委员会的界定，社会治理是各种公共或私人机构和个人管理其共同事务的诸多方式的总和，是使相互冲突的或不同的利益得以调和并且采取联合行动的持续的过程。

社会管理与社会治理的区别主要有以下几个方面：①二者的主体不同。社会管理重点突出政府的主导性作用，主体相对单一，主要是各级政府及其职能部门；而社会治理强调主体多元化和合法权力来源的多样性，其来源有政府机关、社会组织、企事业单位、公民等，社会治理的全过程体现了民主性和多元性的特点。②主体承担的职责不同。社会管理中政府承担主要职责，政府的作用具有不可替代性；而社会治理更多强调多元化主体共同承担责任，彼此之间存在着较好的紧密合作与互补关系，国家和政府承担的责任日益减少，而各种社会组织、私人部门和公民自愿团体的功能日益重大。③二者的实现形式不同。社会管理的实现形式是政府主体单一的、自上而下地从自身主观愿望出发来管理和控制社会，而社会治理实现形式是立体式的多元互动型，重视主体之间的合力作用，鼓励主体自主表达、协商对话，并形成共识，从而形成代表最广大群众根本利益的公共政策。④二者的实践路径不同。践行社会管理需要政府运用权力对社会事务进行部署和控制，带有行政命令性的管制色彩；而社会治理具有多种实践路径，除政府运用行政权力引导外，还包括市场、法律、文化、习俗等多种方式，加强社会治理还需要社会创新和社会企业的积极配合等。⑤与社会服务的关系不同。社会服务内含于社会管理之中，社会成员对政府提供的社会服务只能被动接受，别无他选；社会治理强调社会成员积极主动地表达自己的社会服务需求，社会组织在接受政府的监督和评估前提下对社会成员选择的服务项目实施具有自主性。

1998 年《关于国务院机构改革方案的说明》中首次出现“社会管理”一词后，该词频繁出现在党和政府的文件中；2007 年党的十七大会议报告中提出“公众参与”的社会管理格局思想；2011 年 2 月胡锦涛讲话明确了将“加强和创新社会管理”作为整个国家发展战略的重要组成部分；2012 年的十八大会议在当前社会管理格局的基本框架中加入“法治保障”。2013 年，中共十八届三中全会通过的《中共中央关于全面深化改革若干重大问题的决定》多次提到“社会治理”一词，并且单列一章强调创新社会治理体制，并指出“全面深化改革的总目标是完善和发展中国特色社会主义制度，推进国家治理体系和治理能力现代化。”以上执政理念从“社会管理”到“社会治理”的转变，表明对共产党执政规律、社会主义建设规律和人类社会发展规律的认识与时俱进、有所深化，体现了社会的文明进步，有利于凝聚社会正能量和化解矛盾，是党的执政理念提升的重要标志。

社会事业管理与社会管理、社会治理有内在的联系，但也有所差异。社会事业管理属于社会管理的重要部分，更侧重于社会公益事业，更侧重于政府的主导作用和规范管理、监督。随着我国政府执政理念由“社会管理”向“社会治理”转变，也要求社会事业管理在发挥政府主导作用的同时，强调市场在资源配置中的作用，强化法制、法规、文化等作用，提升社会组织在社会事业供给和管埋中的地位和作用，实现社会事业供给主体的多元化，推进决策机制由上到下向上下互动转变，积极推动基层民主和自治，促进社会实现公平与正义、和谐稳定。

7.2.3 社会事业管理模式及创新

模式指某种事物的标准形式或可模仿复制的标准样式。社会事业管理模式创新指在现有社会事业管理条件下，运用现有的资源和经验，依据政治、经济和社会的发展态势，尤其是依据社会自身运行规律乃至社会事业管理的相关理念和规范，研究并运用新的社会事业管理理念、知识、技术、方法和机制等，对传统管理模式及相应的管理方式和方法进行改造、改进和改革，建构新的社会事业管理机制和制度，以实现社会事业管理新目标的活动过程。

兵团社会事业管理模式创新的根本目的，是在现有条件下通过管理模式创新缓解职工群众对社会事业服务日益增长的需求与现有模式下社会事业供给不足之间产生的矛盾，提升职工群众的满意度和幸福指数，促进社会稳定与长治久安，实现中央赋予兵团的“稳定器、大熔炉、示范区”的新定位要求；具体手段主要是出台相关的制度、政策法规，积极培育和发展社会组织，充分发挥社会力量和职工群众的自主管理能力，实现供给主体多元化；积极推进政府管理部门和社会事业单位改革，逐步形成“功能明确、治理完善、运行高效、监管有力”的管理体制和运行机制，形成基本服务优先、供给水平适度、布局结构合理、服务公平公正的公益服务体系；部门可以通过减员增效、购买公共服务等方式，提高社会事业供给效率，发挥市场在资源配置中的作用。

7.2.4 兵团社会事业管理模式及内涵

本研究认为兵团社会事业管理模式是在党政军企合一的独特体制下，由各级党委进行领导统筹，兵师（市）团（镇）三级管理组织为供给主体、其他社会组织为补充，职工群众广泛参与，具备法律法规保障的格局。兵团社会事业管理具体模式，主要表现为兵师（市）团（镇）三级行政框架下形成的兵团特色的管理模式。

党委领导：兵团作为党政军企合一的特殊组织，坚持党的领导是兵团社会事业发展和管理必须始终坚持的根本原则。党委领导主要体现在把握方向和大局，在不同时期、不同发展阶段在中央和自治区党委领导下对兵团社会事业、经济发展等方面进行全面统筹，兼顾各方，协调发展。当前兵团把社会稳定与长治久安作为总体战略目标，将实现“两个率先，两个力争”作为十二五、十三五时期的发展目标，强调保障和改善民生，推进事业单位改革，都体现了党的领导在兵团社会事业服务和管理中的主导作用和方向引导作用。

政府负责：社会事业的公益属性决定了兵团必须是社会事业供给和管理主体。目前兵、师（市）、团（镇）三级社会事业管理组织及其各事业单位主管部门建设已经趋于完善，通过协调各级负责社会事业单位及部门权责、建立健全社会事业服务和管理的政策法规、推进社会事业管理体制改革、积极培育社会组织、扩大基层民主最大限度实现居民自治管理等，发展好兵团社会事业以满足职工群众不断增长的社会事业需求，努力实现社会稳定与长治久安，将兵团建设成为维护新疆经济社会发展的“稳定器、大熔炉和示范区”。兵团各级部门通过确定目标、制定规划，拟定并出台政策方针、法制法规、社会保障制度，引导、考核、监督各级事业单位与社会组织，尊重民意、扩大基层民主，来管理兵团社会事业。

就兵团各级管理权责来看，兵团级高校及科研院所、兵团级医院、兵团级社会保障、兵团级就业与劳动培训服务、科技服务、文化体育等兵团直属事业单位，主要归兵团发改委、教育局、卫生局、人社局、科技局、宣传部等各部门直接管理，而师（市）级高中、初中和小学以及学前教育，师级医院、科研院所、文化体育等师级社会事业管理，主要归口于师（市）级各部门管理；师（市）市级别以下可分为团场（镇）和城市街道办事处；在团场和街道办事处，下有连队、管委会和社区，“小事不出社区、大事不出街道”，其中大部分团场社区建设已初见成效，并进行了管理模式创新，比如“连社合一”。

社会协同：主要指目前兵团各级、社会组织、社区（连）、职工群众自主管理之间协作，由兵团各级整合社会管理资源，引导、管理、监管社会事业工作，通过积极培育和发展社会组织，充分发挥各类社会组织的作用，充分发挥社区、公众等基层组织的作用，实现了社会事业管理良性互动协同。比如在兵团城镇和中心团场等，私人幼儿园、私人诊所、私人养老院等不断涌现，石河子的天健医院、石河子市银龄养老院等社会组织参与的养老保障事业都起到了良好的社会效果，对政府公办机构起到了有效的补充。兵团各级还通过购买社会服务等模式，提高了社会服务的供给效率。目前，相对于内地发达地区，兵团社会组织发展相对缓慢，社区建设处于摸索完善之中，居民自治组织尚不完善，协会协同作用有待提升。

公众参与：充分依靠职工群众参与管理兵师团各级社会事业管理，是践行我党一切为了群众、一切依靠群众的群众路线的生动体现，公众参与既有利于在社会事务管理中得到职工群众的支持，又能有效地实现职工群众当家作主。无论是民主党派，还是社会组织、基层社区，都应参与社会事业管理。近年来，随着兵团城镇化进程不断加快，在各师（市）、团（镇）社区建设加速，街道办、居民委员会等社区管理组织不断完善，在团场出现了“连社合一”等创新性组织，部分社区开始出现业主自发组织等团体，媒体等社会公众部门监督作用日益增强，公众参与社会事业管理环境和氛围日趋良好。

7.3 兵团“十二五”时期社会事业发展现状

7.3.1 兵团社会事业整体发展概况

跟随国家推进基本公共服务均等化政策导向，在国家政策性倾斜和兄弟省市对口支援下，兵团社会事业发展水平不断提升，社会服务的供给结构也在不断优化。从社会事业供给成效来看，兵团普通中小学生师比分别由2006年的14.4人和17.45人下降到2013年的10.80人和13.98人，适龄儿童入学率由2006年的99.53%提高到2010年的99.9%后又降为2013年的99.5%，普通中学生均校舍建筑面积由2006年的14.29平方米增长至2013年的21.87平方米，兵团每千人拥有的卫生技术人员数、医疗机构床位数及医疗卫生机构数分别由2006年的7.5人、6.22张和0.29个增长至2013年的9.20人、7.60张和0.50个，2013年兵团养老保险、基本医疗保险和失业保险参保率（由各参保人数比兵团总人口数计算所得）分别为34.50%、47.77%和24.20%，与2006年相比分别增加了1.22%，1.20%和0.09%。

兵团及各师的社会事业发展水平随着时间均呈现优化态势，但由于兵团的特殊体制及各师地域环境、经济结构与发展程度的不同，导致各师之间的社会事业发展呈现非均衡分布态势。截至2013年，兵团各师人均有效灌溉面积为0.52公顷/人，呈不均等分布；2013年兵团第七师普通小学生师比已调整为12.3人，与第一师的16.5人相差4.2人；第十三师普通中学生均校舍建筑面积发展至42.24平方米，同年的第十四师普通中学生均校舍建筑面积仅有20.56平方米，基本只占到第十三师指标值的一半；以每千人拥有的卫生技术人员数、医疗机构床位数及医疗卫生机构数为例，2013年发展最好的师分别是十三师（14 人）、十三师（10.93 张）和八师（0.669 个），与发展最差的师，即建工师（2 人）、建工师（1.37 张）和四师（0.25 个）存在巨大的差距；2013 年兵团在养老保险与医疗保险方面发展较好的第二师，其参保率是发展较为落后的第三师的 2.5 倍。从以上数据来看，在资源相对集中的师市，各项社会事业水平相对较高，在十四个师中，第八师各项指标较高，建工师最低。尤其是南疆垦区社会事业发展状况堪忧，南疆垦区高层次科技人才短缺、科技投入力度不足、医疗设施建设水平较低、医疗队伍缺编严重。南疆垦区所辖大部分团场为贫困团场，在办学能力和办学投入上与兵团其他富裕团场相比还存在很大差距，这些都阻碍了兵团社会事业的发展。

7.3.2　兵团各项社会事业具体发展状况

从社会事业的各项具体内容来看，教育、医疗、就业、社会保障、住房保障、文化体育服务、人口管理等各项社会事业均有长足性发展。

一是教育事业得到优先发展。教育投入大幅增长，办学条件显著改善，各类教育资助体系不断完善，教育均等化显现初步成效。基本公共教育服务取得了历史性成就，2011—2013 年学前幼儿园从 194 所增至 234 所，小学学龄儿童毛入学率从 99.8%降到 99.53%，初中适龄少年净入学率从 95.4%增加到 96.69%，各类学校的专职教师从 34 569 人增长到 143 914 人，是 2011 年的 4.16 倍，全年各类科技经费总额从 2.57 亿元增长到 3.93 亿元。

二是医疗卫生服务明显加强。兵团已初步建成了兵师团连四级基本公共卫生医疗服务体系，疾病预防控制体系全面建立，应急医疗救治体系基本建成，医药卫生体制改革不断深入推进；兵团公共卫生服务供给水平稳步提高，服务绩效显著提升，孕产妇系统管理率、7 岁以下儿童保健管理率均高于全国和新疆维吾尔自治区水平，孕产妇死亡率与法定报告传染病发病率均低于自治区水平。2012 年，兵团医疗机构年门、急诊 1 258.09 万人次，年出院人数 604 505 人；编制床位数 16 752 张，实际开放病床数 20 051 张，病床使用率 87.36%；全兵团共有各级各类医疗机构 1 194 所，其中综合医院 201 所，社区卫生服务中心 30 所、社区卫生服务站 86 所，诊所（医务室、卫生室）856 所，连队卫生室 2 154 所；全兵团各级各类医疗机构有卫生技术人员 26 776 人，其中：医师 8 316 人，注册护士 9 493 人。全兵团平均每千人口拥有卫生技术人员 9.2 人、执业（助理）医师 3.15 人、注册护士 3.60 人。截至 2013 年底，拥有卫生机构 1 349 所，每千人有医院床位数由 2011 年的 7.1 张增加到 2013 年 7.6 张；传染病报告发病率（甲乙类传染病）由 2011 年的 349.72/10 万升高到 2013 年的 362/10 万，婴儿死亡率控制在 7.56‰左右，孕产妇死亡率为0/10 万，

7 岁以下儿童死亡率控制在 9.27‰左右，拥有 1 个兵团级和 14 个师级药品不良反应监测中心，6 个食品药品检验检测机构。

三是就业服务实现广覆盖。大力实施更加积极的就业政策，强化职业技能培训，规范强化劳动管理，构建和谐劳动关系，就业形势基本稳定。就业规模从 2011 年的 111.36 万人增加到 2013 年的 122 万人，三次产业就业结构从 2011 年的 34∶38∶28 调整为 2013 年的 29.4∶42.1∶28.5，规模持续增加，结构不断优化，就业形势保持基本稳定。劳动人事争议调解仲裁能力不断加强，2011—2013 年间共处理劳动争议案件 4 806 件，结案率 99.29%；受理劳动保障监察投诉案件分别为 1 096 件、1 896 件和 1814 件，结案分别为 1 096 件、结案 1 884 件和结案 1 792 件，结案率分别达到 99.9%、99.37% 和 98.8%。

四是社会保障水平稳步提高。近年来兵团已初步建立了养老、医疗、失业、工伤、生育五险合一的社会保险体系框架，并进一步完善了社保资金来源多元化，保险制度规范化，管理服务社会化的社会保险体系；养老保险实现了兵团级统筹，医疗、失业、工伤、生育等保险师级统筹，各项保险参保人数及参保比率都实现了稳中有升，基金收支基本平衡，运行比较平稳，基本达到了“政策制度全覆盖、工作措施全到位”的目标，成效显著。截至 2013 年底，兵团职工基本养老保险人数 150.41 万人、居民社会养老保险参保人数 13.2 万人，覆盖率 61.05%，退休职工养老金连续多次提高；基本医疗保险参保人数 226.48 万人，其中职工基本医疗保险 128.94 万人，居民基本医疗保险 97.54 万人（居民医保政府补助标准提高到每人每年 280 元），综合参保率已达到 95%，职工医保、居民医保最高支付限额分别达到 20 万元、9 万元，政策范围内支付比例分别达到 75%和 70%；失业保险参保人数 66.37 万人，工伤保险参保人数 69.62 万人，生育保险参保人数 65.91 万人，近年来参保人数均实现了稳中有升。

五是住房保障机制逐步完善。随着保障性住房的大规模建设，兵团住房保障范围从城市低收入住房困难群体，到牧区、垦区、矿区等棚户区居民，再到中等偏下收入群体，已逐渐形成以廉租房、经济适用房、公共租赁房为主要形式，“低端有保障，中端有支持”的住房保障政策框架。2011—2013 年，兵团共建设各类保障性住房 50.48 万户，累计完成投资 540.8 亿元；2013 年实施城镇棚户区改造 7.2 万户；职工群众生产生活方式发生了质的飞跃，逐步实现从“屯垦成边”向“建城成边”转变。

六是文化体育服务形成网络。兵团目前已初步形成以新闻宣传、广播电视、文化事业、文化遗产保护及文博事业为主要内容的兵团公共文化服务体系，公共文化体育服务经费采取国家、兵团、师、团场四级投入模式。近几年文化体育事业的投入力度明显加强，兵团加快了博物馆、文化馆、图书馆、文化广场为主体的公共文化设施建设，各类公众媒体快速发展，各类文化体育服务工程开展顺利，文化资源保护力度不断加强。截至2013年底，兵团通信网络、邮电等基本实现100%全覆盖，兵团有电视台、广播电台、广播电视站等播出机构197个，其中兵团广播电视台1座，师电视台和广播电台各1座，师广播电视台13座。农牧团场广播电视站176座，分场及工矿企业广播电视站5座。广播电视综合覆盖率分别达到97.0%和98.8%，兵团卫视综合频道进入24省市有线电视网络。8个师建有文化中心（文化宫），125个团场建有文化活动中心，师团有文化广场102个。有600多个基层群众业余文化艺术社团，文化信息资源共享工程兵团级分中心1个、团级支中心81个、基层连队服务点2 297个，有不可移动历史文物点542处，兵团级爱国主义教育基地23个。兵团4个专业文艺团体下基层演出284场次。连队农家书屋覆盖率达到100%，各类健身场地人均面积1.4平方米，博物馆、纪念馆、科技馆等场所向社会逐步免费开放。

七是人口管理方面显著提高，人口计生信息化建设取得重要进展。2013年末兵团总人口268万人，比上年增长1.3%，其中，男性140万人，女性128万人。自2013年下半年兵团人口计生委按照国家“金人工程”项目要求和兵团领导的部署安排，兵团人口计生委将第三师、第八师作为“兵团人口地理信息管理软件”应用试点单位，并将45团、伽师总场作为兵团全员人口信息软件升级试点团场，试点成功后，此款软件将全面正式使用。

八是基本社会服务机构、体系逐步健全，建成社会安全网。首先，兵团最低生活保障的经费投入逐年增加，低保制度管理从申请、入户调查、审批发放到社会监督，各个环节的操作程序日趋规范，兵团低保覆盖面不断扩大，全年兵团最低生活保障人数由2000年的2.5万人增加到2013年的10.2万人，低保覆盖率连续3年达到100%，达到“应保尽保”的动态管理标准要求。其次，社会福利服务能够满足基本需要。2013年末有各类收养性单位108个，床位数7 577张，在院收养人数5 385人，新增通营连公路1 323千米，新建60个团场卫生公厕和40个团场环卫设施，新建和改造26个社区服务设施、10个团场综合文化中心、18个养老服务设施、15个团场殡仪服务站，实施团场城镇公共服务经费补助2亿元。再次，兵团优抚安置处于全国领先水平，全年国家抚恤、补助各类优抚对象0.39万人，优抚对象生活得到明显改善，接收安置退役士兵929人，退役军人退役金100%全额发放。

第八章　兵团“十二五”时期社会事业管理模式与实践创新

在中央和兵团历届党委的正确领导和大力推动下，兵团社会事业取得了长足发展，其管理模式也得到不断发展和完善。与全国社会管理格局类似，兵团社会事业管理逐渐形成了“党委领导、政府负责、社会协同和公众参与”的格局，但由于兵团体制的独特性和历史、区位因素、经济社会发展水平等因素影响，兵团社会事业管理主体、管理组织、体制机制、方式方法也存在较多独特之处。

8.1　兵团师（市）社会事业管理模式

“师市合一”是兵团下辖的农业师和兵团直辖县级行政区划的一种特殊管理体制，即师和市实行“一套人马、两块牌子”。由于“师市合一”最先在兵团第八师石河子市（以下简称石河子市）实施，所以也常被称为“石河子模式”。“师市合一”模式是兵团在坚持“党政军企合一”独特体制下，为适应外部环境和中国社会主义特色市场经济，为实现职能与资源的优势互补，对其农垦经济体制改革进行探索和发展模式的调整，是实现戍边使命由“屯垦戍边”向“建城戍边”的转变，也充分考虑了与地方发展相融合，既是兵团管理体制和模式的创新，也是兵团社会事业管理模式的创新。目前，兵团在新疆设有7个“师市合一”的新疆直辖县级市和5个“团（场）镇合一”的建制镇，由兵团实行统一分级管理。根据两次新疆工作座谈会精神、兵团“十二五”规划和兵团城镇建设“十二五”规划，至2020年，兵团城镇化率将从2009年的48%增加到70%，兵团将拥有设市城市12座和数个城市新区，“师市合一”的石河子模式将会成为今后兵团社会事业管理的主要模式。以下就以第八师石河子市为例对“师市合一”社会事业管理模式进行深入分析。

8.1.1　石河子市“师市合一”模式的历史沿革

在1975年中央撤销新疆军区生产建设兵团及其所属师的建制时，同意设置石河子地区、石河子市；1976年1月，国务院下发［1976］1号文设立石河子地区、石河子市；石河子地区下辖石河子市、沙湾县、玛纳斯县；石河子市为县级市。1978 年 9 月，中央撤销石河子地区，将沙湾县、玛纳斯县分别划归塔城地区、昌吉回族自治州；成立石河子农垦局，与石河子市实行“政企合一”，统管地区农场和石河子市行政工作。1979 年 2 月，自治区决定石河子市为自治区直辖市，与石河子农工商联合企业实行“政企合一”体制。1981 年 12 月，中共中央、国务院、中央军委决定恢复兵团体制，农八师建制随之恢复，与石河子农工商联合企业为同一机构，与石河子市“政企合一”实行一个党委领导，即农八师、石河子市党委简称师市党委。1984 年 9 月，自治区党委、人民政府决定石河子市仍为自治区直辖县级市，与农八师政企分设，形成了“师市合一”体制，也被称为“石河子模式”。

8.1.2 “师市合一”石河子模式的主要内涵及特点

(1)“师市合一”的石河子模式主要内涵

“师市合一”模式的“石河子模式”，其根本内涵是将兵团“党政军企”合一特殊管理体制赋予政府管理权限。以八师石河子市为例，主要实现形式是兵团第八师行政部门与新疆石河子市政府部门实行“一个机构、两块牌子、合署办公”的方式，受新疆维吾尔自治区和兵团的双重领导。

目前，第八师石河子市实行一个党委领导、领导班子分设、部门一套机构两块牌子的管理体制，即八师和石河子市设一个党委和纪委，石河子市按县级市依法设立人大、政协、政府机构，八师和石河子市的党、政、群机关部门一套班子、两块牌子、合署办公，在师市党委的统一领导下，在师属辖区和市辖区域内分别履行师行政部门和市政府部门的职能，对应兵团和自治区的相关部门。八师管理 14 个农牧团场、2 个河系管理处，负责辖区 6 007 平方千米的基础设施建设，公共事业发展。石河子市辖 1 团、2 镇、5 个街道办事处，负责辖区 460 平方千米的税收、基础设施建设、公共事业发展。石河子市以外属八师管辖的 5 547 平方千米的税收分别由沙湾县、玛纳斯县、克拉玛依市管理。

(2)“师市合一”石河子模式的主要特征

“石河子模式”的突出特征是：“师市合一、兵地融合、军垦文化、三化示范、五湖四海、包容开放、屯垦戍边”。

“师市合一”指管理体制上第八师机关和石河子市人民政府机关合署办公，一套班子、两块牌子。

“兵地融合”指兵团第八师作为“党政军企”合一的特殊社会组织实施的内部行政事务管理与石河子市人民政府实施的社会公共事务管理的高度融合。

“军垦文化”指兵团在屯垦戍边历史中逐步积淀形成的一种有独特内涵的

文化类型，体现了“热爱祖国、无私奉献、艰苦创业、开拓进取”的兵团精神，体现了海纳百川的包容性和开放性，凝聚了诸多代表社会发展方向的先进性因素。

“三化示范”指近年来师市以工业为主导的产业发展格局基本形成，为工业经济服务、为城市发展服务的农业发展模式基本形成，以城市为龙头带动城镇团场一体化发展格局正在形成。

“五湖四海”指人口、人员构成上完全是由全国各地在不同时期移民组成的，是新中国最早的移民新城，各地人之间、各民族之间和谐相处，共融发展。

“包容开放”指由于人员构成、体制形式等特点而形成的组织和人员心态等方面，对各地人、各民族的文化习俗、生活习惯等都给予包容接受，并在经济交往和合作中，开放合作，共求发展。

“屯垦戍边”指特殊体制、独有模式所追求的根本宗旨和最高目标是履行屯垦戍边的神圣使命和历史责任。

8.1.3 “师市合一”石河子市社会事业管理模式

由于石河子市辖1团、2镇、5个街道办事处，石河子市社会事业管理主要依托街道、社区居民管理委员会、服务站、团（镇）、乡镇等来实施管理，其中团（镇）及“连社合一”模式放在下一节进行详细论述，本节主要对城市社会事业管理进行论述。

（1）管理组织与主体建设

目前，石河子市建立了党委政府统一领导的市政府、街道、社区的“一级政府、两级管理、三级服务”的社会管理体制和公共服务新体系。石河子市城市社会事业管理主要依托街道办事处（以下简称街道办）和社区居民管理委员会。街道办事处是市政府的派出机构和主体单位，担负着政府的工作职能，是辖区的社会事业管理主体；社区是社会的基层细胞，是居民群众性自治组织，是辖区内又一重要的社会事业管理主体。

街道的主要职能主要包括组织和指导辖区各单位、社区居民，积极参加城市管理工作的各项活动；组织和实施上级下达的城市管理各项任务，协调辖区内各单位的工作关系；制定和提供城市管理工作的活动经费，做好保障和服务工作；完成市里布置的其他城市管理工作。经过多年的积淀，石河子市街道办事处坚持“条块结合、以块为主、重心下移、属地管理”的基本原则，重点做好“强条”、“实块”工作。

社区的主要职能包括在街道的指导下，通过自治的形式，组织社区居民积极参加城市管理工作的各项活动；开展各项群众性活动，教育社区居民遵守社会公德，自觉抵制各种不良的社会习气；通过群众自治形式，维护社区的良好环境；发动、组织居民积极支持、参与街道开展的城市管理各项整治活动。石河子市社区定位：①发展经济的第一环境；②维护稳定的第一防线；③服务居民的第一平台。通过建立“权随责走、费随事转”的分工协作机制，坚持“以块为主、条块结合、重心下移、整体联动”的社区工作机制；培育居民的社区意识，调动居民积极参与社区工作的积极性；强化社区服务功能，满足居民社区服务需求；政府加大对社区建设的投入，推进社区资源共享，为社区居民各项文体活动创造了条件。

实践证明，由于街道办事处和社区上联师市党委、政府，下联居民群众，在石河子市城市管理（含社会事业管理）网络结构中具有承上启下的基础地位，承担着大量的管理职能和治理任务，是城市管理的稳固基石和中坚力量，在实现“稳定器、大熔炉和示范区”的兵团新定位中发挥着重要的基础性作用，多年来街道和社区在城市建设中发挥了不可替代的作用。

为加强街道办和社区管理，建立了单设机关管理的机制，变最初设立时的由民政部门牵头的多部门协同管理为单设师市党委社会工作委员会和师市社会工作管理办公室的归口管理。目前石河子市下设新城街道、向阳街道、红山街道、老街街道、东城街道五个街道办事处，街道办下设58个社区，其中向阳街道办事处分管1、20、21、22-2、22-2、23、29、31社区，龙岩社区和北子午路社区；新城街道分管7、8-1、8-2、14、15、16、17社区，123社区、西公园社区、南山煤矿社区、南山石场社区；老街街道办事处分管5-1、5-2、5-3、6-1、6-2、6-3、11-1、11-2、12-1、12-2、13社区，望月坪社区，龙泉社区、小白杨社区，红山社区街道办分管3、4、24、25、27、32、33、34、42社区，火车站社区和红山嘴社区；东城街道办事处分管39、40、41、48、56、57、58、59、63、78社区和凤凰嘉苑社区。截至2013年底，石河子市58个社区直接服务管理居民群众（包括外来人口和城郊团场人口）近45万人以上。

石河子市社区建设与管理经验在兵团范围内是最为丰富的，也经常在其他师市进行借鉴、示范和推广。目前，石河子市社区基本形成了以社区党组织和社区居委会为主体的新型社区管理体制，健全了社区主体组织，制定了自治章程、民主选举制度和社区管理制度，组建了居民小组长、楼栋长、单元长队伍。

（2）加强基础组织的党建工作

目前，在社区已经形成了党委、社区居民委员会、服务站“三位一体”社区社会管理模式，基本实现了党建工作在社区的全覆盖，使社区党组织的战斗堡垒作用得以充分发挥。为加强社区组织党的领导和组织建设，石河子市区加强了党建工作，所有党员均需到所居住社区报到、注册、领任务，并由组织部统一登记，按照统计服务时长来对其进行星级评定和年底奖励。如此操作主要是为了践行党的路线，提高居民的服务意识和社区居民自我服务、自我管理的自治意识。截至目前，石河子市共成立社区党总支部 42 个、党支部 419 个，管理党员 1.4 万名，占市区党员总数的 40%以上。创新设立了师市党委社会工作委员会和社会工作管理办公室，推行“两推一选”，试点“公推直选”，进一步提高了社区党组织的凝聚力和战斗力。每个社区设党务专干 1～2 名，将社区党组织工作经费纳入财政预算，保证社区每年有党建工作经费 4 万～6 万元；较好地解决了社区建设有人干事、有钱办事、有场所议事的问题，使社区逐步成为服务居民群众、促进社会和谐的第一平台，维护社会稳定第一防线。

(3) 基层社区构建“三位一体”的服务机制

为了提升社区社会事业服务功能，石河子市在基层社区成立了“五站一室”工作机构，构建了政府公共服务、居民互助服务、社区共建共享“三位一体”的服务机制。建立了社区公共信息技术服务中心、街道市民中心、社区服务站等多级服务机构，中介组织、家政公司、民办学校、私人养老院等新型服务实体大量涌现，较好地满足了居民就医、娱乐、健身等需求。社区成立“五站一室”，即文化站、劳动保障站、卫生服务站、物业站、环境保护站和警务室，将“便民利民服务”、“社会保障服务”、“人口计生服务”、“环境卫生服务”、“文化服务”等工作纳入一站式服务内容，社区服务也从日常生活服务向文化、教育、体育、卫生、就业和社会保障等多领域拓展。通过有效整合，机关 32 个部门单位的 151 个服务项目在街道社区实行了“一站式”服务，在石河子市红山街道、新城街道，石河子总场、143 团设立联合服务中心，整合民政、社保、计生、综治、公安、信访、调解等社会管理资源，把居民服务中心与综治维稳中心合二为一，提供“进一扇门、办所有事”的一站式服务。

(4) 组建了一批素质过硬、能力较强的街道社区队伍

建立了街道社区选人、用人、育人机制，建成了一支政治素质较好、工作能力较强、热心社区工作的街道社区干部队伍。按照凡进必考原则，先后 4 次较大规模地向社会公开招考社区专职工作人员 515 名，为社区配齐了书记、主任、工作站站长，“四员”（党务、社区干事、劳保、综治员）和若干公益岗位，为师市基层政权建设注入了崭新的活力。经过多方争取，社区工作人员编制、待遇及管理机制进一步得到落实。

(5) 完善以财政为主、辖区单位共建资助的多渠道投入机制

师市通过多种筹资渠道，先后投资 2 000 余万元，分期分批新建了 51 个 300 平方米以上的社区用房，投入 830 多万元为社区配备了办公设备。2004 年，争取到国家社区服务设施国债试点项目专项资金 1 000 万元，师市配套 425 万元，建设了 35 个社区服务站。2008 年，师市投资 2 500 万元，对街道社区路面及公用设施进行了维修改造；投资 3 600 余万元建设老年文化服务活动中心和 5 个街道市民服务中心；投资 400 余万元为社区安装健身器材，为多数社区建立了图书室，一些社区还建立了文化体育活动广场，部分社区由物业或企业捐赠提供健身器材等设施。新疆天业集团捐助 300 万作为社区文化基金，石河子政府发动北疆晨报、西部牧业等联合举办的慰问贫困户、自强家庭等特殊群体的“爱心社区行”活动等；初步形成了以师市、街道市民服务中心为龙头，以社区服务站为主体，以驻区单位、居民小型分散服务设施为补充的新型城市公共服务体系。

(6) 社会组织、居民自主参与及政府购买服务

石河子市作为兵团范围内经济社会发展水平和社会事业发展基础条件最好城市，截至 2014 年 9 月，第八师石河子市社会组织机构共有 308 个，其中社会团体 103 个，包括经济（38 个）、慈善（1 个）、科学研究（14 个）、综合（23 个）、社会事业（27 个），民办非企业单位共 205 个，包括教育类（103 个）、文化类（1 个）、科技类（5 个）、卫生类（5 个）、体育类（16 个）、民政类（57 个）、劳动类（16 个）。不过总体来看，社会组织规模相对较小、服务能力较弱。部分社区成立了居民小组长、楼栋长、单元长、居民代表等社区基础队伍，但总体来看，作用没有有效发挥，社区居民自治尚未形成。此外，石河子市 13 个社区成立了 6 支志愿者队伍，分别以党员志愿者队、文艺工作者志愿者队等形式参与社会服务。这些社会组织在石河子社会事业服务中起到了重要作用。在政府购买服务方面，社区购买社会组织的服务即服务分工社会化是未来社区发展的主要方向。政府投资筑巢引凤，设立社区居民文化活动中心、居民居家养老中心、社区服务站等，吸引社会组织参与社区管理，给居民提供服务。

8.1.4 石河子镇的“村改居”模式

石河子镇从 2012 年开始整改村，即将村改为居委会和社区的形式，其中石河子镇南规划区的 8 个村采用就地拆迁安置的做法。村改居模式与城市建设的区别在于不提倡“三位一体”而是采用“一站多居”的模式，将政府的基本公共服务延伸以社区工作站的形式体现。具体做法为：社区中心站（有编制）下设居委会（由村委会改编，村民变居民），一个工作站服务多个居委会，一个镇管理多个中心站。由于团场（镇）社会事业内容比较多且复杂，需要进行单独作为一节进行论述。这里关于“场镇合一”的北泉镇模式放在下一节进行论述。

8.2 兵团团镇社会事业管理模式

8.2.1 团场等基层社会事业管理模式演变

兵团自 1954 年成立以来，其团场社会事业管理模式演进主要分为四个阶段：

（1）团场作为基层政府实施“一揽子”管理阶段（1954—1980 年）

兵团恢复建制以前实施的是“军政合一”（1954—1975 年）、“政企合一”（1976—1981 年），团场实施“一大二公”、计划体制的国营农场制度，土地、生产资料及产品等都归国有，团场作为国营基础单位，为职工群众缴纳“五个统筹”、“五保三费”，在教育、卫生、文化体育、科技服务、收入分配和劳动就业等社会事业实施了“统一领导、分级管理”“团场供给为主、经费师团统筹、职工积极参与”的社会事业管理模式，该模式可统称为“一揽子”管理模式。“一揽子”管理模式特点除了大型、跨区域类社会事业服务由兵团或国家统筹供给和管理外，绝大部分社会事业是团场承担了所有的服务与管理工作。团场职工群众与国有企业、事业单位等一样都在退休年龄时退休，退休后有退休工资做养老保障，并可享受医保等待遇，为职工群众构建了相对完善的生产生活安全网，这体现了兵团社会事业管理模式的优越性。

（2）团场社会事业管理艰难期（1981—1989 年）

1981 年 12 月，中央政府决定恢复兵团建制，名称由原有的“中国人民解放军新疆军区生产建设兵团”改为“新疆生产建设兵团”，实施“党政军企合一”的特殊体制，归农业部和自治区双重管理。该阶段，由于兵团是一个工农商学兵俱全、产业门类多的超大型社会组织，归口国家农业部领导；但农业部是个专业部，兵团许多事业都超出了农业部职权范围，难以满足兵团多方面的需要；如水利建设及教育、科技、交通、卫生、军事、边防、民政、救灾等经济及社会事业都得不到国家计划财政应有的支持。在财务方面也出现了三大变化：一是国家拨款从以往预决算制度改为财务包干，每年补贴三亿多元，盈亏自负。二是实行利改税后，兵团过去用于扩大再生产投入、补助行政、事业费的利润都变为税收上交自治区。不仅导致兵团二三产业失去了内生发展动力，出现严重衰退，导致经济发展结构失衡，还基本上切断了兵团自我发展的财源。三是职工离退休进入峰期，支出逐年刚性增长的退休金绝大部分要兵团自负，使兵团各级财务不堪重负，收入低的团场大有难以为继之势。兵团水利建设得不到国家财政应有的投资，部分小型农田水利补助费只能支持原有水利设施的修修补补，无力进行大、中型水利设施建设[①]。利改税后由于兵团转嫁成本导致职工负担沉重，导致人心不稳，人口外流。

在团场社会事业管理艰难期，兵团借鉴农村改革经验逐步实施了“三奖一定”、“一主两翼”、“团场承包制”等农场经营制度改革，也实施了大包干责任制、兴办职工家庭农场、企业承包经营责任制、发展多种经济成分等方面的改革，推进了兵团经济社会的发展，也带动了社会事业发展和管理模式转变。

(3) 加强与市场接轨阶段（1990—2010 年）

1990 年中央政府批准兵团实行计划单列，兵团在接受新疆维吾尔自治区领导的同时逐渐由中央政府有关部门对口管理；这种双重领导体制的建立，有利于中央与自治区对兵团的协调领导，有利于兵团履行肩负的各项职责，理顺了兵团与国家机关各部门的关系，进一步推动了兵团事业的发展。计划单列后，中央加大公共服务和公共安全、教科文卫、农林水事务等领域对兵团的政策支持和资金投入，棉花等农副产品经营权也部分划拨给兵团，缓解了团场在社会事业发展中的资金压力，为团场社会事业发展注入了强大的活力和新的生命力。

1992 年我国确立了建设有中国特色社会主义市场经济体制的目标后，为协调兵团特殊体制与市场经济的关系，兵团开始进一步推进团场经营体制改革，1993 年团场实施了生产费和生活费“两费自理”等改革，团场社会服务供给与管理模式也随着经营体制的转变而不断发生转变，团场办社会局面有所缓解，职工群众等自我管理以及参与社会事业管理的积极性不断增强，与此同时社会组织也开始出现并逐步参与了社会事业服务与管理，“统一领导、分级管理、社会参与”的社会事业管理模式逐步形成；与地方和内地乡镇相比，该阶段兵团由于计划性、组织性偏强，社会组织发展相对缓慢，社会事业管理中发挥作用并不突出。

为进一步推进兵团体制与市场经济体制接轨，2004 年 11 月兵团出台了《兵团党委、兵团关于深化团场改革的意见》（即“1＋3”文件），2006 年又出台了《关于进一步完善“1＋3”文件若干政策的补充意见》。两个文件提出了完善以按劳分配为主体、多种分配方式（包括生产要素参与分配）并存的分配制度和社会保障体系；关于国家法律、法规规定的社会保障“五项统筹费”、

---

① 郭刚．兵团计划单列前前后后．兵团新闻网［a］．http：//www. bt. chinanews. com/PhotoT/jsgs/201003/4101. html.

职工教育经费等费用以及由团场补贴一部分的文化、教育、科技、卫生、民政、政法、武装等社会公益性支出，分别由团办企业、经营性事业单位和农业连队承包职工按比例合理分担；要实现管理范围和职能转变，即通过机构改革和组建中心团场，实现管理范围由管连队和企业扩大到全面管理社会、由只管国有单位职工扩大到全面管理社区人口和各类从业人员转变，管理职能由管理国有经济向管理各种所有制经济及社会组织转变；重点做好发展规划、社政管理、公共服务等项工作，进一步健全社会化服务体系。充分发挥社会中介组织的作用，鼓励承包职工兴办多种形式的专业合作经济组织；扩大基层民主，进一步扩大职工群众的知情权、参与权、选择权和监督权；积极鼓励、引导民间资本和外资投入团场农业开发，发展团场经济，凡在团场社区范围内兴办的各类非公有制企业，都要与国有、集体企业享受同等的政策。

（4）强化基层社会事业服务与管理阶段（2010 年至今）

2010 年 3 月 29—30 日，全国对口支援新疆工作会议在北京召开；2010 年 5 月 17—19 日中央在北京召开的新疆工作座谈会出台了《中共中央国务院关于推进新疆跨越式发展和长治久安的意见》（中发［2010］9 号），中央号召 19 个省份及中央企业对口支援新疆与兵团，通过人才援疆、项目援疆、产业援疆等形式为兵团社会事业提供了必要的创新思维、急需人才、大量物资和资金，开启了兵团经济社会发展的新纪元，也为兵团社会事业发展水平快速提升、管理模式创新奠定了基础。

在中央和新疆维吾尔自治区的支持下，2011 年 1 月 5—6 日的兵团党委六届六次全委（扩大）会议审议通的《兵团国民经济和社会发展第十二个五年规划纲要》，提出坚持走城镇化、新型工业化和农业现代化“三化”道路，按照师建城市、团场建镇、整体规划、分步实施、成熟一个、建设一个的思路，继续做大做强石河子市，加快阿拉尔、图木舒克、五家渠 3 个新建市的发展；要积极筹划新建城市，2015 年再新建 3～5 个兵团管理的自治区直辖县级市；以中心团场为基础，引导团场人口和二、三产业向团部居民点集中；到 2015 年兵团城镇化率达到 60%；通过廉租房、保障房建设使团场连队人口快速向团场集聚，在引致团场社会结构的变化的同时，也使职工群众社会事业需求结构发生了变化，加之市场经济的冲击和网络信息化快速普及，现有兵团社会事业管理模式和供给体制遇到了巨大的挑战。

为此，2013 年兵团出台了《关于深化团场改革试点工作的指导意见》（新兵发［2013］9 号），按照“强化团场党委核心领导作用、实行团场内部政企分开、增强团场公共服务和社会管理职能、完善农业基本经营制度、建立国有资产运营监督管理体制”的总体思路，以创新团场管理体制为着力点，以团场内部政企、政事、政资、政社分开为突破点，积极探索特殊体制与市场机制结合的有效实现形式，不断创新和完善团场管理体制和运行机制；深化团场改革试点工作要遵循四项基本原则——顶层设计与尊重基层首创精神相结合，稳定基本政策与推进制度创新相结合，统筹协调与分类指导相结合，积极探索与总结完善相结合；深化团场改革试点的主要内容包括：着力推进团场内部政企分开、进一步探索团场党政军职能的运行机制和实现形式、加强和创新团场社会管理、创新团场农业经营体制。《意见》设立一师一团、七师一二五团、十三师红星一场等8个兵团改革试点团场、23个师自定改革试点团场改革工作正在有序推进，2015年兵团所有团场都将实施。

8.2.2 “场镇合一”的北泉社会事业管理模式

“场镇合一”是“师市合一”体制的丰富和拓展，“北泉模式”是“石河子模式”的细化与延伸。1999年石河子总场的“北泉镇”成为建制镇的“兵团第一镇”，在不断探索和实践“场镇合一”特殊体制优势的过程中，探索出了一条统一决策、优势互补、推动跨越的“场镇合一”体制。这一体制管理模式使石河子总场拥有了财政、税收、工商等项权利，并赋予相应的管理职能和权限，从而解决了长期困扰兵团团场非企业、非政府、非社会的发展瓶颈问题，石总场得以行使一级政府的职权，进而促进了石总场经济、社会各项事业的快速发展。

石总场北泉镇实行“场镇合一”模式以后具有了团场和政府的双重身份，在现有的运行中已形成了“石总场主要进行生产经营管理，北泉镇主要行使公共权力、管理公共事务、承担公共责任”泾渭分明的运行体制框架。按照政企、政资、政事、政社分开的改革总体设计，石总场主要进行生产经营管理；北泉镇主要行使公共权力、管理公共事务、承担公共责任。场镇合一的“北泉模式”可用十六字概括——“场镇合一、政企统筹、统一领导、权责分明。”①场镇合一：石总场、北泉镇两个县团级建制合为一体，实行“一个党委、一个机构（一个党委，场镇园合署办公）、一套人马，两块牌子（总场、北泉镇）”；职能上合下分，场镇组成一个领导集体并按照党委分工不同开展屯田筑城、戍边维稳工作。“场镇合一”后，建设统一规划、发展集中决策，真正实现了“规划一张纸、审批一支笔、建设一盘棋”的格局。②政企统筹：行政事业单位与生产经营单位在场镇党委的统一领导和协调下，将原来赋予团场行政职能的部分划归到北泉镇人民政府，进行公共服务和社会化管理；企业由总场授权成立的石总场国有资产投资经营公司（以下简称国资公司）来实施管理。③统一领导：场镇党委按照“统揽全局、协调各方”的原则贯彻执行党的路线方针，实施对场镇社会政务与生产经营的统一领导。④权责分明：场镇行政部门按照“小政府、大服务”要求，履行和实现宪法赋予一级政府的各项社会管理职能，为场镇经济和社会发展服务；场镇生产经营单位彻底解脱团场长期“企业办社会”的困扰，专心致志地按照“产权明晰、权责明确、政企分开、管理科学”的现代企业制度，不断深化市场化为价值取向的经济体制改革，专心致志地从事生产经营活动。

在团场政企分开机构改革中，场镇率先创新社会管理模式，迈出了生产经营和社会化管理分开的步伐，探索以社区为框架的团场社会管理体系。随着社会化管理的需要，石总场北泉镇下属 38 个农业连队、53 个行政事业单位，现已形成覆盖全场镇的社区服务体系，社区中心下设 12 个社区，其中有 8 个城镇社区，4 个集镇社区，各社区“五站一室”功能齐全。场镇成立行政许可服务中心，设有 24 个办事窗口，其中常设窗口 13 个；办理劳动就业、社会保障、婚姻登记、计划生育、房产登记、农机监理、老年优待证、法律咨询援助等业务。同时，推动连队与社区职能分离，连队主要从事生产经营活动，社区由社区中心统一管理，履行社会化服务管理职能，解决了连队经费投入不足问题，缓解了连队“办社会”的负担。北泉镇在进一步理顺石总场北泉镇与农业经营公司、社区的关系的基础上，深化团场政企、政社分开改革，实践证明“北泉模式”是目前兵团农牧团场最有效的发展途径和维稳戍边的捷径。

8.2.3 “连社合一”社会服务管理模式

(1) 第一师八团的“连社合一”模式实践

第一师八团落实兵团《关于深化团场改革试点工作的指导意见》（新兵[2013] 9 号）精神，根据师市党委的安排部署在塔门镇实行“团镇合一”管理体制，即团镇党委领导班子合一、行政版图合一、管理权限合一、机构设置合一、机关人员编制合一的“五合一”体制模式。

八团创新“连社合一”管理体制模式，团镇全民所有制连队和城镇社区整体合一。随着城镇化步伐加快和农业连队居民的迁入，根据团镇撤连并镇推进及现有小区居民的分布情况，占全团总人口 70%的塔门镇成立了 3 个城镇社区。其中，北京路社区辖光明小区、绿洲小区、绿景小区 3 个城镇住宅小区，居民 1 127 户；成都路社区辖城镇创业园区，居民 677 户；台州路社区辖阳光丽苑、台州丽苑 2 个住宅小区，居民 1 546 户；八团统筹整合连队社会管理人员到城镇社区，将基层单位从事社会管理服务的人员全部调配到城镇 3 个社区，每个城镇社区配备书记、主任、政工员和治安员各 1 人；将连队部分干部推荐到社区，通过居民代表大会选举任社区居委会主任、副主任职务。

在加强和创新社会管理方面，八团健全社区管理服务模式，健全“四位一体”社区管理模式。建立团镇（社区管理委员会）——城镇社区居委会（社区服务中心）为框架的城镇社会管理体系和“四位一体”（社区党组织为领导层、社区居民代表大会为决策层、社区议事协商委员会为议事层和监督层、社区居委会为执行层）的管理模式。各连队根据地理位置将其社会事务纳入相应社区延伸管理。团镇成立社区管理委员会，团镇分管社区建设的领导任主任，各社区书记、主任、生产连队的书记和驻团镇机构的领导任委员，领导协调社区工作，下设社区管理委员会办公室，具体负责日常工作。对目前社区的党组织、居民代表大会、议事会与连队的党组织以及共青团、工会等群团机构，进行整合重组；在过渡期内，连队从事生产经营管理的领导，在社区管理委员会的领导协调下，也积极从事社区管理服务工作，管理服务重点随着工作重心的季节性转移而变动。

（2）第七师一二三团的“连社合一”模式实践

第七师一二三团在城镇化建设中已建起了5个社区，社区居民达5 008户1.6万人；曙光里社区启动了“连社合一”管理服务模式，分别与5个连队的党支部书记签订了“连社合一”联动管理服务协议书，协议书内容涉及党的建设、职工培训、计划生育、环境卫生、文化活动、社会管理等。

为推动连队管理向社区服务的转变，一二三团创新管理方式，在连队和社区实施“分联结合、两头管理服务”的“连社合一”模式，即：农忙时节，连队党支部管理服务到田间地头，农闲时节社区管理服务到楼道户头；社区与连队思想工作联做、党员教育联抓、公益事业联办、社区治安联防、贫困对象联帮和文化活动联欢，整合社区管理委员会与各连队的力量，社区工作由过去的工作人员“跳独舞”变为连社合一“跳集体舞”。

8.2.4 网格化社区社会服务管理模式

奇台农场是依托社区居委会的网格化管理模式的代表。随着奇台农场城镇化建设步伐不断加快，保障房建设规模逐年加大，大部分连队人口集中到社区居住，连队职工逐步从“单位人”向“社会人”转变，奇台农场公共管理服务职能重心下移，社区工作范围不断扩大。

为加强完善社区管理工作，奇台农场在两个中心城镇社区、三个原进入团场社区、两个原分场社区全面推行网格化社会服务管理模式；按照“一网四级、一级多格、一格多点”的原则，根据各社区的人口分布、治安状况等情况建立起以奇台农场整体区域为范围的一级网格1个，以各社区管委会区域为范围的二级网格7个，以各社区居民委员会区域为范围的三级网格5个，以各社区片区为范围的四级网格41个。将网格内的楼群纳入管理之中，每个社区网格由一名社区工作人员担任网格长，详细掌握100～500户居民的家庭信息，网格长与网格化综合信息员、社区党员、社区民警、社会志愿者等共同组成网格管理队伍，实时采集网格内居民家庭的情况。

奇台农场不断完善社区便民利民服务网络，优化社区商业布局结构。鼓励和支持各类组织、企业和个人兴办居民服务业，发展社区居民百货副食品供应、餐饮、维修维护、美容美发、洗衣、家庭服务、物流配送、快递派送和再生资源回收等服务，培育新型服务业和服务品牌；鼓励有实力的企业运用连锁经营的方式到社区设立超市、便利店、标准化菜店和早餐网点等便民利民网点；鼓励邮政、金融、电信、供销、燃气、自来水、电力、产品质量监督等公用事业服务单位在社区设点服务，满足居民多样化生活需求；各社区还组建了形式多样的家政服务队、文化服务队、卫生保健队等提升社会服务的质量。

奇台农场在管理机构上成立了社区管理委员会，配备了专职社区工作人员60余人，加强基层社区建设，充实社区力量。奇台农场5个城镇居委会全部建立了一站式便民服务大厅、图书阅览室、党团员活动室、司法警务室、健身大厅等，设立了社会救助、法律援助、就业保障、综合治理、计生服务等“多位一体”综合服务平台，推行“一门进入、一口受理、一次办结”的服务方式，形成“小社区、大服务”的网格化社区管理服务模式，打造居民“15分钟社会服务生活圈”。奇台农场7个社区已形成了面向社区居民的便民利民服务、社会化服务，面向居民的文化活动服务，面向下岗失业、无业人员的再就业等多项服务。为给社区居民提供更专业的服务，奇台农场成立了专门的物业公司——万泉物业服务公司，为社区居民提供免费或低偿服务，服务范围包括社区居民的家政服务，社区内的绿化，楼道内的卫生保洁，冬季积雪的清除等，每个社区网格都有专门的物业公司工作人员负责，使社区居民享受到方便快捷的服务。

8.2.5 “一站式”社区社会服务管理模式

红星一场目前已经构建了以各居民片区党支部为核心，以居民委员会为主要组织载体，以社区工作站为桥梁，居民自我管理、自我教育、自我服务的新型社区社会服务管理模式。社区综合服务站主要功能如下：社区综合服务中心主要职责：一是采集汇总社区基础信息，反映居民诉求。通过入户走访摸底调查、建档，已为2 420户家庭6 050人建立了家庭人口信息工作台账、建立各项规章制度29项，为辖区的居民管理与流动人口管理提供了强有力的信息基础。二是组织居民开展民主议事、公益慈善、邻里互助、志愿服务等活动。三是代办代理社会管理和公共服务事项，保障各项公共服务覆盖到社区全体居民。四是为社区居民提供文体娱乐、医疗卫生、科普宣传、健康休闲、养老抚幼、居家养老、优抚助残、困难帮扶、信息邮政、家庭服务等便民利民服务。五是为社区党组织和自治组织提供办公场所，培育发展社区社会组织，组织开展社会服务项目。在社区综合服务设施功能难以覆盖的撤连后居民居住点、自然村，建设一批具有专项服务功能的服务网点，满足社区居民最为直接、最为迫切的需求；社区自治工作触角延伸到每个小区、每个楼栋、每户家庭，创新自治模式，拓宽自治渠道，充分调动居民积极性，不断拓展社区自我管理与自我服务的广度和深度。社区工作人员坚持入户走访制度化、常态化，做到“四知四清四掌握”，及时了解居民的实时动态，听取和解决各种难点、热点问题；社区工作在调节矛盾方面，建立了来访登记台账，力争做到居民“小事不出楼栋，大事不出社区”。

红星一场实施的“一站式”社区社会服务管理模式集文化教育、社区环保、便民服务、医疗救治等项目为一体，整合各行政部门在社区的办事机构，减少管理层次，合并相近或相同的服务项目，整合服务资源，优化人员结构，精简服务流程，实现居民办事“一门进入、一口受理、一次办结”，大大提高了社区的服务能力和服务效率。同时，红星一场“一委（社区党支部委员会）一居（社区居委会）一站（社区综合服务站）”的社区服务管理体制，突出了社区党组织领导核心作用，强化居委会职责，优化公共资源在社区服务站的配置，提高社区综合服务和管理水平。

8.2.6　团场小城镇社区其他社会事业管理模式

兵团团场小城镇社区截至2004年初共有420个，主要是以团部为中心，向附近的连队延伸。社区的组织形式为社区服务中心或社区居委会，其基本管理模式为“团场社区指导办——→社区服务中心（或社区居委会）”，目前兵团各团场社区多实行这种管理模式。

（1）幸福社区的居家养老服务模式

164团唯一的综合服务类社区——幸福社区2005年成立后，不断探索社区居家养老服务模式[①]。幸福社区60岁以上的老人有930人，占社区总人数的20.3%，其中孤寡老人121人，空巢老人51人。幸福社区搭建居家养老服

① 社区居家养老服务是指以家庭为核心、以社区为依托、以专业化服务为依靠，为居住在家的老年人提供以解决日常生活困难为主要内容的社会化服务。

务平台，积极推进居家养老服务主体多元化、服务对象公众化、服务标准规范化。幸福社区根据老年人的需要在居委会设立了阅览室、电教室、绘画室、棋牌室、乒乓球室、器乐室、活动室等，为老年人娱乐休闲提供活动场所；成立老年业余书画、舞蹈、太极剑、器乐、合唱等多个文体队伍，丰富老年人的文化生活；组织105名干部和热心职工群众成立了志愿服务队，为社区老年人开展入户洗衣、居室保洁、保健护理、精神慰藉、急救服务等人性化服务，2013年上半年社区就开展志愿服务活动209户（次）；鼓励辖区党员和热心居民主动与孤寡老人结成45个帮扶队，切实解决老人在生活中遇到的困难，实现了“大事社区管、小事有人帮”。此外，幸福社区努力探索养老服务新途径，社区工作人员对每位老人的家庭住址、联系方式及居住环境、身体状况等情况进行详细调查，制作了翔实的文字档案，并为每位老人发放了《社区老人服务卡》，提高老年人的服务质量和效率。

（2）南山石场“三化一员”社会管理模式

石河子市南山石场社区积极推进“三化一员”管理服务模式，以应对人口流动、年龄结构变化和非公住房私自交易带来的社情变化，在由单位型社区向功能型社区的角色转变过程中，继续做好居民群众的服务工作。

区域化：根据社情复杂程度不同将南山石场镇河西区、果园区等10个居民小区分为重点区、关注区和普通区。要求重点区域每周查访一次，关注区域每10天查访一次，普通区域每15天查访一次。重点区域中的重点人口，必须做到随查随访，随时掌握复杂社情动态。

网格化：根据楼栋、平房人口密度将辖区10个居民小区细分为若干个网格，社区工作人员任网格管理员，由楼栋长和单元长（平房以排为单位）组成，实行双向沟通联系，社区将各种服务信息通过管理员发布给楼栋长和单元长，单元长将掌握的居民动态信息反馈给楼栋长，通过楼栋长及时传送给社区，社区再根据掌握的社情动态做出正确判断，调整管理服务策略，及时发现新情况解决新问题。

服务化：以“八法工作制”为蓝本，结合自身实际有效整合驻区单位资源，将社区教育、社区服务、社区文化等服务职能，通过社区“先锋志愿者服务队”载体，将各项主题教育活动以宣传教育、活动促进等方式，提高居民群众参与社区管理的热情。

信息员：由于南山石场镇公共设施建设相对落后，电子信息化管理仅局限于社区与街道间的公文往来；了解和传递社情动态信息仍然需要信息员来完成，每个居民小区设置2名信息员，由热心社区公益服务事业的离退休党员和低保人员担任。

8.3 依托社区的网络化社会服务管理模式

随着兵团“三化”建设进程的推进，加快兵团社区服务体系建设也显得非常重要和紧迫。低保、下岗失业和残疾、未成年、老龄等特殊人群和普通居民的利益诉求和服务需求呈多样性增长，社区工作的职能和内容随着社会转型、企业转制和政府职能转变发生了较大变化，社区居民委员会及社区各类组织除承担大量的社会治安、医疗卫生、计划生育、劳动就业、低保、文化体育等政府公共服务事项外，还要承担维护稳定、社区禁毒、社区矫正、流动人口管理、宗教管理、社区消防、商业维权、预防青少年违法犯罪、家庭服务等新任务，社会管理任务日趋繁重。在此背景下，社区作为城镇服务的最小也最有效的载体，需要逐渐适应师、团、连三级社会服务机构向市、镇、社区服务网络转型，通过健全社区服务体系、完善社区服务机制、拓展社区服务内容、创新社区服务方式、全面提升社区服务水平，更好地满足居民多层次、多样化的服务需求，使社区建设成为转变职工群众生产生活方式的加速器、现代文明的聚集地、维稳戍边的新堡垒；社区工作重点成为居民之盼，服务重点为居民之需，管理重点是居民之急，活动重点为居民之愿。截至2013年11月底，兵团城镇化率达58%；已经建立了872个社区，社区服务与管理的人口超过219万人，占兵团总人口的84%；其中：城市社区112个，师部师直社区43个，企业社区60个，团部城镇社区340个，连队社区306个，农村社区11个。

在处理兵团特殊体制与市场体制关系的过程中，形成的党委领导、行政主导、民政牵头、各部门协同、市场运作相配合的社区管理体制，体现了行政管理与基层群众自治的有效衔接和良性互动，同时有效地运用了市场和社会力量进行社区管理。由于体制的特殊性，兵团的城镇社区不同于地方城市社区和广大农村社区的模式，兵团城镇社区建设模式在不断探索的过程中形成了多样化的格局。

(1) 城市社区模式

城市社区模式的管理体系为“师（市）民政局、社区指导办⟶街道办事处⟶社区居委会”。城市社区模式主要以石河子市、五家渠市、阿拉尔市、图木舒克市为代表，共有82个。此模式是以街道确定社区的空间范围，强化了街道办事处作为政府的派出机关在社区行政管理中的承上启下的作用和地位，社区的服务功能发挥相对较好。

(2) 师直社区模式

兵团现有34个师直社区，其管理体系表现为“师民政局、社区指导办→社区”。师直社区模式主要是以师部为中心，根据地域分布将空间范围内的居民和单位纳入社区管理，形成与同城地方社区相对独立的社区，如第五师、第九师、第十师、第十四师等师部师直社区。近几年有些师直社区开始注重加强与同城地方社区的交流，形成了与地方共建共荣的融合型社区，如第一师、第二师、第三师、第四师等师直社区。

8.4 兵团各类社会事业管理模式的实践

(1) 兵团医疗卫生事业管理模式实践

第一，兵团主导的医疗卫生分级管理模式。目前，兵团、师、团、连四级医疗机构已经进行了整合，兵师两级医院、专科医院及部分团场综合医院以治疗为主，城市社区和团场卫生服务机构以基本医疗和公共卫生服务为主，形成了分工合理、有兵团特色的医疗卫生服务体系。其中，兵团卫生局是兵团医疗卫生事业的行政执行单位，下设妇幼保健与社区卫生处、疾病预防控制处、医政处等六大部门；兵团财务是中央一级预算单位，医疗卫生机构是兵团、师、团场、连队四级设置，而非地方的省、市、县、乡、村五级设置。同时，本着“做强兵师医院、做精团场医院和专科医院、做实社区服务中心和连队卫生室”的基本原则，兵团通过政策引导和项目支持，不断巩固“小病不出连、一般疾病不出团、大病进师以上医院”、“预防保健在社区、疑难重症到医院”的卫生服务格局。近几年加强了 2 617 个连队卫生室建设，建立了兵团三级医院与师、团场医院长期对口协作关系制度，实施了居民医保门诊统筹，全兵团实行统一的制度模式、结算管理、经办流程和网络系统，职工医保和居民医保住院封顶线分别达到当地职工年平均工资和当地居民年可支配收入的 6 倍以上，有效缓解了边疆职工群众看病难、看病贵问题。

第二，“多功能”卫生服务应急救助模式。在服务机构建设和资源储备方面，兵师团各级行政机关加强疾病预防控制机构、医疗救治机构、卫生监督机构的建设，建立突发事件应急流行病学调查、传染源隔离、医疗救护、现场处置、监督检查、监测检验、卫生防护等有关物资、设备、设施、技术与人才资源储备。同时，兵师团各级行政机关加强急救医疗服务网络的建设，配备相应的医疗救治药物、技术、设备和人员，提高了医疗卫生机构应对各类突发事件的救治能力。在传染病防治方面，兵师两级行政机关设置与传染病防治工作需要和区域卫生规划相适应的传染病专科医院，且指定了具备传染病防治条件和能力的医疗机构承担传染病防治任务。对传染病暴发、流行区域内流动人口，突发事件发生地的团以上行政机关做好预防工作，落实有关卫生控制措施；

对传染病病人和疑似传染病病人，采取就地隔离、就地观察、就地治疗的措施。

第三，全方位的卫生医疗对口支援模式。在外省支援方面，自2011年全国对口援疆工作全面展开以来，各对口支援省市积极开展人才援疆。2014年3月，湖北省随州市援疆医疗队援疆医生们在为患者服务的同时，不断提高当地医疗技术和设备水平；随州市卫生局先后为八十一团捐赠25万元用于购置医疗设备，援疆医生们开展各种义诊活动13次，义诊达3 600余人次；接诊门诊病人15 118人次，接受住院病人1 336人次，开展各类手术140余例；开展新项目39项，培养本地人才15人次，使团场医疗卫生服务水平得以明显提升。2014年7月，二十九团医院第一批急需培养的4名医务人员开始在河北省定兴县开展为期3个月的进修学习；定兴县卫生局组成的医疗专家还将深入二十九团社区为离退休老人和学生讲解卫生健康常识。在兵团内部的对口支援方面，兵团“万名医师支援农村卫生工程”实施方案安排13所二三级医院对口支持13所团场医院；兵团2所三级医院与5所团场医院建立对口支援协作关系；建立兵团、师级医院中青年执业医师定期到团场医院轮岗工作制度，严格执行二三级医院医生晋升中高级职称前到团场或社区服务1年的政策，并为边境、偏远的师、团场医院配置流动巡回医疗服务车；兵团从确定的50个艰苦边远困难团场中选出24个团场作为试点单位，安排专项补助资金1 145万元，用于支持试点团场医疗卫生服务工作。以上措施的实施，使地处西北边陲的连队卫生室普遍做到了有医有药、能防能治、看病有登记、用药有处方、财务有账目、收费有凭据、防保有记录、工作有制度，较好地满足了团场居民的基本医疗服务需求。

第四，培养具有较高专业素质的医疗卫生服务人才，解决基层医疗卫生人才匮乏问题。2014年5月兵团出台《关于加强艰苦边远困难团场医疗服务工作的意见》指出，兵团要深化卫生体制改革，培养具有较高专业素质的医疗卫生服务人才，使艰苦边远困难团场医院至少达到一级综合医院的服务能力水平，使基层职工群众的常见病、多发病能在团场治疗。提出试点公开招聘医院院长，实行院长任期目标责任制，以加强医院的经营管理；统筹兵团、师卫生资源，采取兵团、师医院与团场联合办院、设立分院等方式，以及兵团、师医院派驻管理人员、技术骨干等形式，提高团场医院医疗服务水平。为加强艰苦边远困难团场医疗专业人才队伍建设，通过多种措施完善绩效激励约束机制，鼓励多劳多得、优绩优酬，以调动基层专业技术人员的工作积极性。此外，为解决基层医疗卫生人才匮乏问题，2011年兵团以全科医生培养为重点，继续实施团场、连队卫生人员在岗培训和团场定向医学生免费培养项目；兵团要求由兵团三级医院和各师（市）医院分别为艰苦边远困难团场培养学科带头人及业务骨干，并适当放宽艰苦边远困难团场卫生人员职称晋升及招录条件，积极返聘执业医师到艰苦边远困难团场医院工作；加大对边境和贫困地区的政策倾斜，一师、二师、六师、八师和石河子大学医学院一附院等单位开展为期 10 年的对口支援第十四师卫生工作。

（2）兵团教育事业管理模式实践

一方面，健全与完善兵团各级教育服务体系。兵团教育事业是兵团社会事业的重要组成部分，目前兵团已形成了包括幼儿教育、基础教育、职业教育和成人教育、高等教育在内的较完整的教育体系，现有各级各类学校 775 所，在校学生 594 800 人，教职工 45 288 人。兵团教育事业行政直属部门是兵团教育局，主要负责执行党和国家有关教育、体育工作的方针、政策、法律、法规，指导和管理兵团基础教育、高等教育、职业技术教育、成人教育、社区教育、少数民族教育和社会力量办学工作以及兵团学历教育及考试招生工作，协同有关部门制定各类高等、中等学校的招生计划并组织实施等。

另一方面，通过教育援疆突破“双语教育”瓶颈，促进教育均等化发展。双语教育是兵团教育工作的重中之重，也是教育援疆的重中之重。在教育援疆方面，2011—2015 年兵团 12 个受援师共规划教育对口支援项目 67 个，规划投资 7.24 亿元，其中双语教育规划投资 2.34 亿元，占教育对口支援资金的 32.32%。截至 2013 年年底，兵团共实施教育对口支援基本建设项目 71 个，投入资金 6.73 亿元，占援疆总资金的 13.56%。兵团利用援建资金新建、改扩建、加固校舍面积 23.12 万平方米，新建运动场馆 21 个。在双语教育方面，兵团采取多种措施大力发展双语教育，力争使兵团少数民族中小学中青年教师全面达到双语教育要求。2005 年，兵团自筹资金实施少数民族中小学教师双语培训工程，45 岁以下少数民族中青年教师参加为期 2 年的离岗培训；实施少数民族中小学中青年教师双语提高培训工程，进一步提高其汉语授课水平。在各地具体实践中，第三师团场学校进行“创设开放式教学情境、构建体验情教学模式”改革，教室布置中学生座位由“秧田式”排列变成了“岛式”排列，营造浓厚的双语课程教学氛围；第三师伽师总场学校是一所民汉合校的九年一贯制学校，认真组织少数民族教师参加各类培训，鼓励汉民教师结对帮扶学习汉语和维吾尔语，以提高教师的双语教学水平。以上措施为兵团双语教育事业发展提供了支撑和动力，2013 年兵团接受双语教育中小学生人数占少数民族中小学生总数的 88.87%，比 2010 年提高 12.47 个百分点，接受学前双语教育的少数民族幼儿占幼儿总数的 87.92%，比 2010 年提高 2.82%，基本实现了兵团确定的双语教育工作目标。

（3）兵团社会保障管理模式的具体实践

兵团加大社会救助力度，着力改善和保障基本民生，保障困难职工群众的基本生活和合法权益，促进社会稳定。目前已基本建立以最低生活保障为基础，自然灾害救助、医疗救助为重点，住房、就业、法律等专项救助为辅助，临时救助、社会互助为补充，与社会保险、社会福利、慈善事业相衔接，标准适度、政策配套，广覆盖、多层次、可持续的社会保障体系。在公益性岗位设置方面有劳动保障协管员，其中社区内还设有社区公共设施维护、社区文化、社区体育、社区托老等公益性岗位。2011 年 4 月 13 日，爱佑华夏慈善基金会、兵团卫生局、兵团劳动和社会保障局，正式签署了爱佑童心项目的合作协议；"爱佑童心"合作项目的救助对象为兵团辖区范围内患有动脉导管未闭、房间隔缺损、室间隔缺损、肺动脉瓣狭窄、法洛氏四联症、合并多部位缺损等疾病的贫困家庭 0～14 岁患儿；"爱佑童心"项目定点医院负责患儿术前检查、实施手术及术后治疗，为每个患儿提供最适宜的手术治疗。

（4）兵团科技管理模式创新

一是科技资金投入实现稳定增长。"十一五"期间先后出台了《兵团"十一五"科技基础条件平台建设实施意见》、《兵团重点实验室建设与运行管理办法》、《兵团重点实验室评估规则》和《兵团工程技术研究中心管理暂行办法》等相关政策提升兵团科技水平。截至 2010 年，科研仪器设备原值达到 2.5 亿元，比"十五"末的 1.1 亿元增长 127.3%；2013 年兵团国有科研机构科技经费筹集总额为 3 221 万元，其中政府资金为 3 083 万元，企业资金为 32 万元，事业单位基金为 106 万元；在 R&D 支出方面，2013 年兵团国有科研机构 R&D 支出总额为 18 148 万元，其中基础研究、应用研究、试验发展支出分别为 1 456 万元、2 791 万元、13 901 万元，占总支出的比重分别 8%、15.4%、76.6%。

二是提高科技管理水平，引导多类机构组织健康成长，促进科技市场化、多元化模式发展。兵团科技主要由兵团科学技术局、兵团知识产权局、兵团科学技术协会等部门协同管理。在稳定、完善兵团、师、团三级农业技术服务体系的基础上，各师团鼓励和支持团场与兵团内外的科研院校，联合共建技术中心或技术开发实体，大力推广种植业、畜牧业和园艺业三个"十大"主体技术、精准农业六项技术和高密度高产栽培模式等先进技术，共同开发新产品。2014 年 1 月 16 日，替代兵团技术市场办公室的新疆兵团科技交流中心挂牌成立，而 2006 年以来兵团技术市场办公室已实施项目近 30 项，有效推动了区外先进适用技术向兵团转移，2009 年被科技部认定为全国首批技术转移示范机构。依托兵团技术市场协会、兵团 CDM 项目服务中心开展了对外科技合作，组织并参与了多起国际性技术培训班。新疆兵团科学技术交流中心成立后，在办好科技会展的基础上，建立与国家科技交流中心的联系，利用各省及新疆维吾尔自治区科技交流中心的渠道和平台，努力拓展与国内外、区内外科技单位的合作空间，在科技交流、引进智力、出国培训等方面积极开展工作，努力促进成果转化，推动区域间技术转移。

三是全面落实“科教兴兵团”、“人才强兵团”战略，重视科技人才队伍建设。兵团在稳定、培养、使用本地人才的同时，制定一系列优惠政策实施多渠道、多层次、多形式的市场化引智工程，重点引进成长潜力大、具有核心技术和市场创新人才。2009 年 1 月 22 日兵团科技局修订、印发了《兵团博士资金专项管理办法》(兵科发［2009］15 号)，专门资助 45 岁以内具有博士学位的优秀青年科技人才在兵团开展应用基础研究和高新技术研究工作，目前博士资金专项的资金额度已由最初的 100 万元增加到 300 万元以上；2009 年 12 月 4 日兵团科技局印发了《关于加快兵团南疆科技发展的若干意见》（兵科发［2009］73 号)，提出增强兵团南疆科技创新能力的 15 条措施，100 万元设立了“科技人员服务南疆专项”，每年支持南疆区域创新平台建设经费 50 万元；在兵团高层次科技人才培养补助专项管理中向南疆各师进行倾斜，其经费补助额高于兵团平均补助比例；对各师农科所引进硕士、学士学位人员实行一次性补贴，分别补贴每人 1.5 万元和 1 万元，2011 年共发放补贴达 32.5 万元；将塔里木大学作为兵团科技局南疆科技培训基地，每年给予经费补助 20 万元。2010 年 10 月 9 日，兵团科技局出台了《关于实施兵团创新人才推进计划的意见》(兵科发［2010］41 号)，提出了实现“优化人才结构、提升人才素质、激活人才活力和服务兵团发展”的目标，更好地组织实施科技人才队伍建设工程，为科技进步提供人才保证和智力支持。

(5) 兵团文化体育管理模式的具体实践

第一，文体投入资金有稳定保障，推进公共文化服务投入的多元化。兵团各师将文化投入作为保障重点，确保文化事业财政性经费支出占财政总支出比重达到 1%以上，增长幅度高于财政经常性收入增长幅度，企业也要建立健全经营利润分配文化建设的长效机制。兵团办公厅 2014 年 7 月印发了《兵团文化产业发展规划（2014—2020)》，引导和鼓励社会力量通过兴办实体、资助项目、赞助活动、提供设施等形式参与公共文化服务，努力促进公共文化服务投入多元化。例如，兵团第一师十四团多方筹措资金，先后投资人民币 600 多万元，用于发展群众体育文化运动；500 多万元用于建景观渠、修人行道，10 万元购买健身器材，40 多万元建设团门球场、棋牌室、职工小区灯光篮球场、乒乓球台、排球场等，投资 40 万元为 17 个基层单位建设农家书屋，每个书屋配备各类图书 2 000 余册。

第二，兵团制定出台多项财税优惠政策，加快文化管理模式创新。一是兵团支持公共图书馆、博物馆、美术馆、文化馆等公益性文化事业单位深化劳动人事、收入分配、社会保障制度改革，探索实行绩效评估考核结果与财政投入挂钩办法，促进其提高公共服务水平等；二是由政府部门主导，各主体自主参与落实公益性文化事业相关扶持、奖励、补助政策，如专业文艺团体下基层公益演出、数字电影放映工程公益放映场次等补助政策，调动各方面开展公共文化服务的积极性创造性；三是支持文化单位强强联合、转企改制，实行市场化运营，兵团对单位转型期所发生的开支及转型后一定时期内的开支给予补助；四是鼓励演艺团体自主创收。一方面对演艺团体下基层演出给予场次补助，让基层老百姓能更多地观看到了免费演出；另一方面对市场化演出给予一定补助，使得演艺团体进行商演，提高了自主创收能力。

第三，社会公益活动走进兵团，促进兵团文化活动多元化发展。兵团第八师宣传部、文体局、旅游局、文联联合承办了石河子军垦文化旅游节，包括“军垦史诗”大型主题综艺晚会、老年文艺晚会、双拥城军民联欢晚会、戏剧专场演出、五个街道文艺专场演出、两个团场文艺晚会、第九届 CCTV 模特电视大赛石河子杯新疆赛区选拔赛、体育技能展示、太极拳剑表演、书画展等。各社区的中老年腰鼓队、秧歌队、舞蹈队等文艺队开展了各种健身、演出和各种文体活动，老年腰鼓、秧歌、舞蹈也成了街道社区的品牌文化活动，广场健身舞蹈、秧歌、棋牌已成了民间常态的文化活动；老龄办和文体局主办的“石河子老年文化节”已举办七届，参与人次和观众达到 1 万余人次；妇联承办了“石河子妇女刺绣手工艺展”、“石河子女企业家成就展览”，形成了独具妇联特色的文化活动；河南文化援疆成果丰硕，2011 年河南卫视《梨园春》栏目走进新疆哈密、走进新疆兵团农十三师之后，2012 年 10 月兵团第十三师联合河南卫视《华豫之门》栏目共同举办“走进新疆、走进新疆兵团第十三师”大型公益文化鉴宝活动，推动文化大发展、大繁荣，落实河南文化援疆项目。

8.5 兵团“十二五”时期社会事业管理模式小结

“十二五”时期兵团逐渐形成了“三级管理”、“一揽子管理”、“师市合一”、“场镇合一”、“连社合一”、“网格化社区管理”、“一站式社区管理”、“居委会社区管理”、“依托社区的网络化管理”、“物业公司管理”等模式。在兵团新建城市，社会事业管理正逐渐由政府（街道办事处）导向的“居委会社区管理”模式向由政府（街道办事处）导向的“居委会社区管理”模式为主导、市场导向的“物业公司管理”模式为补充的新模式转变；团场的基层社会管理、公共管理由团连主导的“一揽子管理模式”向市场导向的“物业公司管理模式”与团场主导的社区居委会管理相结合的模式转变。具体模式如下：

（1）“三级管理”模式：依照原有部队的兵、师（市）、团（镇）三级管理模式，具体是兵团、师（市）、团（镇）；在三级管理模式中最需要实施管理模式创新的是基层社会事业管理，一方面是城市基础社会事业管理，主要包括街道、管委会、社区管理及社会组织等管理；另一方面是团场及连队、社区管理等基层社会事业管理。

（2）“一揽子管理”模式：其特点如下：一是大规模的或无区别的管理行为；二是对各种事物不加区分或不加选择的管理。需要指出的是，新建市镇自有公共财政能力有所增强，但兵团一级财政预算单位的现实不会改变，与强大的公共财政需求相比财政资金仍相对稀缺，原有的团连等基层组织政府导向的“一篮子管理模式”可能难以为继。

（3）“师市合一”模式：“师市合一”是在兵团管理区域内设立自治区直辖的县级市，即师和市实行“一套人马，两块牌子”，分别在兵团管理区域和市行政区划内行使政府职能。这种特有的管理体制较好地解决了兵团行政法律地位不明确、政权职能不完善的问题。目前自治区直辖县级市石河子市、五家渠市、阿拉尔市、图木舒克市、北屯市、铁门关市和双河市均实行“师市合一”模式。这种师市合一的社会服务发展模式既有利于举全师之力、集全师之智、聚全师之财发展社会事业，又有利于提高服务的组织化程度和效率。

（4）“场镇合一”模式：实施“场镇合一”一方面有利于解决团场办社会的公共支出，减轻团场和职工的负担，同时具有政企兼容、垦田筑城和戍边维稳的优势。

（5）“连社合一”模式：其特点如下：一是特定的团部城镇社区；二是统筹整合连队社会管理人员和社区管理人员；三是兵团职工兼有社区居民身份。体现在：农忙季节社区居民回到连队生产身份是职工，由连队党支部管理服务到田间地头；农闲季节连队职工回到社区身份是居民，由社区管理服务到楼道户头。

（6）“网格化社区管理”模式：形态上表现为“一网多级、一级多格、一格多点”，各级网格的划分标准可根据人口分布、治安状况等因地制宜；职能上重心下移，“纵横交错、全面覆盖、分级管理、层层履责、网格到底、责任到人”的作用机制有利于掌握辖区格局和户情动态，实现管理服务到户、干群沟通及时。

（7）“一站式社区管理”模式：该模式的重点是构建多功能的社区工作站，

主要组织载体是居民委员会，核心是各居民片区党支部，这种实现居民办事“一门进入、一口受理、一次办结”的管理模式能提高社区的服务能力和服务效率。红星一场“一站式”服务为特点的社区综合服务中心非常适宜在城市街道、师部师直及企业、团场城镇层面推广。

（8）“居委会社区管理”模式：一是管理机构独立且不受行政手段进行干预；二是从选拔到管理都尊重居民的民主权利；三是工作重在提高职工群众的生活质量和文明意识。

（9）“物业公司管理”模式：一是以经济手段对物业实施多功能、全方位的统一管理；二是为使用人提供高效周到的服务；三是适于有一定规模的住宅区。

就以上现存的模式来看，兵团“三级管理”存在不同层级的权责利，导致计划性很强、缺乏基层自主性和群众的参与度，有必要创新自上而下的决策机制和反馈机制，供给主体、资金来源等需要趋于市场化，跟上社会事业进步的需要；“一揽子管理”模式则是有必要取缔的模式，“一揽子”什么都管却导致什么都管不好，该模式出资主体是资金力量相当薄弱的单一政府，导致很多社会服务供给不到位、投入不足；相对较好的模式有“场镇合一”、“连社合一”模式、“网格化社区管理”、“一站式社区管理”、“居委会社区管理”模式、“物业公司管理”模式，这几种模式都是兵团基层的创新或在兵团改良性应用，管理主体更多元化、市场化，可以根据各地社会事业发展的需要进行推广。

第九章　兵团现有社会事业管理模式：优势、问题与挑战

9.1　兵团现有社会事业管理模式的优势

9.1.1　“师市合一”模式的优势

“师市合一”模式的本质是兵团某师作为“党政军企”合一的特殊社会组织的内部行政管理事务与建制市政府的社会公共管理的有机结合。这是“地方模式”和“兵团模式”各自优势的有效融合，既有内部管理简捷、高效的便利性，又有社会管理合法、规范的正当性。石河子市的实践进一步丰富和拓展了“师市合一”模式。

（1）有利于解决“师组织”行政法律地位不明确、政权职能不完备的问题。“师市合一”体制使兵团特殊社会组织融入了政府属性，使设市的兵团某师在市区范围内取得了完备的政权职能，弥补了兵团体制中“政”的职能不完备的缺陷，取得了行政执法的主体地位和职权。

（2）有利于处理好特殊体制与市场经济之间的关系。“师市合一”体制体现了对外的市场经济体系与对内的计划经济体系的相互补充和融合，既发挥兵团组织化程度高、集中力量办大事的优势，又发挥城市市场化程度高的优势，产生了“1＋1＞2”的效应。

（3）有利于加强师团“党政军企”合一特殊社会组织的民主政治建设。兵团突出优势是组织化程度高，组织纪律性强，政令畅通，反应迅速。但兵团内部各级也存在集中统一多、行政手段强、群众反映意见渠道较少等弊端。在“师市合一”、“场（团）镇合一”的体制下，就可借助市或镇，依法成立人大、政协机构，开辟师和部分团场的法律民主监督，加强师市（团镇）合一范围内的民主政治建设。

9.1.2　“场镇合一”模式的优势

（1）有利于解决团场办社会的公共支出问题

“场镇合一”模式有利于强化城镇建设和社会事业的投入力度。成立北泉镇之前，石河子总场负债 45 216 万元，职工挂账 1.17 亿元。石总场建设资金

有三种主要来源：一是团场通过发展工业和商贸流通企业获取微薄利润；二是通过经营棉花等农产品形成的价格剪刀差；三是银行贷款。1999年，石总场成立北泉镇人民政府，实行场镇合一管理体制。北泉镇成立初期，由于税收管理权归石河子市，镇政府只能根据上级拨款决定财政支出，缺少自我发展的积极性。2005年，石河子市决定采取分税制的办法，规定北泉镇每年上缴石河子市财政1 000万元税收后，其余收入全部留镇政府；随着北泉镇财政收入的逐年增加，石总场也有了可靠而不断增长的财政收入作保障。北泉镇在城镇化建设上不断加大工作力度，新建和改造了道路、供水、供暖、排污等城镇配套设施，文化、教育、卫生事业也得到快速发展，基本满足职工社会服务需求。

(2) 有利于解决兵团团场政府职能缺失问题

场镇合一管理模式的推行有利于完善团场党政军企合一的特殊管理体制，从根本上解决团场行政管理职能缺失的问题。中央在赋予兵团屯垦戍边特殊使命的同时，也明确了兵团在自己所辖垦区内依照国家和新疆维吾尔自治区的法律、法规自行管理内部的行政、司法事务，实行党政军企合一的特殊管理体制。兵、师两级都已纳入国家公务员编制，并拥有一定的行政职能和管理权限；而团场作为兵团的基础和主要载体，除司法事务由兵团自行管理外，依然偏重于农业的生产和经营，社会公共设施建设、公共服务事业以及小城镇管理等方面严重滞后。北泉镇拥有财政、税收、工商等项权利，并赋予了相应的管理职能和权限，做到依法行政，明确团场身份的石总场得以行使一级政府的职权，进而促进了石总场经济、社会各项事业的快速发展。

(3) 有利于促进兵团特殊管理体制与市场经济体制的接轨

实行场镇合一的管理体制，有利于确立团场的政府行政管理职能，明确城镇建设和管理中应承担的责任和义务，并从根本上解决团场办社会问题。兵团计划经济体制下的管理模式具有集中力量办大事的突出优势，曾在兵团经济社会建设中发挥了重要作用。随着市场经济体制改革的不断深入，团场经济规模和经济实力不断发展壮大，人口逐渐增加并向镇区聚集，群众对公共设施建设和社会事业的需求剧增；团场在经济社会发展中也出现了团场办社会、政企不分等与市场经济不相适应的问题。1999年石河子市北泉镇设立后拥有了财政、税收、工商等县级政府管理职能和权限，有效推进政府的社会管理与团场生产经营的分离，从而解决了长期困扰兵团团场“非企业、非政府、非社会”的发展瓶颈问题，为兵团向市场经济体制转轨奠定基础。

9.2 兵团现有社会事业管理模式存在的问题及难点

9.2.1 “师市合一”模式存在诸多制约与不足

鉴于“师市合一”模式在石河子市实施最早，发展相对完善，因此具有一定的代表性、普遍性和一般性，因此选择石河子市“师市合一”模式存在的问题来分析该模式在社会事业管理模式中的不足。

（1）“师市合一”没有真正实现八师辖区和石河子市行政区划的合一

在一个师、市党委领导下存在两种管理体制，不利于统筹推进社会事业管理和公共资源配置。第八师区域面积 6 007 平方千米，石河子市行政区划面积 460 平方千米，第八师和石河子市只在市域 460 平方千米内实现了师市合一，仅占第八师辖区面积的 7.7%，其他 5 547 平方千米分别位于沙湾县、玛纳斯县、克拉玛依市区域范围内，八师团场既有八师按照兵团体制实施的管理，又有石河子市行政职能的延伸，还要接受所在县市实施的属地管理，形成众多行政管理事务和公共事业发展存在多重管理、交叉管理和管理盲区等现象。目前，石河子市区域面积是全疆行政区划面积最小的城市，受空间影响难以实现科学合理的产业布局，化工、新材料等项目尽管选址在石河子市区域边缘，但仍距离城市中心区较近，环境、交通和土地的压力巨大，扩大石河子市的市域面积刻不容缓。

（2）第八师事权和石河子市财权不匹配

第八师事权和石河子市财权不匹配，存在大事权、小财权的问题，“小马拉大车”严重制约着师市经济社会发展。八师石河子市自然环境较好、社会稳定，经济总量约占兵团的四分之一，具备了加快发展的条件，但因事权与财权不匹配制约了八师经济社会发展。八师石河子市负责辖区 6 007 平方千米的内部管理、社会事业投入、基础设施建设等职责，但税收管理权只覆盖市区 460 平方千米的范围，其他 5 547 平方千米八师区域的税收分别由邻近的沙湾县、玛纳斯县和克拉玛依市征管。税收管理权的利益之争不仅造成四个市县的税务部门相互争夺税源，也导致缺乏财政的“造血功能”，石河子市区域范围外的 5 547 平方千米辖区税收权缺失与社会事业需求和投入剧增并存，陷入“收益的不投入，投入的不收益”的尴尬局面，基础设施建设严重滞后，社会事业发展受到严重制约。

（3）团场社会事业管理组织不健全

团场作为兵团“党政军企”合一特殊管理体制的一级组织，长期在履行“三大作用”职责使命上发挥着不可替代的作用。但进入全面深化改革的关键时期和新时期，团场内部政企不分的情况制约了团场的发展。一方面，目前团场不具备政府属性，很难履行好社会事业服务与管理工作；另一方面，团场的企业市场主体也不清晰，团场既是具体行政事务的执行者，也是企业决策者、生产者和经营者；长期以来团场存在着行政干预过多、市场意识不强、社会组织和基层民主发展不足、社会事业管理主体相对单一等问题；加上人大、政协的组织机构和监督、协商等民主政治建设的职能并未覆盖到团场所在的县、市，导致缺乏法律监督、民主监督机制，参政议政、民主决策的渠道不畅，政治协商、汇聚力量的组织形式不健全，依法行政、权力制衡体系不完善。

(4) 非建制镇团场社会事业发展资金不足

由于缺失税收征管权，在城镇化进程中八师各团场改善民生和发展团场城镇社会事业的负担沉重，目前，八师 14 个团场中 10 个团场资产负债率达到 87%，4 个团场资产负债率超过了 100%，许多团场只能靠农业经营利润、国家补贴、银行贷款等途径筹集资金，导致非建制镇的团场基础设施投入不足和建设水平落后，管理维护经费缺乏，公共服务功能不完善，社会事业发展受制约。2013 年八师石河子市企业职工基本养老金抚养比例是 1.79∶1，高于 2012 年全国 3.09∶1 的平均水平，高额的社会保障支付也给团场管理加重了负担。同时，兵团团场二、三产业发展缓慢，未能形成产业多元发展、职工多渠道就业的格局，产业聚集人口的能力较弱，本土人才流失严重，团场发展缓慢还不利于增收和壮大经济实力，团场城镇化发展水平严重滞后于工业化发展和师市整个国民经济发展水平，城市与团场差距较大，团场小城镇基础设施和公共服务设施不配套，综合承载能力和集聚人口能力持续弱化，严重制约了团场维稳戍边队伍的发展壮大，长此以往势必影响兵团特殊功能的充分发挥。

(5) 石河子镇社会事业发展滞后成为石河子模式的瓶颈

八师石河子市辖区内 118 平方千米的集体土地（占 2%）全部在石河子镇，而石河子镇位于石河子市中心，各行政村与 152 团、北泉镇、开发区、南山新区、老城区交错分布、相互交织，是典型的城中镇、民族镇，也是“师市合一”模式管理下的特殊镇。石河子镇无法享受国家为兵团出台的大量优惠政策和资金支持，自治区在农业农村方面的各项优惠政策囿于石河子镇的特殊管理体制也未充分享受，资金不足造成石河子镇社会事业发展滞后，石河子镇在农业生产水平、经济发展和收入水平、社会保障、住房保障方面与市区存在较大差距，维护社会稳定等方面的力量也十分薄弱，难以发挥维稳戍边作用，已逐渐成为石河子模式的瓶颈。

9.2.2 “场镇合一”模式存在权责不对等问题

一是行政管辖范围与财政税收权不对等。石总场是由原145、146团合并组成，原145团行政区划归石河子市，原146团280平方千米的行政区划归沙湾县。在北泉镇成立时，原146团因属地方的行政区划范围而未纳入北泉镇的行政管辖范围，目前原146团范围内的财政税收权仍归沙湾县管辖，其他行政管理工作则全部属于石总场。石总场与北泉镇这种行政职能、财政税收管理权限和管辖范围的不一致，存在行政区划和体制上的障碍，不利于解决场镇区划面积、事权财税权合一问题。二是团场现有社会事业服务与管理体系与城镇建设不匹配，主要表现在石总场社会事业发展水平与当地经济社会发展水平和公共财政承受能力不相适应。在加快由“屯垦戍边”向“建城戍边”转变过程中，石总场重点解决职工“上楼”的问题，围绕保障房建设，团场将有限的财力用于城镇基础设施配套，团场城镇社会服务体系建设赶不上城镇保障性住房建设速度，团场城镇除医院、学校基本满足公共需求外，幼儿园、城镇配套的水、电、路、气、绿化、亮化、垃圾及污水处理、社区服务、养老、就业、文化体育设施等功能亟待配套完善，但团场可支配用于社会公共服务的财力有限，出现“半城镇化”状态。三是“场镇合一”模式下的社会事业发展水平与兵团履行“屯垦戍边”历史使命不匹配。社会事业服务体系建设、社会服务能力与团场肩负的职责还不匹配，如在公共安全方面，边境团场和少数民族团场的服务能力还较低，服务体系还不完善。

9.2.3 兵团社区建设与管理遇到瓶颈

随着兵团建市、建镇步伐不断加快，城镇化率不断提高，社区在兵团社会事业管理中的作用不断增强，下文以社区发展相对完善的石河子市社区存在的问题来剖析兵团社区管理中存在的问题和困境。

（1）尚未真正形成“条块结合、以块为主、重心下移、属地管理”的社会管理体制

石河子市街道作为市政府的一级派出机构，承担了政府的社会事务管理和公共服务两大职能，但在实际操作中缺乏相应的执法权而致使许多社会问题难以得到及时和有效地解决，损害了居民群众对街道社区的公信力；同时，政府一些职能部门对社区工作缺乏应有的认识，导致社区建设陷入“行政化”的困境，出现社区工作职责不清、关系不顺、社区工作负担和经济压力过重的现象。具体表现在两方面：一方面，职能部门将自身职责范围内的工作通过签订责任状、组织考核验收等形式转嫁给社区居委会，使社区居委会不仅要承担社区党建、环境卫生、综治维稳、社会保障、民政优抚等日常工作，还要完成统计、地震等部门安排的基础数据采集、协助房屋征迁等临时性任务，使社区缺少足够的时间、精力为居民提供相应的服务，普遍存在工作缺位；另一方面，一些职能部门在向社区居委会交办工作任务时，未按“权随责走、费随事转”的原则，没有将与下派工作相应的权力和人、财、物力也一并赋予社区，加大了社区在事务办理和经济费用上的双重压力。以石河子为例，石河子市58个社区中的15个社区管理人数超过1万人，社区经费不足，办公活动场所紧张问题非常突出。

（2）社会管理方式面临创新滞后的困境

目前兵团政府单一主导的社区管理缺乏社会力量的参与，管理方式较为粗放、分散，社会管理的基层力量也相对脆弱，社区管理的幅度、广度不相匹配，社区建设投入不足，服务设施滞后，制约着社区功能的有效发挥。具体表现如下：一是政府职能转变不到位。有的部门存在“大小事统揽在手、放责不放权、一竿子插到底”的管理惯性，对居民提供社会服务面临“管不了、管不完、管不好”问题，社区基础设施建设未纳入市经济社会发展和城市建设规划，造成社区基础设施缺乏长远规划、配置不优的问题。二是社区服务的内容仍存在许多的盲点和不足。比如在社区服务业中，心理咨询、法律咨询、社区居家养老服务、纠纷调解等新兴服务缺口较大。三是社区整合度较低，社区与驻区单位间至今尚未形成有效的利益协调机制，驻社单位的健身、教育等公益性设施难以对外开放，社区中的各类服务资源未能实现充分开发、资源共享、共住共建和互利互惠。四是社区居民自治推进缓慢。居民社区意识淡薄，对社区自治参与不足、管理力度不够，协调、议事、恳谈、听证、评议、监督等自治制度还需要完善。五是社会组织在社会管理中未能扮演重要角色。文体类、服务类、公益类等未登记的民间组织、草根组织规模小、社会事业服务能力弱，加上政策支持不足、人才缺乏、政府让渡管理空间不足等原因，社会组织缺乏承担政府社会事业服务职能转换的能力，社会组织、民间组织参与管理社会事务和公共服务的水平徘徊在低层次上。以石河子市为例，全市269个社会组织，其中民办非企业单位168个，从业人员3 000人，且多以教育、民政类为主，其余主要是机关事业单位主办的研究性社团。

（3）社会事业管理的各主体关系尚未理顺

社会事业管理各主体之间关系较为繁杂，分工不够合理，导致权力不明、责任不清。具体表现如下：一是部分师（市）、团（镇）的社区建设缓慢，基层组织机构建设薄弱，社会组织发育不良。二是在已建成社区，自上而下的工作考核极易导致大部分社区居委会的日常工作围绕上级部门尤其是街道办事处的各项要求而展开，忽视社区居民的服务需求，造成本末倒置。三是社区居委会与师市社会工作管理办公室的关系未理顺。社区居委会开展各种社区服务的资金来源、硬件建设和人力、物力和财力等资源都由社会工作管理办公室统一调配和划拨，而社区财务则由街道办事处托管，居委会的各项支出由街道办事处审批，造成社区居委会的人员任用由社会工作管理办公室决定，而在财政、工作程序、服务内容等方面则对街道办事处形成了全面的依附关系，成为政府办事的“一条腿”。这种人事权与财权、事权的相互分离不仅降低了资源的配置和管理效率，而且在责任主体不明的情况下，重建轻管的问题也较为突出，影响了社区长效管理机制的正常发挥。四是社区物业公司和社区党组织、社区居委会、社区居民的相互关系难以协调。基础设施的改造、城市（团镇）管理的不配套、政策支持缺位、权力和能力所限等等，致使社区居委会解决一些物业问题需要协调多个部门，监督、检查、指导往往处于有心无力状态；社区居民与社区物业公司发生物业纠纷时，社区党组织和社区居委会调解手段和调解效果有限，严重影响了居民对社区的信任度，挫伤了居民和社区物业积极参与社会管理、社会服务的主动性。

9.2.4 兵团社会事业发展资金来源相对单一

自中央新疆工作座谈会召开以来，中央和对口支援省、市加大对兵团经济社会发展支持力度，仅几年时间兵团师市及团场发生了显著变化，但是这种变化多为外力推动的结果，而不是兵团自身经济发展带来的变化，这种变化与经济发展水平、人均财政收入和支出不相匹配，要求兵团必须以更大的财力来匹配这种变化。现实情况是，兵团经济虽处于快速发展期，但受制于政府职能不完整、收入来源单一，经济总量小、产业层次不高、产业质量和人口支撑能力不强，兵团自身积累较少，社会事业发展投入对中央财政拨款的高信赖性，社会力量参与度较低，造成兵团社会事业发展总体投入不足、发展水平整体不高、发展相对滞后。在城镇化建设过程中各团场配套建设资金落实困难，部分团场负债进行城镇配套基础设施建设，部分新建小区道路硬化、绿化、亮化等配套基础设施建设滞后；一个中型团场每年城镇公用设施运行费约需 600 万元左右，中央财政虽给予了一定补助，但缺口巨大，城镇运行管理困难。

9.2.5 投入机制弊端导致社会事业发展不均等

由于发展起点不同、资源与地理禀赋差异，区域经济社会发展差距也就决定了各区域之间收支规模和人均财力各异，造成兵团社会事业发展区域不均衡问题仍比较突出，师与师、团与团，甚至不同连队之间职工享受的社会事业服务不同，这既表现在城乡、南北疆、各师、贫困与非贫困团场之间的不均衡，也表现在供给数量、质量和结构方面的不均等。

第一，社会服务的数量、质量不均等。受经济发展水平、供给成本、人员工资待遇水平等因素影响，兵团各项社会事业发展存在较大差距。社区医疗卫生、学前教育、公共文化体育、少数民族团场双语教学师资等方面都存在数量和质量上的不足；在公共教育方面，教师学历层次不高，高水平教师短缺；在基本医疗卫生方面，基层医院医疗卫生服务水平整体较低，兵团基层医疗卫生机构尤其缺乏为群众提供基本医疗和预防保健知识的全科医师，疾控、卫生监督专业人才也严重不足；在岗卫生技术人员学历层次较低，兵、师、团三级医疗卫生机构本科以上学历人员占机构人员比重分别为39%、28%和6%，师、团医院与全国32%的平均水平相比学历职称结构差距较大。

第二，城乡社会事业发展不均等。基础教育方面，随着教育资源的整合和教育水平的不断提升，优质教育资源向师（市）、团场条件较好的学校倾斜，师（市）与团场，团场与连队，汉语学校与双语学校师资力量和教育水平差距较大；虽然医疗资源千人口床位数、医师、护士数兵团均高于全国平均水平，但资源配置不合理，医疗资源特别是优质医疗资源主要集中在两所三级综合医院和师级医院，团场、社区医疗卫生工作比较薄弱，城乡医疗资源和医疗服务水平差距明显。目前兵团大部分团场无力承担大病、重病，很多病人只得转诊到师级及以上或地方县级及以上医院，部分病人或直接到县级以上医院看病，结果导致部分团级医院陷入“人才缺、医疗水平差——缺病源——人才更缺、水平更差”的恶性循环。

第三，南北疆团场社会事业发展不均衡。以基础教育为例，通过实行“以师为主、团为基础”的义务教育管理体制、赋予师级行政统筹管理义务教育的职能后，促进了师域内义务教育资源的均衡配置。但南疆部分师团办学条件仍较差，生均校舍面积、教学器材、实验设备及图书资料与国家标准差距较大，存在较多薄弱学校；儿童福利机构分布不均，主要集中在北疆建制的师，南疆孤儿教育服务相对滞后，儿童福利机构缺乏，截至2012年底南疆三地州仍然没有一个儿童福利机构。

第四，各师团社会事业发展不平衡。比如在基本养老保险方面，由于兵团级养老保险统筹层次低，兵团养老保险在兵、师、团之间，事业、企业和个体从业者之间统筹协调不够，基金调剂能力和调控能力不强，各个师之间不同历史债务、制度赡养率、经济发展状况、劳动力跨区域流动等差别，未统一企业的单位缴费费率，从而使得各师养老保险负担不均衡，有些师养老保险单位缴费费率已高达30%以上，而有些师养老保险单位缴费费率还不足15%，区域差别很大。在基础教育方面，截至2012年，兵团第十三师普通小学生师比已调整为12.7人，第一师该指标值仍高达18人；第十三师普通中学生均校舍建筑面积发展至36.85平方米，第十四师仅有18.86平方米。在卫生医疗服务方面，2012年第十三师每千人拥有的卫生技术人员数和医疗机构床位数分别为13人和10.78张，而建工师分别只有3人和2.83张，差距明显。

9.2.6 兵团社会事业管理体制与机制改革滞后

一是兵团现有社会事业服务体系不健全，如公共卫生应急指挥体系、医疗救治体系、疾病预防控制体系、卫生监督执法体系、公共卫生服务体系、公共卫生信息预警监测体系五大体系尚未健全到位。除第八师市和第七师外，其他师团没有独立的妇幼保健医院和精神病医院；部分团场没有独立疾控中心和卫生监督所；大多数团场均未能建立劳动力供求信息网络，就业服务机构没有全面向团场连队延伸，很难为连队劳动力提供优质、高效服务；社区服务信息化体系不完善，诸多社区没有设置统一的热线服务电话号码、网格化服务系统，社区居民对社区服务进行反馈和评价的信息平台尚未建立。

二是团场社会事业供给体制改革滞后。兵团团场正经历着“政企、政资、政事、政社”四分开的改革试点，如何通过改革推进社会事业管理模式创新是摆在各级政府面前的一个难题。大多数团场还没有形成规范的社会事业供给制度，社会事业发展缺乏可持续投入的基础，服务供给与居民日益多元化的服务需求仍有差距。团场社会事业部门编制普遍不足，“一套人马多块牌子”问题比较突出，人才数量相当匮乏，导致人少、事多，工作量大，社会事业服务效率和质量亟待提高。

三是市场化改革滞后，社会事业服务主体和手段较单一。在发展社会事业的过程中，既要发挥兵团各级部门的主导作用，又要顾及社会互助的作用和提高个人参与的积极性，才能形成政府、社会及个人权利与义务相均衡的机制。由于兵团党政军企合一的特殊属性，特殊体制和市场机制发育滞后，社会力量参与社会事业建设的意识不强、热情不高、活力不足，除了国家和兵、师、团发展社会事业外，社会事业发展的市场主体和第三方主体缺失。政府和街道社区包揽了许多应由市场提供的服务项目，政府投入、社会捐助投入资金总量不足，过度依赖街道和社区自主筹资，在引导社会团体、协会等各类民间组织发挥作用方面有待加强。

9.3 新时期兵团社会事业管理模式创新面临的机遇

(1) 国家积极推动和谐社会和小康社会建设

2002年党的十六大提出将社会主义和谐社会作为全面建设小康社会的六大

目标之一，政府开始逐渐将社会和谐纳入社会事业管理的目标体系。2006年颁布的《决定》更强调和突出社会和谐的重要性和紧迫性，不仅剖析了影响社会和谐的因素，规定了构建和谐社会的重要原则和目标任务，还全面生动地阐述了和谐社会的基本内涵，即“民主法治、公平正义、诚信友爱、充满活力、安定有序、人与自然和谐相处”。2011年政府工作报告也强调“大力发展社会事业，确保社会既充满活力又和谐稳定”。社会事业发展与管理模式创新有助于改善民生、缓和社会矛盾，是全面建设小康社会与和谐社会建设的重要内容。

（2）社会事业管理改革与创新已经成为国家战略

我国社会事业管理基础从整体上来说比较薄弱，社会管理理念和体制建设落后于经济发展的客观需要。改革开放以来，社会转型加剧、社会阶层持续分化、利益诉求增多、矛盾冲突加剧等新情况、新挑战不断出现，使社会事业管理在国家治理中的地位逐渐凸显。2004年，党的十六届四中全会提出“加强党的执政能力建设，加强社会建设和管理，推进社会管理体制创新”。2007年，党的十七大明确了社会管理创新的基本框架和主体格局——“党委领导、政府负责、社会协同和公众参与”；2010年10月出台的《中共中央关于制定国民经济和社会发展第十二个五年规划的建议》要求“提高政府的保障能力，推进基本公共服务均等化，加强社会管理法律、体制和能力建设”；“健全基层管理和服务体系，加大社会管理薄弱环节整治力度”。2012年，党的十八大报告进一步强调“在改善民生和创新社会管理中加强社会建设”。社会事业管理的改革与创新是维护社会和谐稳定的源头性和基础性工作，在新时代背景下加强和改进社会事业管理工作，积极推进社会事业管理模式的改革与创新，构建管理高效、保障有力、服务优质的新型社会管理模式，已经成为党和政府重要的发展战略。

（3）国家致力于提高政府社会事业管理绩效

国家在社会事业管理的实践中重视整合社会事业管理资源，提升社会事业管理绩效。社会事业管理事务的复杂性和广泛性、社会利益的多元化、社会矛盾纠纷的频发，客观上要求整合多方资源以满足和协调不同领域群体的差异化需求。国家社会事业管理模式的改革与创新，要充分整合社会事业管理资源，通过社会事业管理资源的快速有效整合，为社会管理突发事件提供必要的组织、人员、物质、资金和技术保障，改变传统的条块分割、多头管理、各自为战和力量分散的社会事业管理状况，凝聚社会事业管理合力，形成强强联合、优势互补的协同效应，提升社会事业管理绩效。

（4）国家积极推动社会组织多元化和配置资源市场化

我国党和政府的多次会议和报告中对社会管理主体格局进行部署，党、政府、社会组织和公众是社会管理主体系统的四大基本要素。目前我国政府间事权的划分尚不清晰，省级以下政府财政收入能力与支出责任不对称，使得欠发达地区与基层政府在社会事业发展中往往力不从心，难以正常履行职责，这样社会事业的发展就需要积极调动社会组织参与其中的积极性。社会事业管理的多元化组织之间的权力、功能和责任也会存在相应的差异。推动构建高效的社会事业管理模式，避免各个主体之间出现的职能缺位、越位、错位和责任相互推诿现象，同时协调不同组织之间的利益诉求。

（5）国家积极推动新疆的社会稳定和长治久安

2010年5月中央第一次新疆工作座谈会将“推进新疆跨越式发展和长治久安”作为战略目标；2014年，习近平在新疆调研时指出“社会稳定和长治久安可以为跨越式发展创造条件”；中央第二次新疆工作会议指出要加强和创新社会治理，加强社会全面防控，新形势下新疆工作要围绕社会稳定和长治久安这个总目标展开；采取特殊措施支持南疆发展，加大以贫困群众为重点的民生改善力度。中央治疆从“跨越式发展和长治久安”转为“社会稳定和长治久安”，中央新确定的治疆目标更加强调“社会稳定”，这是由目前新疆面临的严峻形势所决定。社会稳定和长治久安是新疆各族干部群众的迫切期盼，也是实现新疆跨越式发展的重要目标。社会事业管理模式创新能够推动建立严密的基层组织体系、有效的群众工作机制以及发展成果惠及各族群众的社会治理体制，从而为社会稳定和长治久安提供有效的思想和组织保障。在中央的大力支持下，19个兄弟省市和央企加大了对口援疆的力度，也为缩小兵团南北疆区域及各师团社会事业发展水平、改革与创新社会事业管理模式带来了历史性机遇。

（6）兵团积极推动“两个力争”、“两个率先”目标的实现

兵团“两个率先，两个力争”目标的提出，为社会事业管理模式创新提供了重要历史机遇。2013年，兵团党委六届第十一次全委（扩大）会议指出，2015年率先实现国内生产总值和人均收入比2010年翻一番，2018年率先在西北地区全面建成小康社会；2020年力争实现国内生产总值和人均收入比2010年翻两番，力争兵团经济总量占自治区的比重提高到20%。全面建成小康社会目标有“科教更加进步、文化更加繁荣、社会更加和谐、人民生活更加殷实”四个发展目标。十八大报告对小康社会建设提出新的要求：经济持续健康发展，实现发展的平衡性、协调性和可持续性；人民生活水平显著提高，人民民主不断扩大，文化软实力显著增强；资源节约型、环境友好型社会建设取得重大发展。加快推进以改善民生为重点的社会事业发展，就抓住了维护和实现社会公平正义的关键，抓住了解决经济社会发展不平衡和影响社会和谐安定问题的关键。兵团社会事业的发展是实现社会财富多次分配、人人享受发展成果的重要途径，兵团社会事业管理模式的改革与创新，直接关系到广大职工最关心、最直接、最现实的利益问题，直接决定着兵团基本公共服务均等化的实现，影响着兵团职工的收入分配关系，有助于更好解决兵团发展的公平与效率之间的矛盾。

9.4 新时期兵团社会事业管理模式创新面临的挑战

（1）兵团社会事业发展中社会结构出现新变化

“十二五”期间，随着社会主义市场经济发展和兵团产业结构调整优化，兵团社会结构发生了较大变化。兵团始终把“三化”（新型城镇化、新型工业化和农业现代化）建设作为根本路径，通过加快转变发展方式、着力构建现代化产业体系，推动兵团加快从农业为主向“三化”同步推进、三次产业全面协调发展转变，由较封闭的绿洲经济向更开放的市场经济转变，由农村生活方式向现代化城市文明生活方式转变，由此进入了经济社会持续健康发展、职工群众生产生活条件改善最大的时期。生产总值年均增长16.6%，三次产业结构比由36∶34∶30调整为29∶41.8∶29.2，城镇居民人均可支配收入年均增长15.7%，农牧职工家庭人均纯收入年均增长16.9%，开辟了发展新局面。兵团的社会结构与社会阶层发生迅速的转变，突出表现在以下几个方面：①大批的离退休职工和自谋职业人员的社会身份发生了变化，由“单位人”变成了“社会人”；②随着兵团城镇化的推进，大量的兵团职工及外来人口涌入城镇社区，成为城镇居民，其活动与生活都直接与社区发生联系，与其原单位及户籍所在地逐渐脱离联系；③伴随着兵团农业和工业等事业的发展，兵团与地方农村毗邻的特征以及兵团生产中对劳动力的需求促使地方劳动力向兵团的季节性、间歇性流动，短时间内大量的地方维吾尔族劳动力的流入形成暂时的“民族社区”，尤其是拾棉花季节最为明显；④少数民族团场内部就业结构在持续地分化，就业能力较强的维吾尔族劳动力被吸纳到企事业单位，广大就业能力较弱和受教育程度较低的维吾尔族劳动力则不得不依靠有限的生活资料——土地来维持自己的生活。在以上社会结构与社会阶层快速转变的过程中，利益主体日益多元化，不同的社会阶层与利益群体必然会产生不同的价值观念、不同的利益诉求、不同的利益表达和维护方式，人们思想活动的独立性、选择性、多变性和差异性明显增强，社会事业发展的矛盾和问题也日益突出，这就要求兵团深化改革和创新社会管理模式以维护社会秩序的稳定。

（2）兵团社会事业发展中财政投入不足

兵团是中央一级预算单位，有财政缴拨款关系，但缺少税收征管权（除建制市和建制镇外），造成兵团财政资金过度依赖于国家的财政支持（主要为转移支付），自有财力较弱。而兵团社会事业经费投入高度依赖于中央财政拨款，自身筹集能力不足、社会力量参与度较低，投入资金主要来源于中央政府与基层的团场。对于尚未建市或建制镇的师团，由于缺少税收收入，其经济来源主要依靠团场经营土地及团场企业，资金力量相当薄弱，导致很多兵团社会事业不到位、投入不足。对于新建市镇自有公共财政能力有所增强，但兵团一级财政预算单位的现状短期内不会改变，与强大的公共财政需求相比财政资金仍相对稀缺，原有的团连等基层组织政府导向的“一揽子管理”模式难以为继。此外，中央投资大多需要提供配套资金，兵团社会事业涉及内容广泛、建设压力较大、资金配套负担较重，均制约了兵团社会事业的健康发展。

(3) 兵团社会事业发展中的供求矛盾异常突出

随着经济的发展和社会的进步，基层职工群众的生产生活方式、生存环境也发生了较大变化，对社会服务需求增多，对环保要求提高，居民生活成本上升使弱势群体生活压力加大，广大职工群众日益增长的社会服务需求剧增与供给不足的矛盾日益突出。从社会事业发展的总体水平来看，城镇居民在教育、医疗、社会保障、环境保护等方面公共需求大幅上升，呈现出增长迅速、主体多元、结构复杂、需求多样的特点；从社会事业的供给结构来看，兵团教育、社会保障供给水平相对较高，而医疗、养老、就业服务问题则较为突出，民族团场少数民族剩余人口多且就业能力弱；从社会事业发展的区域差异来看，北疆团场的社会事业发展水平相对较高，而南疆团场的社会事业发展水平相对较低，不同团场公共资源闲置与数量效率不足同时并存。

(4) 兵团社会事业发展中对管理体制的要求在提高

兵团独特的管理体制是在特定的历史条件下形成的，是适应屯垦戍边特殊使命需要的产物，然而随着社会主义市场经济体制的逐步完善和发展，兵团原有的社会管理体制弊端日益显现。主要表现在四方面：管理体制的高度集权；传统计划色彩浓厚；管理体制缺乏监督；权责不明，角色错位。“十二五”末，兵团城镇化率预计将达到65%，大部分职工群众，尤其是团场职工，生产和生活分离，既有属于连团管理，也归社区管理。团场等基层管理单位从生产管理向城镇、社区等社会管理转变过程中，基层管理者社会事业管理能力、管理知识、管理方式方法等都跟不上现实需求，表明兵团社会事业发展中对管理体制的要求在不断提高。

(5) 兵团社会事业发展中社会组织的多元化挑战

在兵团“三化”建设的大背景下“团镇合一体制”应运而生，伴随着快速发展的“城市—垦区中心城镇——般城镇—中心连队居住区”的城镇体系建设，兵团大部分社区都是行政主导而具有半官方性质，加上制度不完善、体制不顺畅、工作人员综合能力不足等原因导致社区建设难度大，发展相对滞后。与此同时，新的社会组织在新建市镇、团场和中心连队不断涌现，比如社区、物业、专业合作社、行业协会、非盈利组织、私人医院学校等，社会组织在促进社会事业发展的同时，也对社会事业管理提出新的要求和挑战。

（6）兵团社会事业的信息化建设较为落后

随着移动互联网、信息技术进一步普及，信息沟通传播呈快捷化、广泛化、互动化，也为兵团社会事业管理带来了机遇也带来了挑战。目前，兵团信息化建设在文化传播、社会保障等方面已取得一定成绩，但在社会事业信息化方面只是初步探索阶段，服务模式有较大的改进空间。很多地区互联网络设施建设严重不足，许多地区存在网络盲区；基层连队职工群众家庭互联网覆盖率低；专注于兵团社会事业信息化发展的人才也是相当匮乏，既缺少宏观上规划与开发社会事业服务项目的知识型人才和创新型人才，又缺乏运行与维护的技能型人才。

（7）职工群众参与社会事业管理的意愿逐渐增强

兵团单一的公共服务供给机制，造成兵团职工对社会事业管理的参与程度较低，目前普遍推广的社区组织在有效组织公众参与社会事业管理方面还不成熟。随着城镇化建设的推进，现代城市文明由兵团城市向广大团场、连队传播，职工及社会组织参与到社会事业管理中的意愿在持续的增强。一方面，职工民主、法制意识逐渐增强，维护自身权益的要求也日趋强烈，参与社会事业管理的意愿不断增加；另一方面，随着市场经济体制的进一步完善，各类社会组织将更加广泛地参与到社会事业的提供和管理中来。兵团社会组织发展和管理中问题较多，比如如何对不同类别的社会组织实现分类管理，如何对具有一定政治企图、可能影响社会稳定的政治组织进行甄别和相应的法律限制；如何正确对待政府与社会组织之间的关系，社会事业管理中如何充分发挥社会组织力量，如何正确处理社会事业管理过程中兵团各级部门、社会组织和职工群众之间的关系，都是社会事业管理模式的改革与创新需要解决的问题。

第十章　兵团“十三五”时期社会事业管理模式创新

“十三五”期间，兵团社会事业发展始终将维护社会稳定和长治久安、实现“两个力争、两个率先”目标作为工作的出发点和落脚点，以中央对兵团“稳定器、大熔炉、示范区”新定位为指引，以促进兵团社会事业发展和改善民生为目的，不断深化社会事业管理体制、机制以及事业单位改革，逐步完善兵团特殊体制下“党委领导、政府负责、社会协同、公众参与”的社会事业管理格局，加强社会事业管理法律、体制、能力建设，积极培育和激发社会组织活力，推进事业单位改革和社会事业健康持续发展，竭力完善兵团社会事业管理体系和推进管理能力现代化。

10.1　兵团社会事业管理模式创新的原则与思路

10.1.1　兵团社会事业管理模式创新的原则

(1) 以“社会稳定、长治久安”为目标

稳定是最大的民生，更是新疆和兵团发展繁荣的生命线。习近平总书记在2014年中央第二次新疆工作座谈会提出将“社会稳定和长治久安”确定为新时期新疆工作的总目标、着眼点和着力点，这是对2010年中央第一次新疆工作座谈会提出“推进新疆跨越式发展和长治久安”战略目标的重要调整，也更符合当前新形势下新疆和兵团发展的实际需要。社会稳定是攸关新疆全体民众和兵团职工群众的最大福祉，是新疆及全国各族人民安居乐业的共同愿望和利益诉求。兵团担负着屯垦戍边的历史使命，发挥增进民族团结、确保社会稳定的中流砥柱作用，是安边固疆的稳定器、大熔炉和示范区。近年来新疆社会稳定形势趋向严峻、复杂，暴恐事件不断发生，反分裂与反恐怖斗争不断升级，推进兵团社会事业管理模式创新事关兵团社会事业管理水平和治理能力提升，创新性地解决好职工群众最关注和忧心的就业、教育、医疗卫生、社会保障、住房、科技、文化宗教等社会事业问题，就相当于抓住了保障社会稳定和长治久安的关键环节，以民生改善凝聚人心，从而筑牢反恐维稳的群众基础。

（2）以“特体创新、尊重规律”为基础

兵团社会事业管理模式创新应该建立在充分认识兵团体制特殊性的基础上，顺应国内外社会事业管理发展规律与趋势，做到特殊性和一般性相统一，实现兵团特殊体制与社会事业管理发展规律的有机融合。兵团社会事业管理模式创新事关屯垦戍边事业与市场经济发展潮流的耦合性问题，事关适应新疆反分裂斗争形势的需要，事关能否出色完成党中央赋予的历史使命；探索完善更有利于兵团发挥“稳定器、大熔炉和示范区”三大作用的社会事业管理模式，积极推进事业单位改革，不断释放兵团特殊管理体制的活力和优势，增强兵团维护新疆社会稳定和长治久安的能力水平，需要充分考虑社会事业管理与兵团党政军企合一体制相互融合的问题，应当紧紧围绕“使市场在配置资源中起决定性作用”和“更好发挥政府作用”相结合，推进兵团特殊管理体制与市场机制顺利接轨。具体做法上可通过新建城镇增强兵团自有财政能力，优化不合理的公共服务供给的责权利安排；推进农牧团场基层社会事业单位改革，做好试点团场“四个分开”探索及总结，推进团场行政职能由管理型向服务型转变；发挥市场在资源配置中的基础性作用和公民、社会组织在社会事务管理中的作用等。

（3）以“以人为本、服务为先”为理念

社会事业管理本质上是对人的服务和管理，全心全意为人民服务是党和政府的根本宗旨，实现好、维护好、发展好最广大人民的根本利益，做到“决策让群众参与、过程让群众监督、效果让群众评判”已经成为党和国家加强和创新社会事业管理的重要理念。遵循“以人为本、服务为先”的原则，需要推进社会管理向服务型管理、共同治理方向转变，寓管理于服务之中，将兵团社会事业改革创新与职工群众的参与意愿和内生需求相结合，准确把握职工群众最关心、最直接的现实利益问题；需要将自上而下的社会事业发展的单一决策机制向自上而下与自下而上相结合转变，尊重职工群众和基层的首创精神，充分利用信息化、互联网等新科技加强官方站点、微博、微信等新媒体公众交流平台建设，实现政府部门与公众间低成本、零距离的信息沟通、互动反馈，提高管理效率和问题处理及时性。针对南北疆等不同地区、人群，分层次、分类别、分步骤地差异化供给社会事业服务，不搞“一刀切”。不断深化科技教育改革、收入分配制度改革和医药卫生体制改革，建立、健全创业与就业激励机制和更加公平可持续的社会保障制度，在解决“上好学、看好病、住好房、有活干、有钱挣、有保障”上持续取得重大进展，让职工群众过上现代文明幸福生活，不断增强兵团吸引力凝聚力向心力。

（4）以“多方参与、共同治理”为方法

兵团社会事业管理模式创新，遵循以“多方参与、共同治理”为方法的原则，就是在强化党的领导、发挥政府的主导作用基础上，适应当前社会治理的大趋势，从过去“不该管、管不了、管不好”的领域逐渐退出，明确划分政府与市场的权力与职责边界，让“政府的归政府、市场的归市场”。积极引入市场竞争机制，鼓励和支持社会各方面参与社会事业发展，政府可通过合同、委托等形式向社会购买服务，实现政府治理和社会自我调节、居民自治良性互动。目前由于兵团的强计划性和强组织性，信息披露机制、市场供给机制、监督机制不完善，为避免政府购买公共服务时的寻租、串谋、腐败等问题，兵团在社会事业管理模式创新过程中需要尽快完善公平公正和民主透明的相关法律制度建设，探索多主体参与社会事业管理的机制和途径，充分发挥社会组织在公共服务和社会治理中的活力和积极作用。

（5）以“关口前移、源头治理”为抓手

传统的社会事业治理模式偏向于事后危机公关、应急处理、应对矛盾冲突，而这些社会问题与矛盾往往都源于信息沟通不畅、相关体制机制不健全、已有制度政策不落实不到位。兵团社会事业管理模式创新遵循“以关口前移、源头治理为抓手”的原则，就是要在深刻了解民众诉求及社会矛盾根源的前提下做到源头治理和标本兼治，在社会治理中注重社会资源和社会机会的公平配置和分配，提高全兵团养老、医疗保障、低保、抚恤覆盖面及其保障水平，比如侧重于南疆三地州师团、边境贫困团场、社会弱势群体和低收入人群。关注并满足流动人口基本公共服务需求，积极解决户籍制度、人口生育政策、食品安全和社会稳定治安工作等。健全社会规范体系，完善利益保障机制，改革收入分配制度，建立重大决策社会风险评估机制。

（6）以“依法管理、综合施策”为保障

以“依法管理、综合施策为保障”的原则，就是要充分发挥党委核心领导作用，尽快落实兵团的法律地位，建立健全推动科学决策、依法决策、民主决策的体制机制，运用法治思维和法治方式加强管理、化解矛盾，加强社会管理领域的立法、执法工作，使各项社会管理工作有法可依、有法必依。探索党委领导、行政主导、社会协同、公众参与、法治保障的社会治理体制，探索完善师市合一、团镇合一、连社合一模式，深化法治兵团、平安兵团建设，实现社会管理全覆盖。力争兵团到2020年率先在西北地区实现基本公共服务均等化，建立起功能明确、治理完善、运行高效、监管有力的社会事业管理体制和运行机制，形成基本服务优先、供给水平适度、布局结构合理、服务公平公正的兵团社会事业管理体系。

10.1.2 兵团"十三五"时期社会事业管理模式创新思路

（1）兵团社会事业管理理念创新

创新兵团社会事业管理理念，即改变以往重管理轻服务、重政府轻社会各主体共同参与治理的理念，积极培养和发展各类社会组织，最大限度利用市场配置资源的能力来激发社会活力，扩大政府购买社会服务的力度，从强压摊派向激发企业等组织自主活力转变。扩大基层民主，尊重职工群众的首创精神，提高公众的参与度与自治水平。积极培育多元化的社会事业管理主体，明确各社会事业管理主体的功能职责，不断完善"党委领导、政府负责、部门协同、社会参与"的工作格局。

（2）兵团社会事业多元参与主体创新

兵团社会事业管理模式创新的重点是引导社会单一参与主体向社会多元参与主体的过渡和转变。在兵团快速建市、建镇进程中，基层职工群众的生产生活方式、生存环境发生较大变化，职工群众在对社会服务需求的数量、结构与质量提出更高要求的同时，参与公共事务管理的意愿也不断提高。因此，兵团需要从实际出发建立多中心、多元化的社会事业供给体系，全社会合力提高社会服务的供给质量与效率。确保多元化的财政支持与资金渠道，充分发挥财政资金的导向、吸附、杠杆和膨化功能，通过市场融资、债券和捐赠等形式吸收资金，引导企业、农业合作组织、民间资本、外国资本等多种社会主体参与社会事业建设。根据社会事业服务的不同属性与不同层次，积极推行 PPP 模式、BOT 模式、政府购买、招标采购、特许经营、合约出租、合同委托、服务合同外包、政府参股、土地出让协议配建等方式与事业单位、社会非营利机构等建立平等的服务购买关系，积极采取多种形式扩大政府择优购买公共服务的规模，提高社会服务供给领域的竞争性。

（3）兵团社会事业管理方式方法创新

兵团社会事业管理方式方法创新主要是推进社会事业服务由偏行政管制与管理向人性化服务型管理、实现共同治理转变，社会事业服务供给应以职工群众满意为考核标准，鼓励社会组织和公众参与社会事业管理，实现社会事业管理主体和资金来源渠道多元化。在行政实施有效监管、机构严格自律、社会强化监督的基础上，扩大社会事业发展面向社会资本开放的领域，充分利用债券、信贷等多种融资形式，拓宽社会事业发展的资金来源。面对移动互联网、信息技术快速普及的机遇与挑战，社会事业管理方式方法的创新应顺势而为、与时俱进，充分利用信息化、移动互联等技术方法提高兵团社会事业管理的信息化水平，构建贯通上下、横向协同、支撑有力、反应快捷的信息化管理体系，有效提升社会事业管理能力。充分运用官方站点、微博、微信等新媒体，高效、低成本实现信息共享、披露，开通服务热线和一站式服务平台，为公众参与社会事业管理提供便利。完善监督管理手段，建立起快速的反应机制，规范事件处理程序和流程，降低社会事业管理成本，提高行政效能，做到依法管理、科学管理和人性管理。

（4）兵团社会事业管理体制机制创新

随着兵团推进新型城镇化建设、产业结构和社会结构不断变化，社会事业管理涉及的领域越来越多、任务越来越重，对原有管理体制机制创新提出了较高要求：推动兵团社会事业管理决策转变，将由上到下的单向决策向上下互动的双向决策转变；做好兵团社会事业管理体制机制与地方社会事业管理体制机制衔接，促进兵地社会事业管理耦合互补；充分调动社会资源以逐步形成有序竞争和多元参与的社会事业供给机制，吸纳多元供给主体作为多元化格局的组织实体，鼓励社会资源向公共事业的“瓶颈”项目转移，形成政府、市场与第三部门共同参与的多元融资机制并存的良好格局，加快建立和完善兵团各级主导、社会参与、公办民办并举的社会事业供给机制；创新、完善社区社会事业管理体制机制，依托中央等各级资金积极扶持社会组织发展，简化社会组织注册登记手续，推进社会资源共享和整合；发挥社会自治功能，积极培育志愿者服务队伍，扩大基层民主，增强基层自治功能。

（5）兵团社会事业管理制度创新

兵团社会事业管理制度创新的思路是不断完善有利于兵团社会事业发展和管理的规章制度、法律法规，将社会事业管理纳入到规范化、制度化、有章可循的良性轨道。建立有利于社会组织培育和发展的政策制度，比如落实社会组织参与社会事业服务享有同等待遇的补贴、政策优惠，积极探索金融支持公益性社会事业服务的政策，落实和完善公益性捐赠减免税政策；强化政府对社会组织参与社会事业管理的监督，强化其自律行为；建立城乡一体化的收入分配调整制度，改革和调整户口迁移政策，逐步将外来流动人口纳入到社会事业服务范围，缩小城乡、区域社会事业发展差距；落实兵团养老、医疗保险互认制度，实现兵地联保、全国联保；调整计划生育政策，在兵团范围内全面实施二孩政策，可先在两校一院等职称、学历较高群体中试行，营造兵团拴心留人的社会环境；加大对南疆地区、边境及高寒地区师团在社会事业发展中的制度、政策倾斜和扶持力度，适度降低该地区人才引进、职称评定等标准，提高收入补贴力度，出台拴心留人政策；明确、落实团场等基层社会事业单位的法人主体地位，激发团场医院等主体的动力和活力。

（6）兵团基层社会事业管理组织创新

在当前依法治国新形势下，团场等基层管理单位从生产管理向城镇、社区等社会管理转变过程中，伴随着连队转为社区、连队职工转为社区居民，基层管理者社会事业管理能力、管理知识、管理方式、方法等都难以紧跟现实需求，团场基层社会事业管理组织的执行力面临新挑战。影响基层组织执行力的常见因素有："抹不开情面"——怕作为，"破不了潜规则"——难作为，"不告不发"——不作为，"见利忘义"——乱作为。加上受社会转型时期各种利益关系和复杂社会因素的影响，干群关系出现角色定位模糊不清、不良风气滋生暗长、某些干部内在素质不高等新问题。因此，目前兵团基层社会事业管理组织创新的重点在于与时俱进地强化基层和社区党组织建设，做好健康文明生活方式转变、安全稳定、家庭帮扶、文明社区等工作。解决基层党组织、连队建设、街道社区建设、民生建设、精神文明建设等方面普遍存在的经费缺乏难题，解决经费审批过程繁琐、使用缺乏监督、使用权归属不明等问题，促进基层社会事业的快速发展。

10.2 "师市合一"模式下社会事业管理模式创新

（1）明确兵团法律地位，强化兵团"兵"的作用

第一，明确兵团的法律地位，理顺兵团党政军企合一特殊体制的实现形式。中发［1997］17号文件规定"兵团自行管理内部行政司法事务"。1998年，自行管理内部司法事务已解决，但自行管理内部行政事务却一直未落实，兵团的生存和发展仍缺乏法律保障。建议明确兵团法律地位，以"师市合一、团镇合一"模式为主要形式理顺兵团组织与政府行政管理的合一、兵团党政军企合一特殊体制与市场经济体制接轨的关系。第二，在新时期结合兵团特殊体制体现兵团"军"的职能、"兵"的作用，必要时组建专门的屯垦部队以充分发挥边疆稳定"大熔炉"和长治久安的主力军作用。事实上1954年以毛泽东为核心的老一辈无产阶级革命家在组建兵团时就含此深意，当时兵团各师、团的布局也都是出于战略布局的考量；1980年邓小平恢复兵团更是从重视"兵"的作用出发的真知灼见；建议在现在生产条件较好的师继续发挥"大熔炉"作用，以特色产业吸收一批地方上的各族职工或内地灾民整体搬迁安置。第三，加强兵团维稳力量建设。扩充基层派出所、团场、街道、社区、连队的警力和专职治安员队伍，加强治安维稳视频监控系统建设，提高专门维稳队伍的装备水平；加强公安机关警力配置，增设团场专职政法维稳领导干部，在团场领导班子中配备专职政法委书记，协助团场党委专职负责政法、维稳、综合治理、民族宗教、信访等工作；加强团场治安维稳专业力量，按团场总人口万分之四十的比例配置、建立一支承担团场社会面、社区（连队）的“网格化”巡防工作、治安防范及应急处置突发案（事）件任务的维稳专业队伍，人员列入事业编制（定编、定岗、不定人），经费由国家财政负担。

（2）促进“师市管辖地域统一”和社会事业管理权责对等

在设市的师实现师市管辖地域的师市统一，为社会事业管理权责对等奠定基础。第一，按照“体制一步到位、师市完全合一或尽可能完全合一”的原则，将兵团现有师市和团镇管辖地域相统一。以石河子市为例，可以将市区的区划面积由原来的460平方千米扩展到6 007平方千米（即八师辖区面积），将市管辖范围扩展到师，师与市的管辖范围完全重叠，市的行政职能和管理权限覆盖全师，实现师市领导体制一致、管理权限一致、行政职能一致、实际管辖范围一致，事权与财权相适应的“师市合一”体制。第二，加大对兵团党政军企合一特殊体制改革和完善力度，进一步丰富党政军企特殊体制的实现形式与内涵，强化“党”的核心领导地位，健全和转变“政”的职能，凸显“军”的属性，确立“企”的市场主体地位，构建更有利于特殊体制与市场机制接轨、有利于兵团履行维稳戍边职责的机制。第三，以市场化经营为方向引导和支持兵团推进团场事权与财权相匹配的制度体制改革，促进团场政企分开、政资分开、政事分开、政社分开，全面赋予团场行政管理职能，完善企业法人治理结构，健全国有资产运营监督管理体制。

（3）支持兵团加快城镇化建设和产业发展，增强社会事业发展内在动力

第一. 按照中央新疆工作座谈会精神，采取有力措施加快条件具备的团场设镇步伐。以石河子为例，下野地垦区、莫索湾垦区两个垦区的经济发展、人口规模等条件已经具备了设镇条件，加快设镇有助于增强兵团作为“稳定器”、“大熔炉”、“示范区”的三大功能，提高维稳处突水平。第二，加大对团场城镇运行及城镇基础设施建设、维护经费的支持与补助力度，形成与城镇化发展相适应的财政投入增长机制。加大对城市、团场城镇及社区的道路、给排水、电网改造、集中供热、垃圾及污水处理、城市燃气等方面的支持力度，通过改善城镇居住、工作和生活环境吸引聚集高素质劳动力，通过打破民族之间相对隔离的居住格局以增强民族间的互信、实现嵌入式发展，形成兵团城镇辐射带动地方乡镇发展的良好局面。第三，坚持走“三化”建设道路，加快兵团经济与产业结构转型升级，提高兵团产业支撑能力和经济实力，增强兵团对新疆优势资源的掌控权和开发利用能力，有利于增强社会事业发展内在动力。围绕兵团资源优势大力发展棉花、红枣等特色农产品，大力发展食品医药、延伸纺织服装产业链条、做强煤化工及氯碱化工、做大特色矿产资源加工业等优势产业；大力支持兵团高新技术产业和战略性新兴产业发展，积极争取国家给予兵团发展高新技术产业方面更加优惠的差别化政策，为兵团创建比沿海和内陆发达地区更加优惠的创新创业环境、公共服务平台、科技企业孵化器和科技投融资体系等方面的政策。第四，从保障国家战略性资源能源安全出发，支持兵团参股中石油、中石化在疆建设项目，切块落实一定数量的油气产品和煤炭、有色金属等矿产资源由兵团开发利用，支持兵团参与大型煤电煤化工基地和油气加工基地建设，有效推进兵团在国家资源能源安全保障等更宽领域、更关键环节发挥特殊作用。

（4）完善街道社区建设，增强基层社会事业管理能力

第一，健全街道社区建设的财政保障机制，建立多渠道、多元化的社区建设投入机制。通过积极争取上级转移支付、本级政府投入、辖区单位资助、居民群众自筹等多种途径，加大福利性、公益性社区事业建设投入，解决社区服务基础薄弱，资金、场地短缺等问题；坚持“政府引导、社会参与、市场运作、统一建设”的方针整合、调剂和充分利用社区现有设施资源、网络和信息资源，发动社区内单位免费为社区居民开放图书馆、健身场馆、文体活动场所，为社区居民提供方便、快捷、互动、共享、协调和高效的社区信息服务。第二，加强街道社区党的基层组织建设。在社区全面推行“四议两公开”基本议事决策制度，加强居民小组长、楼栋长、单元长、居民代表等社区基层党组织建设，建立社区党务公开、居民自治、居务公开以及居民监督评议制度；按照务实管用、灵活便捷、广泛覆盖的要求创新社区基层党组织设置，积极开展在民间组织、居民楼院、集贸市场、商业网点、建筑工地等建立党组织的工作。第三，完善社会参与机制，加强社区各类组织的管理。建立健全党政群机关、驻区单位、物业管理机构和民间组织共同参与社区事务的共建机制、协商机制，完善职工群众利益诉求传达机制和社会矛盾化解机制；社区合理划分居民组织、商业组织、民间组织、业主委员会的管辖范围和自治权限，在各类组织中及时建立党组织，实现党建全覆盖、社会管理无缝隙；建立健全社区工会、志愿者协会、共青团、妇联等群众组织，培育公益类、家政类、维权类、慈善类等利他型民间组织，大力引导居民发展兴趣类草根组织，形成以社区党组织为核心、各类组织相互配套、功能健全、运转有序的社区组织体系；通过政府“购买服务”、项目管理、志愿服务项目等多种形式，调动民间组织参与社区居民家政、物业、信息、养老等服务的积极性，拓宽社区服务领域。

10.3 “场镇合一”模式下社会事业管理模式创新

（1）解决“场镇”行政管辖不一致问题

以石河子市北泉镇为例，北泉镇是由原145、146团合并组成，原145团行政区划归石河子市，原146团280平方千米的行政区划归沙湾县。在北泉镇成立时，原146团因属地方的行政区划范围，未纳入北泉镇的行政管辖范围。现在原146团范围内的财政税收权仍归沙湾县管辖，其他行政管理工作全部属于石总场。石总场与北泉镇这种行政职能、管理权限和管辖范围的不一致，建议从根本上突破这种行政区划和体制上的障碍，解决场镇区划面积、事权财税权合一问题。

（2）切实增加“场镇”的行政编制指标

北泉镇是国家11部委批准“赋予县级政府管理权限”的全国小城镇综合改革试点镇，也是联合国开发计划署“可持续发展中国项目”试点镇。为落实新疆维吾尔自治区民政厅《设立石河子市北泉镇的批复》“建镇后要认真落实国家关于建制镇的政策法规，加快小城镇建设，为经济发展和提高人民生活水平创造必要的条件”，八师石河子市党委已赋予北泉镇县级政府管理权限，为行使北泉镇县级管理政府职能，批准设立了“二办（党政办、政法办）、九局（经济发展局、财政局、住房和规划建设局、商务局、招商局、农林牧局、审计局、社会发展局、执法分局）”，按照“场镇合一”管理体制，北泉镇（二办、九局）与石河子总场机关科室实行两块牌子一个机构，目前北泉镇行政编制指标仅为20个，建议增加行政编制指标，充分行使因编制受限而“缺位”、“空位”的诸多政府职能。

（3）加强“场镇”基层社区建设和管理

兵团的性质决定了团场社区兼具地方县和城市社区一般性职能和戍边维稳的特殊职能，从兵团团场的特殊使命和特殊任务出发来制定有利于加强兵团社区建设和管理的特殊政策，给兵团专门核拨团场社区人员的编制和经费，切实解决团场社区人员“无身份、无编制、无经费”的突出问题。理顺“场镇”社区社会事业管理体制，努力使城镇管理职能下移到街道办事处或社区，赋予街道社区对区域性、社会性、群众性事务的综合管理权，在兵团范围内推广社区党组织、社区居委会、社区工作站“三位一体”管理模式。在有条件的社区探索建立社区公共服务站，按照政事分开、政社分开、费随事转、责权利配套的原则将政府不具备比较优势的社会公益性事业，从政府行政职能中剥离出来交给社区公共服务站去供给。

10.4 兵团典型社会事业管理模式创新

10.4.1 需求导向的社区与基层社会事业管理模式

以突出兵团特色为方向，创新社区与基层社会事业管理模式。一是兵团社区管理模式应结合兵团承担的历史使命和兵团的特殊体制，凸显“三大作用”，形成兵团特色；二是要发挥兵团组织化程度高等优势，既不能一味强调群众自治、弱化行政推动，又不能以行政化代替自治化，在兵团社区建设初级阶段既要充分发挥兵团组织化程度高、集中力量办大事的组织优势加大行政推动力度，也要不断增强群众自治功能，协调好行政职能与发挥群众自治功能的关系、两手都要抓、两手都要硬，统一服从服务于率先全面实现小康与构建和谐兵团的目标；三是按照“条块结合、以块为主、重心下移、属地管理”的要求，推进政府行政执法、社会管理职能有序下沉，发挥街道社区职能作用，进一步完善“一级政府，两级管理，三级服务”的城市社区管理与服务体系；四是加强对流动人口聚居地、城乡结合部、新建小区的党组织建设和对流动党员的服务和管理，筑牢维护基层稳定的第一道防线；五是团场要结合自身实际，继续探索已经基本成形的社建办、社政科、社区管理（服务）中心三种管理模式，即社建办独立单设模式，社建办与社政科合署办公模式，社区管理（服务）中心模式。

该模式内容及特点：需求导向指所迎合的需要是既定的，而满足需要的社会事业管理模式应随着社会的发展和市场变化而加以确定。兵团城镇化进程的加速使兵团经济与社会结构发生改变，连队逐渐转型成社区，基层社会事业管理模式也迫切需要创新，政府主导的社会事业管理模式难以满足实际需要，取而代之的是更适宜兵团将来发展的以需求为导向的社区、物业与基层社会事业管理模式。同时，由于经济的快速发展，信息的高度流通和共享性，人们的思想更加的活跃、独立、多变，在思想进步的同时也容易导致思想混乱、价值观错位甚至空位、社会管理失范失序等各种问题层出不穷，相对于传统的管理模式，以需求导向的社区与基层社会事业管理模式更注重公民的需求，更多考虑兵团的大变革、利益的调整和重新分配，以增强职工群众的满足感，缓解社会矛盾，化解阻力。

该模式的具体形式有网格化、三位一体，应用范围可包括兵团各师（市）、团（镇）社区与基层。

10.4.2 稳定导向的南疆与边境团场社会事业管理模式

该模式内容及特点：科学地处理好屯垦与维稳戍边的关系，是历届中央政府对兵团提出的要求，第二轮新疆工作座谈会中习近平总书记又进一步强调了兵团在维护新疆社会稳定和长治久安、处理好屯垦与维稳戍边关系的重要性。事实证明，新疆社会不稳定的主要地区分布在南疆和边境贫困地区，这些地区的农牧团场维稳戍边的作用和压力比较大，生产生活条件艰苦，经济发展水平和基本公共服务供给水平相对较低，社会组织参与度相对较低，是兵团社会事业管理的重点和难点，因此这些地区应该采取以社会稳定为导向的社会事业管理模式。

该模式要求南疆与边境团场强化从国家和兵团层面的顶层设计，弱化该地区政府部门经济发展业绩考核评价体系，加大民生和维稳业绩考核比重；实行特殊政策，打破常规，特事特办。在社会事业管理组织建设上，强化中央直接领导并实现中央到地方管理组织的扁平化，简化机构以提高管理效能；在公共事业供给和财政资金扶持方面，国家担负的比重应高于新疆及兵团平均水平；在教育方面，应坚持教育为先，认真落实十二年义务教育制度和少数民族聚居区双语教学，积极推进学前儿童义务教育，加大信息化教育平台建设，加强与兵团、内地知名学校互换交流合作以及对口援疆力度，通过改善师资工作环境、灵活的人才引进和职称评定政策、提高优秀师资待遇水平等措施全面提高各级各类学校的师资水平和教育质量；在卫生医疗方面，充分认识到兵团医疗机构在维稳方面的重要作用，加强兵、师调控，优化卫生资源配置，认真落实《关于加强艰苦边远困难团场医疗服务工作的意见》（新兵办发［2014］31号）精神，加大国家对公共卫生医疗资助力度，减轻团场等基层单位负担，提高医师条件待遇和社会保障，灵活处理兵、师、团编制问题，适度放低团场等基层医疗机构医务人员职称及医院等级评定标准，落实团场等基层医疗机构的独立事业法人政策，吸引并稳定优秀人才扎根边疆和基层，积极推进兵、师医院与团场合作开展医疗服务工作，鼓励兵、师医院与团场联合办院；在劳动就业方面，技能培训要符合职工群众需求，不搞形式主义，应围绕当地特色产业提升劳动致富能力，在资金上、政策上、项目扶持上给予特殊照顾；在文化方面，加强民族团结文化、中华民族文化、兵团文化宣传，并不断完善公共文化服务体系建设，加强文化广场、运动健身设施等建设，为职工群众提供丰富多彩的、喜闻乐见的文化生活。

该模式的应用范围包括：南疆四地州、边境团场、高寒地区团场。

10.4.3 协作导向的兵地社会事业管理耦合互补模式

兵团与地方在空间分布上紧密相邻、相互依存。由于水利设施、道路交通、环境治理、灾害救助等部分社会事业具有公共品属性，存在难以分割、非竞争、非排他性，绝大部分在空间分布上跨行政区域，兵团与地方只有协作、共同参与、共同规划，共建共享，才能提高规模效益，避免重复建设和“公地悲剧”导致的资源浪费和配置效率低下。而教育、卫生医疗、社会保障、就业培训等社会事业属于准公共品，由于兵地之间财税体系、资金投入、行政管理相互独立，因此学校、医院、养老保险、医疗保险、抚恤救助、人口管理、就业培训等系统相对封闭、独立，经常出现资源重置、规模效益不高，也给职工群众、尤其是部分与地方县镇较近的团连职工群众的生产生活带来不便。协作导向的兵地社会事业管理耦合互补模式，既符合历届中央政府与国家领导人对兵团提出的“科学处理兵团与地方的关系”的要求，又符合兵团职工群众和地方人民群众共同的利益，有助于提升资源利用效率、规模经济，产生协同效应。协作导向的兵地社会事业管理耦合互补模式，需要做好顶层设计，响应国家层面的顶层设计，从而建立起良好的中央、地方与兵团社会事业管理协调机制。具体来看，需要妥善处理好兵地关系。

(1) 良好的兵地关系是实现社会稳定和长治久安的重要保证

处理好兵团与地方的关系，需要从国家层面做顶层设计，如果没有国家层面的顶层设计及协调机制，仅发挥兵团积极主动性，兵地关系融合进程较为缓慢，不利于当前国家对兵团与新疆提出的社会稳定与长治久安的总体目标实现。兵团是党政军企合一的特殊组织，自行管理内部的行政、司法事务，实行国家计划单列，接受中央和自治区的双重管理。科学处理兵团与地方的关系，是历届中央政府与国家领导人对兵团提出的要求，良好的兵地关系是实现社会稳定和长治久安的重要保证。

(2) 正确处理好兵地关系，实际上就是处理好局部和整体的关系

兵地共融才能合力推动跨越式发展，兵地一体才能有效促进长治久安。处理好兵地关系，关键是融入大局、融合发展，实现边疆同守、资源共享、优势互补、共同繁荣。自治区党委书记张春贤强调：“当前兵团的发展进入了新时期新阶段，自治区要支持兵团在经济发展中转型，加快产业结构优化升级，做大做强优势产业，支持兵团加速‘三化’进程，进一步扩大兵地交流与合作，共建大项目，共谋大发展，加快推进兵地经济融合发展，支持兵团发挥好稳疆兴疆、富民固边的作用。”这是对兵团的支持，也是对兵团融合发展意识的有力促进。兵团的发展离不开地方的支持，应该自觉地在思想上、感情上、工作上与地方互通共融，这样，兵团才能在新疆跨越式发展和长治久安中发挥更大作用。

(3) 正确处理好兵地关系的关键在于推进战略规划、行政职能、社会事业管理模式方面的兵团地融合与耦合互补

兵团与地方，由于行政体系、财税体系、公共服务体系、社保体系等相对封闭，由于资源、财税等兵地优势不同，又同时存在着融合的部分，所以协作导向的兵地社会事业管理耦合互补模式更利于发展需要，制定区域战略，谋求社会事业共同发展。兵地联合编制、统一实施区域经济社会发展总体规划，基础设施建设规划、公共服务设施建设规划等规划，有益于对兵地道路、水利等公共设施统一投资、统一设计、统一施工，避免重复建设、减少浪费，通过资源、市场、政策共享，采取互帮互学、项目共建、龙头企业带动、股份制和城镇共建等多种形式，实现自治区和兵团层面、地市级和师市层面、县级团场层面的融合发展。协作导向的兵地社会事业管理耦合互补模式不仅是对现行行政管理体制的突破、兵地融合发展模式的突破、城镇建设管理体制的突破，更为兵团各师和各地州抢抓机遇、加快区域经济发展创新了路径，积累了经验。

该模式的适用范围：兵团非孤岛、非飞地、与地方紧密相邻的兵团各师（市）、团（镇）。

10.4.4 社会化导向的兵团社会事业管理主体多元模式

随着兵团社会事业的发展，其管理模式由单一权利管理逐步转向多元权利的社会互动，社会化导向的兵团社会事业管理主体多元模式是在管理理念的指导下社会事业管理主体包括政府、社区内外的非政府组织和企业以及居民等通过平等参与机制协商合作、互动共同管理社会事业的过程。实行社会化管理模式涉及政府理念、制度和操作等各个层面的改革创新，在促进政府转型、高效提供社会服务、整合社会资源、培养居民自我管理、提升社区服务层次等方面发挥重要作用，充分利用社会资源绩效等方面均具有更多应用、推广的价值。兵团应鼓励社会力量共同参与社会事业的建设，推行社会事业服务的社会化，形成政府主办、社会参与、功能互补、运转协调的社会服务组织体制和责任明确、行为规范、富有效率的运行机制。

适用范围：经济发展水平相对较高、非公有制主体较活跃、实力较强的各师（市）、团（镇）。

10.5 兵团各类社会事业管理模式及创新

（1）兵团医疗卫生事业管理模式创新

建设基于“云计算”的兵团卫生医疗信息化平台。考虑到兵团地广人稀，基层普遍存在人员紧缺、技术力量薄弱、基础环境设施简陋、第三方本地化技术支持薄弱等现状，兵团卫生局可选择采取集中式大卫生数据中心方案。平台建成后，将运行公共卫生、医疗服务、新农合、基本药物制度和综合卫生管理等五大核心业务应用系统，建立全兵团统一的电子健康档案和电子病历，为实现城乡一体化的医疗服务，缓解看病难、看病贵等问题起到强大助推功能。2013 年 7 月济南浪潮成功中标兵团卫生“云计算”数据中心建设项目，将为兵团搭建成基础架构云平台和云数据库平台两大核心云平台，从而有效降低卫生信息资源的管理和使用成本，实现业务数据和信息资源的共建共享、互通互联。

(2) 兵团社会保障事业管理模式创新

一是建立符合“流动人口”特点的社会保障管理模式。为解决“流动人口”的社会保障问题，兵团应该从整体上改革社会管理制度，建立符合“流动人口”特点的社会保障管理模式。破除固有的户籍和地域歧视，增加“流动人口”的工资待遇，增加其学习科学文化知识的机会，使其掌握更多的从业技能；同时相关部门应尽快出台专门适用于“流动人口”社会保障体系的法律、法规，比如《农民工社会保障法》及时处理违反法律、法规侵犯“流动农民工”权益的事件，加强执法力度，确保“流动农民工”参加各种社会保险，保证每个“流动农民工”都能在真正意义上享受到社会保障带来的福利。

二是逐步提高基本养老保险统筹层次，最终实现全国统筹。目前兵团各师经济发展不均衡，提高统筹层次需要一个过程。要在完善师级统筹的基础上创造条件，逐渐提高统筹层次，逐渐过渡到兵团级统筹，最后实现兵地统一以及全国统筹，为构建全国统一的劳动力市场和人员流动创造条件。各师由于征缴计划未完成而产生的基金缺口，由各师自行解决；对各师超额完成当年征缴预算任务以外的增收基金仍留存各师，并按兵团规定用于弥补基金支出缺口。同时，兵团参保人员在兵团范围内流动，只需通过数据集中信息系统办理业务，就可以转移基本养老关系和个人信息；就业变化、户籍地变化等原因，也不会影响参保人员养老保险接续，实现养老保险关系转移接续无障碍。

三是扩大社会保险覆盖面，加大向非公有制单位社会保险的覆盖力。非正规部门就业人员、流动劳动人口以及事业单位人员分期分批纳入到社会保险体系改革之中，这是构建和谐社会的重要措施。社会保险经办机构要改变单纯以正规就业人员为主要实施对象、社会保险过于依托用人单位的传统观念，将灵活就业群体作为社会保障的主要对象，将管理服务直接面向劳动者，服务到个人，服务到个体，最大限度满足各类参保对象的保障需求。建立适合灵活就业人员特点的社会保障制度。放宽参保年龄，实行弹性退休年龄。在缴费方式上，采取灵活的缴费方式，允许其按季、按年缴纳，中断保险者可以补缴，也可以借鉴商业保险缴费办法实行趸交，再根据个人账户记账利率计算其差额，以有效避免灵活就业人员因收入不稳定带来的缴费风险。

（3）兵团文化体育管理模式创新

一方面，明确各级政府职责划分，实现权力边界明晰、优势互补。①国家资金投入方向：一是投入文化场馆建设项目资金，建设兵、师、团、连各级的文化活动场所；二是投资博物馆、纪念馆建设，做好文物、档案的搜集、整理和保护工作，将兵团大部分博物馆、纪念馆纳入国家免费开放序列；三是拨发国家文化产业发展专项资金，优化兵团文化事业投资环境，扶持兵团文化企业发展。②兵团资金投入方面：一是按照国家标准设立专门基金，对公共文化基础设施的改造、补缺、换代进行补助，实现兵团公共文化基础建设设施完备、功能齐全；二是对社会资本参与兵团文化事业和产业发展给予相关优惠政策支持，如支持有能力的个人创办小型文化企业，以小带大，推动兵团文化事业及文化产业的发展。

另一方面，通过兵团体育管理目标和体育管理现状，结合系统科学的理论，兵团可积极构建由政府、体育协会和各类体育实体（学校、职业俱乐部、业余俱乐部等）构成的“三位一体”的体育共同治理模式。针对兵团竞技体育管理要建立一个会员最多、职能最高、规模最大的非营利性民间体育管理机构。下设Ⅰ级领导部门、Ⅱ级领导部门和Ⅲ级领导部门，分别管理各级别的具体工作，其中各级领导部门的成员数量都有具体规定，竞技体育管理机构的内部还要设有制定规则和管理纪律等事务的部门。在立法方面，法规条款按照其适用的范围和侧重点划分为关键条款、区域关键条款和一般条款，所有在竞技体育管理机构下的体育运动都应遵循既定的法规。针对学校竞技体育管理，每所学校的学生都有可能成为学校运动队成员，代表学校参加各类比赛。大学生体育联合会为合格的运动员提供参加世界大学生运动会的机会。学生运动员除了参加训练和比赛之外，还可以有专门的运动员参与教练员选拔、政策制定、项目设计和活动管理等；对学习成绩和运动成绩优异的学生，学校设立各类奖学金。

（4）兵团科技管理创新模式

第一，建立需求导向型科研模式。需求导向型科研模式要求生产企业以市场为导向提出研究项目，并提供经费，科研企业（部门）既有充裕的经费，又了解企业的生产条件和实际需要，所得到的成果成熟度高、针对性强，一般能在生产企业顺利地实现产业化和商品化。目前，兵团的科研模式是以供应型模式为主的体制，这种体制造成科技和经济“两张皮”的现象日益严重。要加快科技产业步伐，必须进行科研模式的改革，建立需求型的体制。其中“农业科技是应用技术为主”的科技工作，在科技立项上必须以社会热点、生产难点、重点问题作为主要内容，面对市场需求选题，真正做到“任务来源于生产，成果在生产中完成，效果受生产检验，发展依赖于生产”。

第二，科技成果产业化模式。农业产业化经营是以市场为导向，以经济实体为龙头，以先进的科学技术为支撑，以经济利益为纽带，发展专业化商品生产，实现农、工、贸一体化经营。兵团需要打破过去那种由科技界唱独角戏的局面，兵团的农业科研主管部门和科研院所既要与兵师团三级农业、畜牧、农机、水利等生产主管部门密切联系，同时也要与农业院校、农技推广站、种子公司、畜牧兽医站等部门密切合作，使科技成果及时有效地向产业化方向转化。

第三，科技示范园区模式。针对兵团现有农业技术力量薄弱、消化吸收能力和技术生产能力低的状况，大专院校、科研院所与兵团有关部门（企业）要共同建立科技成果转化基地。要有计划地建立一批专业化和综合化的高新技术园区。“园区”实行生产、科研、推广、示范旅游一体化经营体制，其产品、制种、技术转让，参观旅游收入作为园区的运作费用，实行自收自支为主，企业及政府补贴为辅的管理体制。利用这些示范园区，充分展示高技术产品及高技术手段取代传统技术产品和传统技术手段的成就，带动农业科技的开发，加快科技成果的产业化发展。

第四，科技市场化、多元化模式。创建多元化、多层次的融资市场体系，形成对科技创新的持续支持和社会资源的有效动员。企业是创新的市场主体，是研发活动、研发成果的主要受益者。建立兵团行政投入为引导，市场投入为主体，社会资金积极参与的多元化投入机制，引导企业不断加大研发创新投入，形成兵、师与企业、社会、个人多方投入的格局，为兵团科技创新提供资金保障。构建兵团科技人才资源的市场化开发培养机制。兵团在计划、立项、资金安排等方面，优先向科技创新项目倾斜，引导科技发展的市场化方向。严格科技项目管理，确保各级科技经费只能用于企业科研投入的配套和补充。制定鼓励企业开展科技援疆、科技项目合作的政策，不断改善企业的研发创新市场环境，引导企业同国内外科研院所、院校进行项目合作和人才市场化合作，建立工程技术研究中心，开展科技市场经营，不断增强企业研究与开发投入的主动性。

第十一章　国内外社会事业管理模式对兵团的借鉴启示

11.1　国外成功的社会事业管理模式

由于基本国情、经济体制模式和历史传统的差异，世界发达国家的社会事业发展存在个性差异，进而形成了具有不同特点的社会事业管理模式。以美国、日本、新加坡、澳大利亚为代表的经济高度发达国家（地区），在政策取向、制度设计、具体标准及实施办法等方面积累了丰富的经验，均摸索出了适合本国（地区）国情（区情）、相对稳定的社会服务管理模式。

(1)“政府、社会组织与居民自发自治三分天下”的美国社会管理模式

作为联邦制国家，美国的宪法对于联邦、州和地方三级政府的支出责任作出了明确界定。联邦政府主要负责国防、国际事务、国外情报收集、空间研究、社会保险和公共福利，以及其他由国会确定的州和地方政府不涉及的事务；州政府主要负责高等教育和中学、公共福利、运输、医院等事务；地方政府主要负责幼儿和中小学教育、交通、公共安全、供水供电设施、街道维修保养、警察及消防等公共事务。美国的社会管理采用的是地方政府、社区委员会、非营利组织和社区居民等利益攸关者共同参与的社区治理模式，该模式治理主体多元化、资源筹集多渠道、社区管理民主化、服务监督常态化体现了美国政府引导的多方利益攸关者协同的网格化基层社会治理模式。

美国社会拥有悠久的自发型社会管理、社区自治的传统，美国许多服务由非营利组织和私人提供，而非政府供给。根据美国法律，其非营利组织包括150多种类型，覆盖的领域有：文化、艺术、娱乐、教育、研究、卫生、医院、养老院、托儿所以及其他卫生机构；社会服务，残疾人救济、难民救济、环境保护和动物保护；经济、社会和社区发展；住宅、就业和就业培训；公民倡导组织；法律服务、慈善、宗教组织、专业或行业组织，等等。美国的非营利组织及其服务在全部社会服务中的比例相当高，几乎占所有社会服务的一半或更高，美国政府积极采取减免税收、财政补贴等方式来缓解管理社会事务的非营利机构或中介组织的压力，以降低人力、财力和资源配置方面所产生的行政成本；对于帮助政府提供服务的非营利组织，政府也直接或间接支持这些非政府的服务机构提供各类社会服务。

以美国为代表的社会事业管理模式，主要表现为政府采取间接的方式对社会公共事务进行治理，而政府行为与社区行为相对分离。政府通过制定各种法律法规去规范社会中不同集团、组织、家庭和个人的行为，协调社会内各种利益关系，为社会成员的民主参与提供制度保障。例如，制定相关的政策与法律指导政策的执行；监督、检查民间团体和私营机构；对各类服务机构内的人员培训、设备配置、服务标准、服务价格进行定期检查，并根据检查结果对相关机构增加或削减下一年的财政拨款；对中央福利经费实行严格的宏观控制与管理等。在政府制定的社会管理规划下，社区接受政府的拨款，并完全自主治理社区内所辖公共事务。社区内的具体事务完全实行自主自治，与政府部门并没有直接的联系。

(2)“政府与民间自治社区协作互补”的日本社会管理模式

以日本为代表的社会事业管理模式主要特点是：在社区治理中官方色彩与民间自治相结合，政府对社区公共事务的治理较为宽松，主要采用间接手段进行规划、指导、监督和提供经费支持。例如，日本由自治省负责社会工作，地方政府设立了社区建设委员会和自治活动科等相应机构对环卫管理、青少年教育、社区治安、社会福利等社会事业进行管理。

在社区服务方面，居民的任何需要都有对应的组织提供，各级行政机构都由设立的社会部门全面负责此项工作。社会部门下设福利计划科、社会福利科、儿童福利科、老人福利科、保险医疗科、老人之家以及市民健康科；各社区内还分设许多服务中心，服务中心大量的保健师与护士进行具体的服务工作，全面掌握各区域的老人、儿童、身心障碍者等人群的健康状况、经济状况、日常活动情况等，而对于社区居民，在进入60岁后也开始建立《健康手册》，开展基本的健康教育、健康诊查等。此外，日本也有相关的政策鼓励社会组织参与社会发展决策和社会事业管理，加强政府和居民之间的沟通，缓解社会矛盾和冲突。

(3)“政府主导型”的新加坡社会管理模式

在新兴工业化国家中，东南亚的新加坡是社会事业建设较有特色、较为成功的国家。以新加坡为代表的“政府主导型”社会管理模式主要是将政府行为与社区行为紧密结合起来，政府对社区的干预较为直接和具体。政府在社区设有各种形式的派出机构在社区发展中行政性较强、官方色彩较浓。政府通过对社区组织的物质支持和行为引导，掌控着整个社区发展的大局，并且通过相关职能部门的培训对社区的领导人进行培训，以保障政府的方针政策在社区活动中得以贯彻。而在政府的主导下新加坡积极发展社会组织特别是慈善团体参与社区管理和服务，并以此刺激增加社会就业机会。

新加坡独立以后十分重视社会事业发展，主要有两个较为突出的特点：一是广覆盖。新加坡建立了以中央公积金为核心的综合型社会保障体系，由公积金制度、居者有其屋政策、医疗保障体制、就业入息补助计划四大支柱支撑，同时又实行个人的公积金和储蓄、家庭的亲属互助、社会的社区福利和慈善救助、政府的公共福利金和配套资助四个层次的社会保障。目前新加坡中央公积金局会员达300万，占总人口的85%，成为新加坡社会保障体系的基石和民众生活的安全网。二是注重政府责任。新加坡政府是“整合政府”，是通过实行综合管理，优化配置公共资源，实现公共管理的成本最小化，效益最大化；政府集中力量重点救助最困难的社会群体，强调政府在扶贫解困中的主体作用。政府在就业、住房、养老、教育、医疗、社会治安、财政收支安排等方面，致力于“为所有人创造更美好生活的机会”，切实做到了将“以人为本”科学化、精细化；政府在社会管理方面进行统筹规划，高度重视种族与宗教、贫穷与富贵、老年与少壮、居民与移民的关系，在各个社会管理要素的重视程度上实行均等化对待，以保证社会平等稳定；政府为保障就业，长期以来将鼓励就业、扶助就业、确保就业作为基本国策，全力推进招商引资、发展经济、培训劳动力、提高劳动者素质，使得失业率控制在3.5%左右，最低年份达到2.7%。

（4）“效率优先”的澳大利亚社会事业管理模式

20世纪80年代以来，澳大利亚在社会事业管理改革实践中最独特而又卓有成效的是在公共就业服务购买方面的创新。澳大利亚政府将原隶属于就业、教育、培训和青年事务部的全国400余家公共就业服务机构全部民营化，组建成了全国就业服务有限公司，并将原先属于公务员性质的9 000余名工作人员也全部转入劳动力市场，根据公司需要和个人意愿，实行双向选择。公司实行董事会负责制，在承揽业务方面，和其他民间就业服务机构享有同等的条件和地位。新体制充分体现了社会化和市场化在就业服务中的作用，改变了政府职能，节省了行政经费，提高了工作效率，提高了长期失业人员和其他弱势群体失业者的再就业率。

教育方面，澳大利亚的高等教育通过改革更强调效率与公平，学生个人及其家庭的责任更重，可能影响社会经济地位较差的群体接受高等教育；养老保险方面，澳大利亚的养老金水平较低并公平分配，有利于应对人口老龄化挑战，而增加个人与雇主的责任则利于降低代际不平等；医疗保健方面，澳大利亚的医疗体系将普惠型公共医疗与补贴型私人医疗结合，能够保持一个较为合理的医疗支出，在个人、家庭与政府之间共享责任、共担风险。

(5)“政府主导下民生为主”的印度社会事业管理模式

世界银行在公布关于印度经济状况的报告中指出，印度经济增长是符合穷人利益的经济增长，其重要原因在于印度联邦和各邦主体、地方政府，将三分之一的财政支出用于教育、医疗、救济等社会事业管理领域，从而建立和维持了一套完善的社会保障体系。

在社会保障方面，印度政府对退休、退职的老年人、鳏寡孤独的老年人、丧失劳动能力者、失业者、残疾人等特殊的社会保障对象进行了特别管理，在解决生活需要外还组织开展其他活动，如组织残疾人参加福利企业、事业工作，组织贫困户发展生产，对失业人员进行职业培训，组织灾民进行生产自救等。

社会保险方面，印度的社会保险由劳动和社会保障部负责监督，具体经办则交给社会保险公司、私营养老基金管理公司等负责具体实施。

公共卫生医疗方面，印度各级政府对公共卫生职责分担以及医疗服务提供系统网络的安排方面都体现了自身特色。公共部门的医疗保健服务主要由地方政府、州（联邦）政府和中央政府承担责任和分担成本，地方和州（联邦）政府承担费用支出的3/4，中央政府负担1/4；三者共同在全国范围内向各级公共医疗网免费提供公共资金和管理费用。

在社区服务方面，1996年印度政府推出了社区医疗中心规划，每10万名农村居民配备1个社区保健中心，中心专门医生如外科、内科、儿科和妇科医生，还配备有辅助医疗人员或其他职员，并配有较完善的实验室和X光检查设备等；这套公共医疗体系的架构设计相当明确，免费医疗减轻了贫困家庭的经济负担，保证了社会公平。

在基础教育方面，印度1976年修宪、1986年的《国家教育政策》、1992年的重新修订均体现了社会对教育的广泛参与。印度幼儿保育与教育的提供分为公共领域与私人领域；公共领域的儿童保育与教育主要包括儿童综合发展服务机构、幼儿保育与教育中心及学校附设的学前班，私人领域的幼儿保育与教育机构包括私立学校的学前班、私立的游戏学校、志愿组织开办的项目和社会团体开办的幼儿保育和教育中心。《儿童免费义务教育权利法》第12条规定，受政府补助的私立学校必须提供不少于25%的免费入学名额，不接受政府补助的私立学校必须为附近地区的低收入家庭和处境不利儿童提供不少于25%的入学名额，保证从一年级开始为他们提供免费的义务教育直至完成学业。

11.2 国内成功的社会事业管理模式

（1）“多元民主自治”的香港社会事业管理模式

以服务体现管理是香港政府的鲜明特色，香港社会管理和社会服务已形成了非政府独揽性、多主体化、多元参与的现代公共服务体系。在实行社区民主自治方面，香港社区民主自治的三大组织机构包括区议会、地区管理委员会和社区组织。香港 18 个区的区议会是地区层次的议会，不是决策机构，其主要职责是建立自下而上的民生诉求表达渠道；社会服务非香港特区政府独揽，社会服务主体实现多元化，区议会、地区管理委员会、社区组织多方共同致力于社会服务。

香港的多元文化铸就了政府、社会、家庭、个人责任相结合的多元主义社会保障理念，这种理念融政府主导与民间参与、政府调控与市场机制、政府责任与家庭、个人责任为一体，主张政府有限介入和创建高效灵活而非集中统管的社会保障系统。香港社会保障由政府与企业共同分担，既包括香港政府出资的社会救济，也包括政府立法、雇主出资的社会保险；政府还与非政府机构建立伙伴关系，在儿童福利服务、残疾人福利服务以及综合性的社区服务等方面都通过与非政府机构的合作来实现政策目标。

（2）“民生优先”的厦门社会事业管理模式

厦门市不断创新社会管理，打造文明和谐宜居之城。厦门的经验在于坚持民生优先，让广大群众最大程度共享特区发展成果；坚持两个文明并举，努力提升城市文明素质；坚持民意为重，实现政府决策与群众诉求良性互动。

一是积极推进城乡、全民均等化地共享社会服务。厦门在全国率先进行了社会保障性住房建设，并制定全国首部社会保障性住房法规，用法律手段护航保障房建设。截至 2011 年 12 月，厦门形成由公共租赁房、经济适用房、保障型商品房、限价房等构成的多层次保障性住房体系，实现了低收入家庭住房应保尽保；加快岛内外一体化建设，统筹城乡发展，从 2008 年 7 月 1 日起厦门市所有农村居民都可参加医疗保险，所有参保农村居民刷卡看病；2010 年 7 月，厦门市出台《关于完善城乡居民一体化基本医疗保险制度建设的意见》，统一城镇居民和农村居民的门诊基本医疗保险待遇，实现城乡居民基本医疗保险在医疗待遇上的均等化；全市基本医疗保险覆盖率达到 98%，“老有所养、老有所依”在厦门初步实现。从 2011 年 7 月 1 日起，厦门市将具有厦门市户籍但未参加现有各项基本养老保险和已年满 60 周岁但未享受任何养老待遇的人群均纳入养老保险范围，年满 60 周岁的城乡居民不需缴纳任何保险费用就可以领取每月 200 元基础养老金，实现了城乡居民基本养老保险的全覆盖。

二是引导并形成多方共同参与社会服务的良好局面。全市现有76支青年志愿者服务队、216家青年文明号“一对一”或“多对一”与59所农民工子女较集中学校进行结对，覆盖3.5万多名农民工子女。2011年6月，厦门在全市社区成立志愿服务工作站，深化关爱空巢老人志愿服务活动。

三是建立和完善相关法律法规，为社会服务管理夯实法理基础。近几年厦门市共制定和执行涉及社会管理方面的法规规章65件，初步形成比较完备的社会管理制度体系；《关于完善多元化纠纷解决机制的决定》以地方立法的形式对纠纷解决机制进行规范，《厦门市重大事项社会稳定风险评估办法》切实从源头上预防和减少矛盾纠纷的发生；并将政府监察部门的专门监督、舆论监督和社会监督结合起来，优势互补，最大程度形成了监督的合力，维护群众的合法权益。2010年厦门市的群众安全感达97.25%，对社会治安满意率达95.21%，持续保持在较高水平。

(3)“重心下移”的南京江宁区“三化管理”模式

江宁区位于南京市中南部，是“六代豪华”之地、“十朝京畿”要地，有“天下望县、国中首善”之美誉。2007年江宁区全部实现江苏省的省定小康指标，2010年实行免费义务教育，实施农村幼儿教育提升工程。为提升社区管理和服务能力，江宁区以谷里街道箭塘社区为试点，积极探索实施“三化”管理为特点的社区管理服务模式。

第一，实施网格化管理。2011年初，社区多方筹资改建服务大厅、公共服务站、会议室等场所，为“网格化管理”提供了硬件支撑；2011年6月，社区在原有的社区党总支下按“以村组相连为线、纵横成网、相互联动、专兼结合、责任到人、全方位覆盖”的原则，在社区推进“网格化管理”。按照村庄大小、分布情况，将社区分成6个网格责任片区及6个党支部，6名社工担任网格负责人，党员和20名居民组长担任网格服务信息员，以“了解民情、掌握实情、解难释疑”为目的进行每人包村组，形成一体化管理、一级对一级负责、层层上报、层层解决的工作模式。

第二，实施“契约化”管理。为了加强社区服务中心办事规范化和标准化建设，社区制定了包含《服务公约》、《行为规范》、《工作流程》、《管理制度》、《工作制度》等内容的《社区工作人员手册》供社区工作人员学习并对照执行，实现社区工作人员权利义务的“契约化”。同时，社区党总支将契约理念引入村务领域，通过合同、协议、约定、纪要等契约的形式将村委会和村干部、村民之间，村民与村民之间，村委会和其他单位及个人之间的各类事务以及双方的权利义务、履约时间、违约责任固定下来。社区通过量化考核将具体工作落实到契约中去，使村级事务管理公开透明、权责清晰、执行有据、运作规范，形成有法有据的长效管理机制。

第三，实施“精细化”管理。社区党总支以“细节决定成败”系列活动为契机，将现代企业管理中的“精细化”经营理念引入社区管理，通过实行“社工日志制度①”、“每周例会制度”、“每月例会制”等措施，抓细抓实社区工作，提高社区管理水平，推动基层组织建设。

（4）“360°无死角”的伊宁市网格化管理

伊宁市是伊犁哈萨克自治州的首府，是伊犁地区的政治、经济、文化中心。少数民族人口占总人口的32.3%，有维吾尔、汉、回、哈萨克、蒙古、锡伯、乌兹别克等32个民族。网格化管理功能丰富，有基础数据平台、统计分析平台、社情民意平台、督办督查服务办事平台、考核评比平台、指挥中心平台、系统管理平台、百姓互动平台等。为做好网格化管理工作，伊宁市建设局对市区48.37平方千米进行了细化分格，形成了56个管理片区。2010年5月1日伊宁市8辆城管执法车和49辆自行车开始对划分的9个片区、63个网格单元内的市政设施、园林绿化、市容环境等进行网格化管理，标志伊宁市网格化管理模式的启动。其中工作较突出的社区案例如下：

一是伊宁市萨依布依街道推进社区网格化管理工作。伊宁市萨依布依街道建立快速有效的社区网格化管理机制，依托统一的城市管理以及数字化的平台，将管理辖区按照社区居民、商业网点、辖区单位的分布情况划分成为2～3个单元网格；由社区网格管理员为主、社区民警等单位为辅的方式为居民提供各项便民服务，各个社区网格采取入户发放便民服务卡，在网格内宣传栏张贴便民信息的方式建立网格员与其辖区内居民的联系，实现服务零距离；通过加强对单元网格的部件和事件巡查，建立一种监督和处置互相分离的形式，实现监管全覆盖。制定《萨依布依街道制度汇编》、《萨依布依街道办事处干部考勤管理办法》、《萨依布依街道机关干部考核办法》，加强考核奖惩监督机制，按照“纵横交错、全面覆盖、分级管理、层层履责、网格到底、责任到人”的要求，社区网格员持工作证按照各项要求规范入户开展工作，保证了网格员工作的认真严肃，及时处理各网格内各种突发性事件，做到防患于未然。健全完善了“主要领导亲自抓、分管领导靠前抓、责任部门全力抓、条块联手共同抓”的工作制度和一级抓一级、层层抓落实的责任体系，构建横向到边、纵向到底、不留盲区、不留死角、网格到底的长效工作机制，为工作的顺利开展提供坚实的组织保证。

① 社工日志制度，即每个社工一本日志簿，每日记录当日居务工作情况，专人汇总日报，分类积分。

二是伊宁市伊犁河路街道实施“三个一”为特点的社区网格化管理模式。2014年以来，伊宁市伊犁河路街道通过“划分一张网格图、建立一份社情账、发放一张连心卡”的“三个一”，实现管理服务到户、干群沟通及时，提升了社区网格化管理水平，居民满意度达90%以上。①划分一张网格图：是以社区党组织为单位，严格按照辖区特点及人员分布情况划分三级网格，绘制网格图，注明三级网格管理员及联系方式。目前，各社区已划分一级网格4个、二级网格6个、三级网格15个，准确绘制网格图，掌握辖区格局和人员分布，实现管理服务到户。②建立一份社情账：各社区以网格为单位建立网格民情电子档案，电子档案主要包括家庭基本情况、就业情况、社保情况、意见建议等7项内容，组织网格员全面走访，一户一表详细填写并及时更新，实现户情动态及时掌握。③发放一张连心卡：统一设计印发“便民服务连心卡”，写明社区干部姓名、职务、联系电话和服务事项；通过发放连心卡及反馈登记表，干群沟通及时，各社区已收集居民群众反映关于公共设施维护、用水用电等民生问题51件，协调解决35件。

三是伊宁市都来提巴格街道昆其社区实现“小网格大服务”。伊宁市都来提巴格街道昆其社区在民主管理上，推行“四议两公开”工作法，将涉及社区发展和居民群众切身利益的困难户慰问、低保户认定、发展党员、重点项目实施等事务全部纳入“四议两公开”工作法决策内容，切实提高了网格管理的民主议事水平；在高效服务上，通过“干部承诺进网格”活动为党员、干部设岗定责，做到干部在网格中亮身份、明职责、作承诺、见行动；网格长广泛征求居民意见建议，社区集中组织开展了党章知识竞赛、义诊、困难居民救助、关爱空巢老人等活动；在办事便捷上，社区选派了网格长、社情民意信息员、矛盾调解员、城管监督员去执行监督社会管理服务工作、创新社会管理工作，以“网格收集—整理—上报”为依托，通过“社情民意直通车”及时批转办理群众水、电、暖、医疗卫生、文化教育等民生事项，使广大居民享受到了管理民主、服务高效、办事便捷的管理和服务。

四是伊宁边境经济合作区第五社区“金苹果网格”。形成街道维稳中心、社区治保委员会、辖区网格管理小组组成的维稳工作三级管理模式，成为全疆社区维稳工作的楷模；社区网格化管理模式坚持社区“零距离”服务理念，纠正了社区“机关化”倾向，促进社区工作人员按照“四知四清四掌握”的基本要求，经常入户走访适时掌握辖区社情动态，实现社区管理服务组团化、网格化、精细化，将问题解决在一线，隐患消除在一线。

（5）“四两拨千斤”的重庆PPP投融资模式

重庆是国家实行西部大开发的涉及地区和国家统筹城乡综合配套改革试验

区，各种新型的公私合作方式不断冲击着传统的政府监管制度等诸多问题，为此重庆市率先实施 PPP 投融资模式改革。PPP（Private-Public Partnership）即公共部门与私人企业合作模式，是指政府、营利性企业和非营利性企业以某个项目为基础而形成的相互合作共赢关系的模式，由参与合作的各方共同承担责任和融资风险。其优越性主要有三点：转移更多的风险到私人部门，提高工程项目的成本利用率，提高对社区使用者的收费效率和水平。

2014 年 8 月 7 日，一批 PPP 涉及交通设施、市政基础设施、土地整治等共 10 个项目、资产总额达 1 000 亿元的战略合作项目集中签约，标志着重庆市在全国省级地方政府中率先将 PPP 投融资模式改革推进到实施阶段。①工业园区市场化与 PPP 模式结合。重庆市荣昌县荣隆台湾工业园区实行了“政企”运作模式，一期合作的 2 平方千米范围内基础设施建设、征地拆迁赔偿安置、水电气及污水处理厂配套、标准厂房建设、招商引资、物业管理等均由业主单位东恩公司负责，政府负责综合协调、征地拆迁、政策把关、风险监控、综合服务等；同时，政府将入驻该园区的企业一定年限内镇级所得税收返给业主单位，将业主单位东恩公司的收益与入驻企业税收返还挂钩，极大地激发了业主单位强化招商引资并“招大招强”的积极性；园区业主单位东恩公司采取定制厂房入股、以租代购等多种方式，吸引即将入驻的中船重工风电、上海铝电缆、台商 IT 产业园等一批投资在 5 亿元以上、产出 10 亿元以上的重点项目。②道路交通与 PPP 模式结合。重庆市预计 2030 年将建成“三环十二射七联线”的高速公路网，中国铁建股份有限公司计划选择约 500 千米已建成通车的高速公路线路进行经营管理；香港铁路有限公司选择部分轨道交通线路与重庆市合作，铁路集团和重庆交通开投集团下属基金公司，分别与中国铁建股份有限公司等合作方组建合资公司，负责项目建设运营。③市政设施与 PPP 模式结合。重庆市于 2014 年 8 月 8 号签约 2 个市政设施项目，三峰环境产业集团采取 BOT（建设—经营—转让）方式建设运营第三垃圾焚烧发电厂、第四发电厂；通过 BOT 方式建设白洋滩水厂、悦来水厂等大型项目，采取 BOT 方式由中法水务投资公司运营日供水能力 50 万吨的寸滩水厂。④四是土地整治与 PPP 模式结合。由地产集团探索与基金公司合作投资的方式，对重庆市十大新兴商务聚集区之一的钓鱼嘴南部片区进行土地整治。

11.3 国内外社会事业管理模式对兵团的借鉴启示

综观国内外公共社会事业管理的实践与经验，审视兵团现阶段的社会事业管理，在政策、制度、机制、组织和投入等方面还存在诸多不足，需借鉴发达国家的做法和经验，创新社会管理方式，提高社会管理科学化水平。具体的实践经验借鉴和启示如下：

（1）健全与完善社会服务相关的法律法规

国内外成功的社会事业管理模式均囊括了覆盖面广、功能完善的社会保障体系，并都强调通过各项法规、政策、标准的贯彻实施推进依法行政。美国1935年颁布了具有里程碑意义的《社会保障法》，实行包括养老、失业、医疗、社会救济、残疾和生育等保险项目的社会保障制度，从法律上保证了农民同城市居民一样能够享有医疗、养老、房屋保险等社会保障服务的权益；德国颁布《农民医疗保险法》规定国家在为农民供给医疗保险津贴方面的责任和义务；战后日本以1947年的《教育基本法》、《学校教育法》和1949年颁布了《私立学校法》为契机，为日本私学制度的发展提供了详细完备的法律保障；印度多数的州（28个中的17个）都已实施公共服务保障法案，立法规定政府部门必须在指定时间内对民众提供多项公共服务。鉴于新疆地域广阔、民族众多、南北疆经济水平差异大的现实情况，应在整合区域社会资源，切实加强兵团教育、文化、医疗、就业和社会保障等各项社会事业发展过程中，逐步建立和完善养老保险法律法规、就业保障法律法规、最低生活保障法律法规等规章制度。

（2）坚持政府为主、市场为辅的社会事业管理模式

通过对国内外社会事业管理模式的比较发现，绝对的政府化与绝对的市场化的社会事业管理体制均不符合实际要求，兵团的社会事业管理应努力在政府和市场之间寻求平衡点。“政府主导型”的新加坡社会管理模式和“政府主导下民生为主”的印度的社会事业管理模式，强调政府责任，政府较市场发挥较大作用；“政府、社会组织与居民自发自治三分天下”的美国社会管理模式、“政府与民间自治社区协作互补”的日本社会管理模式和“效率优先”澳大利亚的社会事业管理模式强调市场的重要作用；非政府独揽性、多主体化、多元参与的“四两拨千斤”的重庆PPP投融资模式，各方共同承担责任和融资风险的“多元民主自治”的香港社会事业管理模式，在为兵团实现社会事业管理的主体多元化、资源筹集多渠道、社区管理民主化、服务监督常态化为目的的自发型社会事务管理作出了引领和典范。基于新疆生产建设兵团的社会事业发展现状，必须考虑多层次、异质化区域的多民族群众的社会需求。一方面可通过增强财政支出和政策调控满足各团场、连队基层群众的基本公共服务需求，使政府成为劳动就业、社会保障、收入分配、教育卫生、居民住房、安全生产、司法和社会治安等社会事业发展的基本投资主体；另一方面，在满足大多数人的公共服务需求的同时，还需要明确非营利性、营利性社会机构和组织的定位，探索多样化、创新型的社会事业服务供给模式，以满足居民对社会服务的多样化需求。

（3）创新社会事业管理理念

创新社会管理模式，最根本的是要确立以人为本的社会管理理念，达到以人为本、服务为先理念与制度设计、方法创新和具体执行的有机结合，使广大人民群众真正享受到全面社会建设的成果。兵团需要认真借鉴新加坡和日本的经验，按照以人为本、执政为民的要求，大力实施“就业和增收工程”、“扶贫济困工程”、“普教优教工程”、“健康工程”、“养老敬老工程”、“安居工程”、“平安工程”、“传统美德弘扬工程”，切实做到贴民心、顺民意、解民忧、暖民心、促民富、惜民力，进一步实现发展成果由人民共享。在社区的规划设计中，兵团可以勇于借鉴和尝试“民生优先”的厦门社会事业管理模式，南京江宁区实施的“重心下移”的“三化管理”（网格化、精细化、契约）管理模式，伊宁市“360°无死角”的网格化管理模式，坚持民意为重，实现政府决策与群众诉求良性互动，不断提升社会事业管理水平和效率。

（4）构建多元化社会事业管理模式

虽然各国（地区）各方面均存在着不同程度的差异，缺乏制度的“移植性”和“复制性”，但是多元化的社会事业管理模式对于兵团的社会事业管理创新具有“他山之石、可以攻玉”的示范效果。目前在西亚、北非、西欧和北欧，很小的事件引发了很大的社会冲突，究其根源与主观社会问题有关。新疆境内的“三股势力”、恐怖暴力组织策划的暴恐事件等部分原因也是由于长期历史遗留的问题才形成了主观社会问题。因此，兵团应形成以党政军企合一为中心，兵师（市）、团（镇）、连三级管理的社会事业管理模式；大力发展社会组织和市场组织参与社会事业，借鉴重庆市的成功经验，在交通设施、市政基础设施、土地整治、工业园区等方面应用 PPP 投融资模式，在分散风险的同时实现“四两拨千斤”的绩效。

第十二章　兵团社会事业管理模式创新的保障措施

兵团在“十三五”时期只有通过实施社会事业管理模式创新，加快完善各方面的保障措施，大力发展团场社会公共事业，使经济社会发展的成果惠及团场广大职工群众，才能有利于兵团实现“两个率先、两个力争”目标，促进兵团社会稳定与长治久安，发挥中央赋予兵团“稳定器”、“大熔炉”、“示范区”的新定位，构筑“稳疆兴疆，富民固边”的坚强堡垒，更好地完成党和国家赋予的历史使命。

12.1　兵团“十三五”时期社会事业管理模式创新的重点

(1) 调整、完善兵团各级在社会事业管理中的权责关系

调整和完善不同层级政府在社会事业管理中的责任关系，一个非常关键的问题是，兵团为兵、师、团三级建制结构，多年来，政府间责任关系不顺对社会事业发展有着巨大的影响，必须加快改革。核心问题是调整完善兵团各级在社会事业管理中的决策、投入、执行和监督责任，强化兵团的决策和规划责任。由于地区之间发展水平差异大，在具体政策上可给各师团一定空间，但大的方向必须一致。其次，进一步明确执行责任。从实际情况看，多数社会事业的责任执行必须主要依靠基层组织，特别是团连和街道社区。再次，根据执行责任明确投入责任。鉴于师域之间经济发展不平衡且相当多服务和管理需要各师执行的现实，必须进一步改革和完善费用分担机制，强化兵师对团连的一般性转移支付，均等化财力；积极培育和发展社会组织，充分发挥社会力量。最后，强化兵团对各师社会事业建设的监督责任。具体监督考核的实施应主要依靠各师具体情况；同时，进一步发挥服务对象和公众的监督作用。

(2) 改革与完善基层社会事业管理和服务体系

积极推进基层社会事业管理体制机制改革与创新，把政府社会服务供给及资源管理力量整合配置到社区、延伸到网格，优化社区综合服务管理平台，形成“一站式”、“一条龙”服务管理机制。全面推广网格化、信息化、精细化服务，借助信息化手段，把相关职能部门服务管理资源下沉到网格，为群众最大

限度地提供优质、高效、便捷服务。坚持把群众满意度作为加强和创新社会管理的出发点和落脚点，紧抓民生之本，解决民生之急，排除民生之忧，真正让群众看到变化、见到成效、得到实惠、感到满意。加强基层组织建设，积极推进基层党组织、基层群众自治组织、经济合作组织、综治维稳组织全覆盖，建立健全组织群众、宣传群众、服务群众的基层组织体系，使社会事业管理成为服务人民、温暖人心、凝聚民心的事业。深入研究基层社会服务管理特点规律，进一步优化工作流程，强化工作支撑，努力形成规范化、制度化、常态化的工作运行机制。

（3）推进兵团社会事业管理城乡统筹

对兵团进行统筹城乡管理，突破城乡二元经济社会结构，调整体制上和政策上的城市偏向，去除计划经济体制的残留影响，保护农牧团场职工利益，建立城乡一体的劳动力就业制度、户籍管理制度、教育制度、土地征用制度、社会保障制度等，给农牧团场职工群众平等的发展机会、完整的财产权利和自由的发展空间，促进城乡要素自由流动和资源优化配置。大力加强城乡社区建设，把社区建设成为党依法执政、政府依法行政、居民依法自治的城市基本单元。构建城乡无缝对接、服务高效的社会保障新体系，推进“师市合一”、“团镇合一”、“连社合一”的管理模式建设与完善，同时，还要加大基本公共服务水平和均等化程度，构建城乡公共服务公平化格局，加快保障性住房的建设，建立城乡基本养老保险制度和城乡基本医疗卫生制度等。

（4）强化社会力量在社会事业管理和服务中的职责

社会事业管理和服务的对象是兵团广大职工群众，最重要的是解决好人民最关心、最直接、最现实的利益问题，维护最广大人民的根本利益。为此，要多谋民生之利，多解民生之忧，就必须强化服务意识，深怀亲民爱民之心，真正做到在思想上尊重群众，感情上贴近群众，工作上依靠群众，生活上关心群众，乐意与群众打交道、愿意做群众工作。这不仅是社会管理公共利益最大化的价值取向，也是科学发展观的核心立场。而社会管理模式创新的根本就是需要依靠群众，让群众充分参与到社会事业管理决策和供给过程中。动员各类企事业单位、基层群众自治组织、人民团体、社会组织等参与到社会事业管理环节中来，实现社会管理的共同治理。社会事业管理创新，需要通过发动群众参与，引导群众自治，实现群众的自我管理、自我教育和自我服务，更好地发挥群众的力量。只有人人发动起来、人人参与进来，社会管理创新才有广泛坚实的社会基础，才能深入千家万户。可喜的是，在社区组织的引领下，社区志愿组织、社区居民广泛参与到社区服务，涌现出一批富有特色的社区服务品牌，161 团社区搭建的“邻里互助室”、

166 团社区为空巢老人和行动不便的残疾人“三代四送”服务、170 团的“爱心一元基金”等特色服务活动深受居民欢迎。

（5）推动社会组织健康有序发展

新的社会组织，比如社区、物业、专业合作社、行业协会、非盈利组织、私人医院及学校等在兵团新建市镇、团场和中心连队不断涌现，为兵团基层社会事务管理引入市场主体和社会化发展提供了良好机遇。探索兵团社会事业管理创新模式，积极稳妥地动员民间和社会力量参与社会领域的改革和发展。民间和社会力量参与社会事业发展的潜力很大，在公共服务的提供方面可以形成有益的补充。为使社会组织健康有序的发展，按照“审、管”分离的原则，依法实施行政审批和服务事项下沉，按照“督、评”分离的原则，社会事业局负责对行业及其下设机构业务开展情况、从业人员职业资质和岗位技能等进行监督检查和考核评估，引入第三方机构和社会各界实施社会监督与评价。同时，还要明确区分营利和非营利机构，采取差别化管理方式。对于营利机构，应按照企业模式进行管理，照章纳税。对于非营利机构，应坚持激励与约束并举的原则，一方面，依据公益性原则，在税收、土地、委托服务等方面给予支持；另一方面，也要依法控制非营利机构的资产处置和剩余分配。此外，还要充分认识到民间和社会力量参与社会事业发展的局限性。

（6）促进社会事业管理绩效评估体系创新

兵团社会事业管理绩效评估体系创新的重点是评价权交给群众，健全和完善以群众满意为根本标准的干部考核评价体系，深入推进行政行风建设和干部作风建设，进一步密切党和政府与人民群众的血肉联系。要进一步加强基层社会工作者队伍建设，加强工作保障，强化教育培训，规范服务管理，形成有利于拴心留人、有利于充分发挥作用的工作导向。兵团社会事业管理绩效评估体系创新的难点是做到评估体系的透明化，明晰的考核评价机制和有效的激励保障措施，规范社会事业管理绩效评估的流程和程序，有效督促社会事业管理的效率和质量。

社会事业管理绩效评估体系的重点是建立绩效预算，加强资金管理，强化社会事业的资金支出效率。一方面，将评价结果应用于社会事业专项资金的竞争性分配，将评价结果向被评价项目单位进行通报，对绩效评价结果与绩效目标严重背离的进行整改和责任追究，强化社会事业的资金支出效率；另一方面，加强资金管理。在加强对社会事业单位监管力度的同时，更要加强事业单位的自身建设，规范事业单位财务行为、加强财务管理，将现代企业制度与科学管理技术相结合，提高事业单位资金使用效益和社会服务水平。

12.2 兵团社会事业管理创新模式创新的保障措施

(1) 创新行政管理体制，突破社会事业管理体制障碍

兵团社会事业管理模式创新的顺利实施，离不开兵团各级行政体制改革和社会事业单位改革。建议围绕试点团场，继续加强推进政企分开、政资分开、政事分开、政社分开“四个分开”，强化各师团职能科学、结构优化、廉洁高效、人民满意的“政府”职能。积极培育社会组织，扩大职工群众民主参与范围，转变兵团社会事业管理行政主导的局面，推进多元化主体共同治理机制建设；深化行政审批制度改革，继续简政放权，简化社会组织申报程序；加快兵团建市建镇步伐，按照师建城市、团场建镇、整体规划、分步实施、成熟一个建设一个的思路，着力构建兵团城市、垦区中心城镇、一般团场城镇、中心连队居住区为节点发展的兵团特色城镇体系，加快从“屯垦戍边”向“建城戍边”转变，增强兵团社会事业管理自主能力提升。建立健全社会事业管理监督体系，保障人民知情权、参与权、表达权、监督权，确保兵团各级、职工群众、社会组织决策权、执行权、监督权既相互制约又相互协调。坚持科学决策、民主决策、依法决策，健全决策机制和程序，建立决策问责和纠错制度。兵团社会事业服务应充分听取群众意见，以提高职工群众满意度为准绳。

(2) 完善社会事业法规建设，强化社会事业管理法律约束

国内外社会事业发展程度较高的国家（地区）大多制订了完备的法律法规，以保障社会事业管理良好运行。为保障兵团社会事业管理模式创新，应加快在社会事业管理方面的立法工作，努力营造有利于兵团社会事业发展的政策环境。以立法或政策法规的形式实现教育、卫生医疗、社会保障、就业、住房建设等社会事业的法制化、规范化、常态化运行与发展。中央政府与兵团政府在社会保障资金供给方面应加强法律法规建设，进一步完善中央财政对兵团的转移支付制度，完善转移支付法律保障。兵团的财政、金融等单位和部门要学习发达地区先进经验，结合自身发展的实际创新思路，探索建立有利于转变经济发展方式的社会事业投融资体系和风险分摊、利益共享的社会事业运作机制，建立社会事业资金投入与财政收入同步增长的投入保障机制。鉴于南北疆社会事业发展差异较大的现状及各地居民对不同种类社会事业的实际需求不同，可以通过政策法规的形式加强对南疆各师团社会事业发展的扶持力度。

(3) 创新社会事业管理方式，推动社会事业管理能力提升

推进社会事业管理方式的改进，必须以转变社会管理理念为前提和基础。鉴于南北疆地域辽阔，各团场管理分散的事实，在整合新的管理理念的同时要坚持综合治理，使这一系统工程涉及思想道德、社会行为、具体实际等方面，不仅要达到提高兵团各级提供社会服务能力的效果，更要调动社会组织、企业与职工群众的主动性和创造性，推进社会事业管理和建设的进一步发展。推进兵团社会事业管理体系和管理能力现代化，不断丰富和创新兵团党政军企合一体制内涵及实现形式。要坚持党政军企合一体制框架，按照深化党的建设制度改革、全面正确履行行政职能、打造高素质维稳戍边队伍以及市场经济条件下政企分开的要求全面深化兵团改革，进一步强化“党”的核心领导地位，健全和转变“政”的职能，凸显“军”的属性，确立“企”的市场主体地位，把党政军企合一体制的特殊优势和巨大活力充分释放出来。提高兵团各级社会事业服务与管理的保障能力。兵团的党政军企合一、师市合一、团镇合一体制的特殊制度形式，要求各级在进行社会事业管理过程中要充分发挥各级党委核心领导作用，强化政府公共服务和社会管理职能，支持人大、政协依法履行职能，更好地保障职工群众在团连、企业管理中的主体地位和民主权利。

(4) 健全社会事业基层组织，强化社会事业管理服务导向

基层组织在反映群众诉求、化解社会矛盾中起着至关重要的作用，社区、连队是兵团的基层基本单位，也是边疆稳定和社会和谐的最基础支撑。各新建市镇及农牧团场基层在社区自治组织建设中，要合理划分社区，选举社区居民代表，建立社区居民委员会和社区联席会议制度。对基层进一步简政放权，扩大街道社区及各团场自主权，减少行政管理层级，增强基层党委、兵团政府在人民群众中的威信。同时，在社会管理中，社区党组织、居民委员会、社区工作站、社区民间组织要各司其职、紧密协同，提升社区党建工作、居民自治管理和社区服务的水平，促进和谐社区建设。进一步加强中心连队、城镇社区、企业党组织建设，加大非公有制经济组织、社会组织党建工作力度，继续提高基层党组织的覆盖面。以增强党性、提高素质为重点，加强党员队伍教育，发挥党员先锋模范作用，健全党员能进能出机制。为促进团场职工增收，应积极引导促进多元就业，拓宽职工收入渠道，提高职工非农收入，努力实现职工多元增收、快速增收、持续增收。要以实现高质量多途径就业为重点，着力抓好高校毕业生、就业困难人员等各类群体的就业工作，进一步完善社会保险体系建设，启动兵团居民大病保险工作，继续适度提高社会保障待遇水平。大力推进临时救助制度建设，多方面保障低保边缘群体和困难群众基本生活。落实兵团基本公共服务行动计划，加大教育、卫生、人口和计划生育等社会事业建设。

(5) 积极推进事业单位改革，提升社会事业管理效率

按照政事分开、事企分开和管办分离的要求，分类推进事业单位改革。对提供社会服务的事业单位，应强化其公益属性，加强政府投入、资源保障和监督管理，尤其监督管理职能，实现管理层与作业层分离。部分由市场配置资源的义务教育、公共文化、公共卫生及基层的基本医疗服务等准公共品类基本公益性服务，可将之划入公益二类。探索管办分开的有效实现形式，完善法人治理结构，使事业单位真正转变为独立的事业单位法人和公共服务提供主体。积极推进体制改革，建立“养事不养人”的运行机制，配套推进财政（务）供养、国有资产管理、人事管理、收入分配、社会保险和机构编制改革。

（6）完善社会事业信息系统，夯实社会事业管理信息保障

兵团应积极发挥信息化的引领带动作用，丰富屯垦内容、转变屯垦方式，加快形成以城镇化为载体、新型工业化为支撑、农业现代化为基础、信息化贯穿其中的发展格局。加强和完善信息网络管理，健全社会舆论引导机制。随着互联网的迅猛发展，互联网经常成为独立的信息源，反而成为传统媒体选材的重要来源。互联网“倒灌”传统媒体，新老媒体交互作用，推动事件发展，这种新的舆论趋势在这几年愈发明显。由“三股势力”、恐怖暴力组织策划的暴恐事件在全国尤其是在新疆地区呈持续增长态势，不仅为人才、技术、产业投资引进和稳定带来较大压力，而且暴恐分子极有可能通过信息网络系统对政府工作、人民生活及社会管理进行干扰，带来负面影响。因此，加强和完善信息网络管理，健全社会舆论引导机制极为重要。借鉴国际经验，在兵团建立网络评估体系并实施评估机制，以减小兵团信息化管理的风险，促进网络信息系统规范化发展。

参 考 文 献

[1] JodyFreeman. The private role in public governance [J] . New York university law review, volume 75 June 2000 number 3: 543 - 675.

[2] Kamiljon T. Akramov Felix Asante. Decentralization and Local Public Services in Ghana: Do Geography and Ethnic Diversity Matter? [R] . IFPRI Discussion Paper 00872, June 2009.

[3] Luo, Qiangqiang, Wang, Junli, Problems in Rural Public Service and its Countermeasures: Investigation on Rural Areas of Ningxia Hui Autonomous Region China [J] . Asian Agricultural Research. Volume1 (2009) .

[4] Stephen P Osborne, Kerry Brown. Managing Change And Innovation In Public Service Organizations [R] . Routledge (UK), 2005.

[5] 兵团发展与改革委员会．新疆生产建设兵团国民经济和社会发展第十二个五年规划纲要［OL］．新疆兵团官方网站．

[6] 兵团屯垦戍边理论研究中心．屯垦戍边理论热点面对面［M］．五家渠：新疆生产建设兵团出版社，2008.

[7] 蔡伟斌．推进城乡基本公共服务均等化路径研究［D］．郑州：河南农业大学，2011.

[8] 曹静晖．基本公共服务均等化的制度障碍及实现路径［J］．华中科技大学学报（社会科学版）．2011，25（1）：48－52.

[9] 常修泽．逐步实现基本公共服务均等化［N］．人民日报，2008－01－31（09）．

[10] 陈昌盛，蔡跃洲．中国政府公共服务：体制变迁与地方综合评估［M］．北京：中国社会科学出版社，2007.

[11] 迟福林，方栓喜，匡贤明，等．加快推进基本公共服务均等化［J］．经济研究参考，2008（3）：19－25.

[12] 崔登峰，王秀清，朱金鹤．西部边疆民族地区农村基本公共服务优先序研究——基于新疆 42 个县市 96 个村镇的调研数据［J］．农业经济问题，2012（3）：70－76.

[13] 崔登峰，朱金鹤．西部边疆民族地区基本公共服务均等化问题研究［M］．北京：中国农业出版社，2013：160－243.

[14] 崔惠民，张厚明．公共财政走向民生财政：基本公共服务均等化的选择［J］．经济问题探索，2011（6）：18－21.

[15] 单菲菲．民族地区基本公共服务均等化研究评述：基于公共政策的视角［J］．西北民族研究．2012（2）：193－197.

[16] 丁元竹．促进我国基本公共服务均等化的战略思路和基本对策［J］．经济研究参考，

2007（48）：11-15.
[17] 丁元竹．科学把握我国现阶段的基本公共服务均等化［J］．社会发展，2009（13）：24-25.
[18] 杜栋，庞庆华．现代综合评价方法与案例精选［M］．北京：清华大学出版社，2005：2-3.
[19] 费智聪．熵权—层次分析法与灰色-层次分析法研究［D］．天津：天津大学，2009.
[20] 符华平．基本公共服务均等化与城乡最低生活保障制度［J］．江苏社会科学，2010（2）：99-102.
[21] 龚世俊，李宁．城乡基本公共服务均等化理论与农村改革实践探研［J］．青海社会科学，2010（6）：59-62.
[22] 官永彬．我国区际基本公共服务差距评价指标体系构建及其实证分析［J］．经济体制改革，2011，（5）：13-17.
[23] 管永昊，洪亮．基本公共服务均等化的：国内研究现状、评价与展望［J］．江淮论坛，2008（4）：75-79.
[24] 郭厚禄．我国基本公共服务均等化研究［D］．北京：中共中央党校，2009.
[25] 郭士国．基本公共服务非均等化：成因、影响及对策分析［D］．长春：吉林大学，2012：3-5.
[26] 郭小聪，代凯．国内近五年基本公共服务均等化研究：综述与评估［J］．中国人民大学学报，2013（1）：145-154.
[27] 韩俊．“十二五”时期推进城乡基本公共服务均等化的政策要点［J］．理论学刊，2011（7）：49-54.
[28] 韩学丽．基本公共服务均等化——问题与对策［J］．改革与战略，2009，25（9）：16-40.
[29] 洪银兴，尚长风．公共财政学［M］．南京：南京大学出版社，2012.
[30] 贾康．农村公共产品与服务提供机制的研究［J］．管理世界，2007（12）：60-66.
[31] 江明融．公共服务均等化问题研究［D］．厦门：厦门大学，2007.
[32] 江明融．公共服务均等化论略［J］．中南财经政法大学学报，2006（3）：43-47.
[33] 江平，徐越倩．基本公共服务供需分析与对策研究——基于15个省市自治区的调查研究［J］．调研世界，2013（3）：17-21.
[34] 李一花．城乡基本公共服务均等化研究［J］．税务与经济，2008（4）：33-37.
[35] 李竺霖．小城镇工业园区规划环境影响评价指标体系及案例研究［D］．杭州：浙江大学，2013.
[36] 廖文剑．西方发达国家基本公共服务均等化路径选择的经验与启示［J］．中国行政管理，2011（3）：97-100.
[37] 林闽钢，王增文．区域性基本公共服务均等化评估研究-以江苏省为例［J］．城市发展研究，2013（3）：23-26.
[38] 刘德吉．国内外公共服务均等化问题研究综述［J］．上海行政学院学报，2009，10

(6)：100 - 108.
[39] 刘国军．完善实现基本公共服务均等化的制度保障 [J]．理论研究，2007 (3)：41 -43.
[40] 刘江．实现基本公共服务均等化的供应问题研究 [J]．理论月刊，2012 (3)：137 -141.
[41] 刘琼莲．如何看基本公共服务国家基本标准 [N]．学习时报，2013 - 02 - 04 (003)．
[42] 刘尚希．实现基本公共服务均等化的政策路径和方案选择 [J]．经济研究参考，2007 (60)：12 - 15.
[43] 卢晓峰．兵团文化与屯垦戍边 [N]．光明日报，2010 - 12 - 20 (8)．
[44] 吕海敏．我国基本公共服务均等化问题研究 [D]．济南：山东大学，2011.
[45] 马昊，曾小溪．我国基本公共服务均等化的评价指标体系构建——基于东中西部代表省份的实证研究 [J]．江汉论坛，2011 (3)：23 - 25.
[46] 任强，杨顺昊．公共服务投入、产出和效果在区域之间的差异：基于中美两国的比较 [J]．财政研究，2010 (4)：66 - 69.
[47] 苏江瑜．我国实现基本公共服务均等化的对策研究 [D]．大连：大连理工大学，2008：40 - 42.
[48] 孙德超．推进基本公共服务均等化的基本原则——事权与财权财力相匹配 [J]．教学与研究，2012 (3)：22 - 30.
[49] 孙建军，何涛．基本公共服务均等化研究述评——基于政策分析的角度 [J]．云南社会科学，2010 (5)：31 - 55.
[50] 孙建军．我国基本公共服务均等化供给政策研究 [D]．杭州：浙江大学，2010.
[51] 孙友祥，柯文昌．城乡基本公共服务均等化：价值、困境与路径 [J]．中国行政管理，2009 (7)：45 - 47.
[52] 谭建立．论我国基本公共服务均等化的范围 [J]．中国国情国力，2013 (1)：32 -34.
[53] 田发，周琛影．区域基本公共服务均等化与财政体制测度：一个分析框架 [J]．改革，2013 (1)：50 - 57.
[54] 田发，周琛影．基本公共服务均等化：一个财政体制变迁的分析框架 [J]. 社会科学，2010 (2)：30 - 36.
[55] 王达梅．构建横向援助机制，推进基本公共服务均等化 [J]．西北师大学报，2009，46 (2)：79 - 83.
[56] 王小平．改革开放以来党关于屯垦戍边理论的创新及特点 [J]．石河子大学学报，2008，12 (6)：5 - 9.
[57] 王志雄．我国基本公共服务均等化研究 [D]．北京：财政部财政科学研究所，2011.
[58] 温晓鹏．基本公共服务均等化的实现路径研究 [D]．郑州：郑州大学，2012.
[59] 项继权．基本公共服务均等化：政策目标与制度保障 [J]．华中师范大学学报，2008，47 (1)：2 - 9.

[60] 徐理结．基本公共服务均等化与公共财政的构建［J］．经济问题探索，2008（8）：186-190.
[61] 闫军印．城乡一体化进程中的基本公共服务均等化问题研究——以焦作市为例［J］．调研世界，2011（7）：57-61.
[62] 杨团，吴信平．服务型政府的构建设［M］．北京：北京社会科学文献出版社，2008.
[63] 姚晓明．河南省公共财政性高等教育经费问题研究［D］．郑州：郑州大学，2013.
[64] 于海洋．民族地区基本公共服务均等化的多元解读［J］．中央民族大学学报，2013（3）：5-11.
[65] 臧乃康．基本公共服务均等化的政府绩效评估障碍与消解［J］．江苏社会科学，2009（3）：115-120.
[66] 曾保根．基本公共服务体制创新的研究反思与理论廓清［J］．经济体制改革，2013（1）：22-26.
[67] 曾金芳．基于熵权法的油气资源投资环境综合评价研究［D］．北京：中国地质大学，2011.
[68] 曾囡囡．新郑市基本公共服务均等化问题研究［D］．郑州：郑州大学，2012.
[69] 张文礼，谢芳．西北民族地区基本公共服务均等化研究——基于宁夏基本医疗卫生服务均等化的实证分析［J］．西北师大学报，2012，49（3）：121-127.
[70] 张晓杰．快速城市化过程中基本公共服务均等化问题研究［D］．上海：复旦大学，2011.
[71] 张永民．基本公共服务均等化浅析［J］．中国行政管理，2009（11）：57-58.
[72] 张玉玲．从和谐视角看公共服务均等化［N］．光明日报，2006-11-23.
[73] 赵富城．昆明市城乡基本公共服务均等化研究［D］．昆明：昆明理工大学，2010.
[74] 赵柳成．屯垦戍边理论与兵团经济建设——纪念十一届三中全会20周年［J］．新疆农垦经济，1998（6）：1-4.
[75] 赵萌旭．基本公共服务均等化缩小城乡差距的路径选择［J］．商业时代，2011（15）：8-9.
[76] 赵怡虹，李峰．中国基本公共服务地区差距影响因素分析——基于财政能力差距的视角［J］．山西财经大学学报，2009（8）：15-22.
[77] 郑伟倩．公共服务市场化：困境与出路［J］．中共福建省委党校学报，2013（1）：55-59.
[78] 中国（海南）改革发展研究院．加快推进基本公共服务均等化12条建议［J］．经济研究参考，2008（3）：19-25.
[79] 中华人民共和国国务院．国务院关于印发国家基本公共服务体系“十二五”规划的通知［J］．中华人民共和国国务院公报，2012（21）：33-75.
[80] 周明海，吴兆雪．基本公共服务均等化问题探讨［J］．学术界，2008（4）：135-144.
[81] 周伟．我国基本公共服务均等化过程中多元参与机制构建研究［J］．重庆工商大学

学报（社会科学版），2011（2）：67－71.

[82] 朱金鹤，崔登峰．实现基本公共卫生服务均等化的国内外实践经验借鉴［J］．中国卫生事业管理，2013（1）．

[83] 朱金鹤，崔登峰．新疆兵团区域发展的协调性研究：基于人口、资源与公共服务的视角［J］．西北人口，2013（2）．

[84] 朱金鹤，崔登峰．新疆农村基础设施建设问题研究——基于公共服务均等化视角［J］．石河子大学学报（哲学社会科学版），2011（1）：1－6.

[85] 朱金鹤，崔登峰．新疆新型农村合作医疗：模式、绩效与制度改进研究［J］．新疆农垦经济，2011（11）：62－68.

[86] 朱金鹤，崔登峰．中国实现城乡公共服务均等化的国外经验借鉴——以新疆为例［J］．世界农业，2012（12）．

[87] 朱金鹤．中国农村公共产品供给：制度与效率研究［M］．北京：中国农业出版社，2009.

[88] 朱敏青，徐育才．城乡基本公共服务均等化研究评述［J］．开放导报，2012（1）：56－59.

图书在版编目（CIP）数据

兵团基本公共服务：均等化实现路径与管理模式创新研究/崔登峰，朱金鹤著．—北京：中国农业出版社，2015.11

ISBN 978-7-109-21068-4

Ⅰ.①兵… Ⅱ.①崔… ②朱… Ⅲ.①生产建设兵团－社会服务－研究－新疆 Ⅳ.①D669.3

中国版本图书馆 CIP 数据核字（2015）第 261540 号

中国农业出版社出版

（北京市朝阳区麦子店街 18 号楼）

（邮政编码 100125）

责任编辑　赵　刚

北京中科印刷有限公司印刷　　新华书店北京发行所发行

2015 年 12 月第 1 版　　2015 年 12 月北京第 1 次印刷

开本：720mm×960mm 1/16　　印张：14.75

字数：258 千字

定价：38.00 元